Ralf Berning

Grundlagen der Produktion

Produktionsplanung und Beschaffungsmanagement

studium kompakt

Cornelsen

Die Deutsche Bibliothek – CIP-Einheitsaufnahme

Ein Titeldatensatz für diese Publikation ist
bei Der Deutschen Bibliothek erhältlich

**Dieser Studien-Baustein geht auf Lernmittel der AKAD Hochschulen für Berufstätige
(Stuttgart) zurück.**

SAP und R/3® sind eingetragene Markenzeichen der SAP AG.

Verlagsredaktion: Annette Regel
Technische Umsetzung: Type Art, Grevenbroich
Umschlaggestaltung: Bauer + Möhring grafikdesign, Berlin

 http://www.cornelsen.de

1. Auflage ✓ €   Druck 4 3 2 1   Jahr 04 03 02 01

Druck: Lengericher Handelsdruckerei, Lengerich / Westfalen

ISBN 3-464-49513-2

Bestellnummer 495132

 gedruckt auf säurefreiem Papier,
umweltschonend hergestellt aus chlorfrei gebleichten Faserstoffen

INHALTSVERZEICHNIS

1   EINLEITUNG UND ÜBERBLICK

Die betriebliche Produktion erscheint als Transformationsprozess, bei dem Produktionsfaktoren (Input) in Produkte (Output) umgewandelt werden.

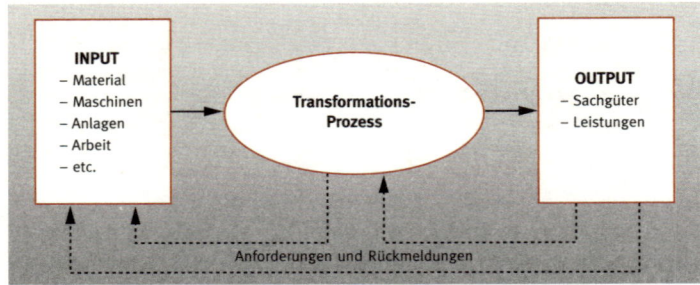

Abb. 1.1: Produktion als Transformationsprozess

Transformationsprozess

Die **Anforderungen des Leistungsempfängers** bestimmen dabei das sachliche Ziel des Leistungsprozesses. Zusammen mit den Eigenschaften des Transformationsprozesses selbst leiten sich hieraus die erforderlichen Input-Faktoren in Qualität und Menge ab.

Zielsetzung

Zielsetzung der Produktionswirtschaft ist es,
- den Transformationsprozess möglichst **effizient** zu gestalten, d. h. unnötige Faktorverbräuche zu vermeiden, und gleichzeitig
- sicherzustellen, dass **Wert** geschaffen wird, d. h., dass der Wert der erzeugten Produkte den Wert der eingesetzten Produktionsfaktoren übersteigt.

Der produktionswirtschaftliche Transformationsprozess wird so zu einem **Wertschöpfungsprozess**.

Effizienz und Effektivität

Wir verwenden die Begriffe »effizient« und »effektiv« häufig, ohne uns ihre (unterschiedliche) Bedeutung klar zu machen. Vereinfacht gesagt, lässt sich **effektiv** damit umschreiben, »das Richtige zu tun« und einen wirkungsvollen Beitrag zur Zielerreichung zu leisten, während **effizient** bedeutet, »etwas richtig zu tun«, also überflüssigen Ressourcenverbrauch zu vermeiden.

Worin liegt der Unterschied? Ein Produkt, das am Markt keine Nachfrager findet, kann noch so effizient produziert werden, effektiv ist die Produktion deshalb trotzdem nicht. Umgekehrt kann die Marktführerschaft bei einem Produkt z. B. auf Grund eines Patents so stark sein, dass keine Notwendigkeit zu effizienter Produktion gesehen wird.

Ziel wirtschaftlicher Tätigkeit ist es, **Wert** zu schaffen. Jede nicht wert-schöpfende Aktivität ist deshalb zu vermeiden bzw. auszuschalten. Wertschöpfung Wirtschaftliche Leistungsprozesse sind dadurch gekennzeichnet, dass sie Produktionsfaktoren (Einsatzgüter) in Produkte höheren Wertes transformieren.

Der Begriff der Produktion wird häufig spontan mit der Herstellung von **Sachgütern** gleichgesetzt, z.B. Mechanische Fertigung (Drehen, Bohren Fräsen, etc.) von Zahnrädern in einem Maschinenbaubetrieb. Sachgüter und Leistungen

Die Herstellung von Sachgütern ist gleichwohl nur eine Ausprägungsform der Produktion und spiegelt die Vielfalt produktiver Transformationsprozesse nicht einmal annähernd wider:

Beispiel

- Schleifen der Oberfläche eines Hydraulik-Zylinders (physikalischer Prozess/mechanische Fertigung)
- Einlagerung einer Lieferung von Schweinehälften in ein Kühlhaus (logistischer Prozess)
- Verkauf eines Gebrauchtwagens (Austauschprozess/Handel)
- Aufführung eines Theaterstücks (künstlerischer Prozess/Unterhaltung)
- Herstellung einer Telefonverbindung (informationstechnischer Prozess/Telekommunikation)
- Krankengymnastik in einer Reha-Klinik (physiologischer Prozess)

Jedem dieser Beispiele liegt ein Transformationsprozess mit einem spezifischen Ergebnis (Output) und definierten Faktorverbräuchen (Input) zu Grunde.

Für die **Effizienzanalyse** ist es unerheblich, ob ein solcher Prozess innerbetrieblich als Teilschritt eines umfassenderen Produktionszusammenhanges ausgeführt wird oder auf eine eigenständige Verwertung der Leistung am Markt gerichtet ist: Unnötige Faktoreinsätze sind in jedem Falle zu vermeiden. Effizienzanalyse

Wenn es darum geht, zu beurteilen, ob und **wie viel Wert zusätzlich geschaffen** wurde, ist es allerdings wesentlich einfacher, wenn eine Leistung als eigenständiges Wirtschaftsgut am Markt angeboten wird. Wertschöpfungsanalyse

Beispiel

Es ist heute durchaus denkbar, dass ein Logistik-Dienstleister die erwähnte Einlagerung von Schweinehälften als externe Dienstleistung für eine Wurstfabrik durchführt. Die Wertschöpfung des Prozesses, d.h. der zusätzlich geschaffene Wert, ergibt sich aus dem Verhältnis des Erlöses (Leistungsmenge x Preis) zu den bewerteten Vorleistungen (extern bezogene Faktoreinsatzmengen multipliziert mit den jeweiligen Faktorpreisen).

Zwar ließen sich die benötigten Vorleistungen für den Einlagerungsprozess auch dann recht einfach ermitteln, wenn die Wurstfabrik die Einlagerung eigenständig durchführte, der Wert der Leistung wäre ohne Bezugnahme auf einen Marktpreis aber nur schwer zu quantifizieren.

Added value

Der mit einem marktgerichteten Prozess zusätzlich geschaffene Wert (added value) kann ermittelt werden als Differenz zwischen dem **Erlös** aus der Verwertung der erbrachten Leistungen und dem Wert der **Vorleistungen**. Bei innerbetrieblichen Teilprozessen ist eine **Bewertung des Outputs** vielfach schwierig und eine einfache Berechnung des zusätzlich geschaffenen Wertes daher nicht ohne weiteres möglich.

Oursourcing

Jüngere Entwicklungen zu stärker differenzierten und globalen Produktionsnetzwerken haben die Bedeutung eigenständig am Markt angebotener und nachgefragter Leistungen steigen lassen. Die Tendenz zum **Outsourcing** bisher innerbetrieblich erbrachter Leistungen seit den frühen 80er Jahren ist Ausdruck dieser Entwicklung.

Beispiel

Informationstechnische Prozesse (etwa Betreuung eines betrieblichen Intranet), Mitarbeiterverpflegung, Instandhaltung, logistische Prozesse (Transport, Lagerung, etc.), Fertigungsprozesse (etwa Härten, Galvanik), Management/Beratungsleistungen, Forschungs- und Entwicklungsprozesse, Personalbeschaffung, betriebliche Weiterbildung, usw.

Zunehmender Fremdbezug

Outgesourct werden Prozesse jeglicher Art, die in strategischer Sicht nicht als **Kernaktivitäten** angesehen werden: Das führt aus Unternehmenssicht zu einem erhöhten Fremdleistungsbezug sowohl von Sachgütern als auch von Dienstleistungen. Häufig lassen sich Unternehmen nicht mehr eindeutig als Hersteller eines Sachgutes identifizieren. Bei folgendem Beispiel eines Anbieters von Textilien bei der Herstellung seiner Kollektion fragt man sich: Wer hat die Kollektion eigentlich produziert?

Inländische Anbieter von Textilien konzentrieren ihre Aktivitäten vielfach auf wenige strategische Prozesse:
- Entwurf und Vermarktung einer Kollektion,
- Beschaffung von Stoffen und Applikationen,
- Planung und Steuerung des logistischen Ablaufes der Leistungserstellung und -verwertung.

Wesentliche Schritte der Produktion (Musterfertigung, Zuschnitt, Näherei, Bügeln, etc.) werden an Lohnfertiger übertragen (auch als Regiefertigung bezeichnet). Teile der Kollektion können möglicherweise fertig zugekauft werden (Handelsware). Auch die Logistik (Transport, Lagerung, Kommissionierung) kann ganz oder teilweise auf Dienstleister übertragen werden.

An diesem Beispiel können Sie erkennen, dass die Leistungsfähigkeit einer einzelnen Unternehmenseinheit nur ein Element der **Wettbewerbskraft der gesamten Wertschöpfungskette** sein kann. Über den wirtschaftlichen Erfolg entscheidet unter modernen Bedingungen die Leistungsfähigkeit und das **effiziente Zusammenwirken aller Stufen** im Wertschöpfungsprozess: Von der Rohstoffgewinnung und Aufbereitung über sämtliche Stufen der Güterproduktion hinweg und unter Einbeziehung der verbundenen Dienstleistungen bis hin zur Entsorgung (from dirt-to-dirt).

Bei dieser Sichtweise findet der Wettbewerb nicht nur zwischen einzelnen Unternehmen statt, sondern vorrangig zwischen mehr oder weniger stabil zusammenarbeitenden unternehmensübergreifenden Zulieferketten. Die Zuliefer- und Kooperationsbeziehungen zwischen selbstständigen Unternehmen konstituieren demnach eine Wertschöpfungs- oder Zulieferkette (Supply Chain).

Das **Supply-Chain-Management** (SCM) hat das Ziel, die Wettbewerbsfähigkeit der gesamten Zulieferkette zu steigern. Während die **Logistik** sich auf die betriebsübergreifenden Materialflüsse und die damit verbundenen Informationsaustausche konzentriert, erweitert das Supply-Chain-Management die Sicht auf weitere **Kooperationsebenen innerhalb der Kette**. Das beginnt bei der Einbeziehung von Lieferanten und Kunden in den Prozess der Produktentwicklung und beinhaltet neben der auf den Endkunden fokussierten Bedarfsplanung eine möglichst wirtschaftliche Aufteilung der Entwicklungs- und Produktionsaufgaben auf die einzelnen Glieder der Wertschöpfungskette. Diese Kette wird zunehmend **global** gesehen, d. h., neben der

Wettbewerb zwischen Wertschöpfungsketten

Vertikale Kooperation

Supply-Chain-Management

Leistungsfähigkeit der beteiligten Betriebe werden auch internationale Standortfaktoren mit einbezogen.

 Die an den Kundenbedürfnissen und an wirtschaftlichen Zielen orientierte Verteilung, Gestaltung und Koordination aller Wertschöpfungsaktivitäten über die Zulieferkette ist Gegenstand des Supply-Chain-Managements.

Leistungsprozesse als Analyseobjekt

Der Fokus hat sich durch die beschriebene Entwicklung verschoben: Weg vom Sachgut – als dem typischen Ergebnis produktiver Prozesse – hin auf den **Leistungsprozess** selbst.

Selbst wenn die zugekaufte Leistung ein eigenständiges Sachgut (Handelsware, Vorprodukt) ist, richtet sich das Interesse in der Beschaffung regelmäßig auch auf den Prozess der Leistungserstellung beim Lieferanten. Der Abnehmer stellt im Zusammenhang mit der Entscheidung über einen Lieferanten z. B. die folgenden Fragen:

- Kann der Lieferant in seinen Prozessen die geforderte Qualität sicherstellen?
- Ist ein direkter Austausch von Entwurfsdaten und damit eine effiziente Zusammenarbeit im Entwicklungsprozess möglich?
- Sind die Prozesse des Lieferanten flexibel genug, um auch auf kurzfristige Änderungen in Spezifikation und Bedarfsmenge zu marktgängigen Kosten zu reagieren?
- Kann der Lieferant eine mengen- und termingerechte Anlieferung gewährleisten?
- Nutzt der Lieferant heute und zukünftig alle Möglichkeiten einer kostengünstigen Leistungserstellung?

Richtet sich der Bedarf auf eine Dienstleistung, so sind Produkt und Prozess vielfach identisch. Die Anforderungen betreffen dann direkt den Prozess.

Beispiel

Anforderungen an eine Bahnreise
- Dauer der Reise
- Pünktlichkeit in der Ankunft
- Bequemlichkeit der Reise
- Sauberkeit der Wagen, Zugtoiletten etc.
- Arbeitsmöglichkeiten im Zug
- Präzision, Verlässlichkeit und Rechtzeitigkeit von Anschlussinformationen

- Ergänzende oder verbundene Serviceleistungen (Parkhaus, Verfügbarkeit des Zugtelefons, Angebot im Zugrestaurant, Mietwagen am Zielort)
- Freundlichkeit der Betreuung
- Gesamtkosten der Leistung

Die betriebswirtschaftliche Analyse der industriellen Produktion – d.h. die **Produktions- und Kostentheorie** sowie die darauf aufbauende Planungs- und Optimierungsrechnung – basiert in der deutschsprachigen Literatur auf dem Konzept der **Produktionsfunktion**. Die Input-Output-Beziehungen werden in der Produktionstheorie mit Hilfe von Produktionsfunktionen abgebildet und damit auf der Grundlage einer geschlossenen Theorie der formalen Analyse zugänglich gemacht. Hiervon gehen Impulse aus für die »Gestaltung industrieller Produktionsprozesse unter wirtschaftlichen Gesichtspunkten«.

Produktionsfunktion

Die im Verlauf dieses Kapitels dargestellte Sichtweise basiert im Kern weniger auf der Produktionsfunktion als auf dem amerikanischen Konzept des **Operations Management** (vgl. hierzu auch Grothe/Weber, Sp. 1347 ff.).

Operations Management

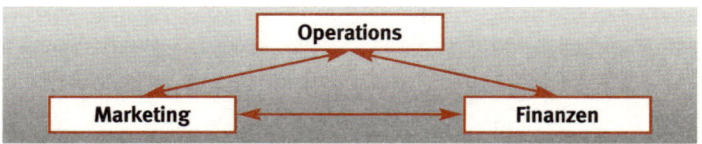

Abb. 1.2: Die betrieblichen Basisfunktionen

Operations sind der technische Kern (Leistungserstellung) einer betrieblichen Organisation, die Input-Güter in einen Output höheren Wertes transformiert. Die **Leistungserstellung** (Operations) stellt neben Marketing und Finance eine von drei betrieblichen **Basisfunktionen** dar (vgl. hierzu Russel/Taylor, S. 6). Der pragmatische amerikanische Ansatz betont dabei weniger den systematisch-analytischen Aspekt – wie er in der Produktionsfunktion zum Ausdruck kommt – als vielmehr den leistungsbezogenen **Entscheidungs- und Managementaspekt**.

Betriebliche Basisfunktionen

Die **Aufgaben** des Operations Management (OM) beinhalten u.a. die organisatorische Gestaltung der Leistungserbringung, die Prozesswahl, die Layout-Planung, die Standortwahl, die Arbeitsgestaltung, die Leistungsmessung, die Qualitätsprüfung, die Auftragsplanung sowie die Bestände- und Produktionsplanung.

Aufgaben des OM

Qualitätsmanagement, Logistikmanagement und Produktions-Controlling sind damit selbstverständliche Teilgebiete des Operations Management. Insbesondere schließt diese Sicht automatisch die Erstellung von Sachgütern, von Dienstleistungen und von Leistungsbündeln ein. Insgesamt wird weniger die Errichtung eines gesamtheitlichen Theoriegebäudes, als vielmehr die **Bewältigung exemplarischer Entscheidungssituationen** und die Herleitung geeigneter **Handlungsempfehlungen/-strategien** angestrebt.

Diese komplexe Managementaufgabe erfordert eine ganze Reihe technischer, betriebswirtschaftlich-konzeptioneller und sozialwissenschaftlicher Kenntnisse und Fähigkeiten: Der Ansatz ist insofern **interdisziplinär**.

ZUSAMMENFASSUNG ÜBUNG

Das Operations Management betont den leistungsbezogenen Entscheidungs- und Managementaspekt.

Diese Sichtweise basiert nicht vorrangig auf der Theorie der Produktionsfunktion.

Ziel ist die Herleitung von Handlungsstrategien für sämtliche Bereiche der Erstellung von Gütern und Dienstleistungen.

ZUSAMMENFASSUNG **ÜBUNG**

Nr. 1: Wie lässt sich ermitteln, welcher Wert durch einen Tranformationsprozess geschaffen wurde? Worin liegt das Problem?

In den verschiedenen Entwicklungsstufen des Operations Management wurden jeweils unterschiedliche Qualifikationsprofile und Lehrinhalte in den Vordergrund gerückt. Darauf werden wir im nachfolgenden Abschnitt etwas näher eingehen.

**1.2
ENTWICKLUNGSSTUFEN DER PRODUKTIONSWIRTSCHAFT**

Zum Verständnis des augenblicklichen Standes und der Bedeutung der Produktionswirtschaft bzw. des Operations Management wollen wir uns zunächst die historische Entwicklung vergegenwärtigen.

Mit der industriellen Nutzung der Dampfmaschine zur zentralen Krafterzeugung in der Textilindustrie, im Kohlebergbau sowie in der Stahlindustrie wurde die »**1. Industrielle Revolution**« ausgelöst. Die physische Kraft des Menschen wurde durch die ungleich größere

Maschinenkraft ersetzt und ein enormer Innovationsschub ausgelöst. In vielen Bereichen wurde die bisherige, vergleichsweise dezentral und ganzheitlich durchgeführte, handwerkliche Produktion durch die am Ort der Krafterzeugung zentralisierte industrielle Produktion abgelöst.

Parallel entwickelte sich das Konzept der **Arbeitsteilung**, das insbesondere von Adam Smith in seinem Werk Wealth of Nations (1776) dargestellt wurde. Gefördert wurde die Arbeitsteilung durch erste Ansätze zur **Herstellung identischer Bauteile** in der Waffenherstellung durch Eli Whittney (1765–1825). Mangels einheitlicher Maßsysteme, Prüflehren und -techniken gelang dies bis dahin nicht, die Komponenten einer mechanischen Funktionseinheit waren vielmehr handwerklich individuell eingepasste Unikate, die nicht ohne weiteres gegen funktionsgleiche andere Teile ausgetauscht werden konnten.

Arbeitsteilung und die Austauschbarkeit identischer Komponenten

Zeitalter	Zeit	Ereignisse und Konzepte
1. Industrielle Revolution	1769	Dampfmaschine (James Watt)
	1776	Konzept der Arbeitsteilung (Adam Smith)
	1790	Austauschbare Komponenten (Eli Whitney)
	1877	Erfindung des Otto-Motors
	1889	Erfindung des Drehstrommotors (Siemens)
Wissenschaftliche Betriebsführung (2. Industrielle Revolution)	1911	Prinzipien der wissenschaftlichen Betriebsführung (Scientific Management, Frederick W. Taylor)
	1911	Zeit und Bewegungsstudien (Frank und Lillian Gilbreth)
	1912	Zeit und Kapazitätsplanung mit Balkendiagrammen (Henry Gantt)
	1913	Fließbandfertigung (Henry Ford)
Human Relation	1930	Hawthorne Experimente (Elton Mayo)
	ab 1940	Motivationstheorien (Abraham Maslow, Frederick Herzberg, Douglas McGregor)
Management Science	1947	Lineare Programmierung (George Danzig)
	1951	Digitale Computer (Remington Rand)
	ab 1950	Simulation, Warteschlangentheorie, Entscheidungstheorie, Netzplantechnik
Qualitäts-Revolution (3. Industrielle Revolution)	ab 1970	Lean Production, (Taiichi Ohno, Toyota)
	ab 1980	Just-In-Time (JIT)
	ab 1980	TQM Total-Quality-Management (W. Edwards Deming, Joseph Juran u.a.)
Informationstechnisches Zeitalter	ab 1980	Computer-Integrated-Manufacturing (CIM)
	ab 1970	Elektronischer Datenaustausch (EDI)
	1990	World Wide Web (Tim Berners-Lee)
Globalisierung	ab 1990	Globale Märkte und weltweit verteilte Produktion

Tab. 1.1: Entwicklungsstufen des Produktionsmanagements (in Anlehnung an Russel/Taylor, S. 9)

Die Konzentration auf eine **begrenzte Arbeitsaufgabe** geringerer Komplexität förderte die Arbeitseffizienz sowie den Einsatz **mechanischer Kraft** und die Entwicklung entsprechender **Spezialmaschinen**. Die durch mechanische Krafterzeugung, Arbeitsteilung und Spezialisierung ausgelösten Produktivitätsfortschritte hatten indessen auch organisatorische Implikationen. Der eigenverantwortlich arbeitende Handwerker und Träger der nahezu kompletten Produkttechnologie wurde abgelöst durch den **unter Aufsicht tätigen Industriearbeiter** mit eng spezialisierter Qualifikation. Hieraus erwuchs ein organisatorisch zu lösendes **Koordinationsproblem**.

Organisatorische Konsequenzen industrieller Arbeitsteilung

Wichtige technische Innovationen in der zweiten Hälfte des 19. Jahrhunderts bereiteten die **2. Industrielle Revolution** vor. Hier ist insbesondere die Erschließung des Erdöls als Energieträger, die Erfindung des Otto-Motors sowie die Elektrifizierung zu erwähnen. Durch diese Fortschritte wurde das im Zeitalter von Kohle und Dampf bestehende Problem des Energietransports und der bis dahin betrieblich zentralen Krafterzeugung gelöst.

2. Industrielle Revolution

Frederic W. Taylor [1856–1915] begriff die Gestaltung eines Arbeitsprozesses erstmalig als **wissenschaftliche Aufgabe**. Durch systematische Beobachtung, Messung und Analyse suchte er die technisch und wirtschaftlich günstigste Art und Weise, eine definierte Arbeitsaufgabe zu lösen. Eine einmal erarbeitete Lösung wurde zum Standard erhoben. Geeignete Anreizsysteme förderten die konsequente Anwendung dieser Arbeitsweise. In seinem 1911 erschienenen Buch **Scientific Management** (deutsch: Wissenschaftliche Betriebsführung) beschreibt Taylor diese »Philosophie«, die sich schnell in der Welt verbreitet (bspw. 1924 Gründung des REFA-Verbandes als »Reichsausschuss für Arbeitsstudien«).

Scientific Management

Vor dem Hintergrund rascher Industrialisierung in jener Zeit, die zahllose technisch unqualifizierte Arbeitskräfte aus der Landwirtschaft anzog, erklärt sich die mit dem Namen F. W. Taylor und der Bewegung des Taylorismus verknüpfte **extreme Arbeitsteilung**. Durch die enge Begrenzung der Arbeitselemente und die systematische Erarbeitung und Vorgabe einer effizienten Arbeitsweise konnten trotz wenig und eng qualifizierter (aber dafür billiger) Arbeitskräfte große Produktivitätsfortschritte erzielt werden. F. B. **Gilbreth** – ein Schüler Taylors – entwickelte die Methodik weiter und ergänzte sie um **Bewegungsstudien**, mit dem Ziel der Elimination aller unproduktiven Bewegungen. Charakterisierend für den Taylorismus ist auch die konsequente Trennung von ausführender (gering qualifizierter) Arbeit und (qualifiziertem) planendem und **kontrollierendem Management**.

Die Bewegung des Taylorismus

Henry Ford wandte 1913 die Methodik des Scientific Management in der Produktion des legendären **Model T** an. Insbesondere organisierte er die Fertigung nach dem **Fließprinzip**, wobei das Chassis des Fahrzeugs eine Montagestrecke entlanggezogen wurde. Die entlang dieser Strecke bereitgestellten Komponenten wurden von den Montagearbeitern in die vorbeikommenden Fahrzeuge eingebaut. Mit dieser Konzeption reduzierte Ford die Montagezeit für ein Fahrzeug von 728 auf 1,5 Stunden, was eine wirtschaftliche Produktion eines standardisierten Produktes in großen Stückzahlen möglich machte.

Henry Ford und das
Scientific Management

 Unter Massenfertigung versteht man die Herstellung standardisierter Produkte in großen Stückzahlen für einen Massenmarkt.

Das Konzept des Scientific Management hatte die individuellen Wünsche und Bedürfnisse der arbeitenden Menschen (z. B. keine **Monotonie**) indessen zu stark vernachlässigt, was in den so genannten **Hawthorne-Experimenten** deutlich wurde. **Elton Mayo** und andere führten ab 1927 in den Hawthorne-Werken der General Electric Company Experimente durch, die eine bestehende Unzufriedenheit der dortigen Mitarbeiter erklären sollten. Auf der Grundlage des Scientific Management sollten die Auswirkungen unterschiedlicher technischer Arbeitsbedingungen auf die Produktivität untersucht werden.

Human-Relations-Ansatz

In der Tat konnten – scheinbar durch technisch veränderte Arbeitsbedingungen – Produktivitätsfortschritte erzielt werden. Diese dauerten allerdings weiter an, nachdem die Veränderungen zurückgenommen worden waren: Allein die Aufmerksamkeit, die die Arbeitsgruppen durch die Experimente erfuhr, hatte deren **innere Einstellung zur Arbeit** verändert und eine erhöhte **Leistungsmotivation** hervorgerufen.

Die Erkenntnisse aus diesen Experimenten führten zu zahlreichen sozialwissenschaftlichen Untersuchungen – die u.a. die **Motivationstheorien** von Herzberg, Maslow, McGregor hervorbrachten –, die zusammenfassend als Human-Relations-Ansatz bezeichnet werden.

ZUSAMMENFASSUNG   **ÜBUNG**

Der **Human-Relations-Ansatz** richtet die Aufmerksamkeit auf die menschlichen Bedürfnisse der Arbeitskräfte und verfolgt dabei das Ziel, direkt die **Arbeitszufriedenheit** und die **Arbeitsmotivation** sowie darüber indirekt die **Arbeitsproduktivität** zu steigern.

Dieser Ansatz ergänzt und korrigiert insofern den Ansatz des Scientific Management.

Management Science

Parallel zum Aufkommen automatischer Datenverarbeitungsverfahren wurden etwa ab 1950 mathematische Verfahren zur Beurteilung oder Optimierung operativer Produktionspläne entwickelt. Am bekanntesten ist die auf Georg Danzig zurückgehende **Lineare Programmierung** sowie die **Warteschlangentheorie** und die **Simulation**. Diese Ansätze haben bis in die 70er Jahre hinein breiten Raum in der produktionswirtschaftlichen Forschung eingenommen. Über die betriebswirtschaftlichen Zielkriterien sind diese Ansätze eng mit der Kosten- und Erlösrechnung verzahnt worden. Dies kommt besonders deutlich in der Betriebsplankostenrechnung (vgl. Laßmann, Sp. 168-183) von Laßmann und Wartmann zum Ausdruck, die auf eine simultane Monatsplanung der Produktion und des Betriebserfolges in Prozessindustrien (Grundstoffindustrie) gerichtet ist.

 Die Phase des Management Science ist durch die Anwendung formaler Methoden zur Optimierung der Produktion gekennzeichnet.

Qualitätsmanagement

Ein neuer Paradigmenwechsel bahnte sich in den 70er Jahren an. Die **Erfolge der japanischen Industrie** lösten in der westlichen Welt zunächst Erstaunen aus. Nach anfänglichen Fehlinterpretationen kristallisierte sich heraus, dass dieser Erfolg eine solide Basis in der industriellen Leistungsfähigkeit Japans besaß. Ein wesentliches Element davon war ein neues Qualitätsverständnis. Die **Qualitätslehre** bildet gleichzeitig eine Voraussetzung für Lean Production und Just-In-Time Fertigung (JIT).

Qualitätsbegriff

Qualität wird nicht mehr als Ergebnis des Fertigungsprozesses, sondern vielmehr **aus Kundensicht** als Eignung zur Befriedigung der Kundenbedürfnisse interpretiert. Deutlich wird dieses Verständnis in der Abgrenzung der Begriffe **Beschaffenheit, Qualitätsforderung und Qualität** (vgl. DGQ-Schrift Nr. 11–04):

- Beschaffenheit: Gesamtheit der Merkmale und Merkmalswerte einer Einheit.
- Qualitätsforderung: Gesamtheit der betrachteten Einzelanforderungen an die Beschaffenheit einer Einheit.
- Qualität: Eignung einer Einheit, die Qualitätsforderung zu erfüllen.

Beschaffenheit

Ausgangspunkt für die Definition des Qualitätsbegriffs ist demnach die durch Merkmale und Merkmalswerte bestimmte **Beschaffenheit** einer Einheit. Ein Merkmal ist z.B. die »Farbe«, der Merkmalswert »rot«. Als Einheit kommt nicht nur ein Produkt, sondern insbesondere auch ein Arbeitsvorgang (z.B. der Bearbeitungsprozess des Schweißens), ein

Dokument (etwa eine technische Zeichnung), ein Werkzeug, eine Maschine und auch ein menschlicher Mitarbeiter in Betracht.

Für die Belange des Qualitätsmanagement ist der Begriff der Beschaffenheit jedoch nicht ausreichend, da er kein denkbares Merkmal aus der Betrachtung ausschließt. Eine Einheit kann viele Merkmale aufweisen, die in einem gegebenen Kontext irrelevant sind, potenzielle Kunden z. B. sind nur an Merkmalen interessiert, die für einen vorgesehenen Zweck und auf eine bestimmte Situation passen.

Beispiel

- Ein Limonadengetränk besitzt auch das Merkmal »Dichte«, das den Konsumenten normalerweise jedoch kaum interessieren wird.
- Ihn wird die Temperatur eines frisch gezapften Bieres sehr wohl interessieren, kaum aber die exakte Temperatur eines Kastens Bier, den er auf Vorrat kauft.

Die relevanten Merkmale und die jeweils gewünschte Ausprägung kommen in der **Qualitätsforderung** zum Ausdruck. Für obiges Beispiel (frisch gezapftes Bier) dürften neben der Temperatur noch die Merkmale Füllmenge, Farbe, Blume, Geschmack sowie Form, Sauberkeit und Unversehrtheit des Glases von Bedeutung sein. Qualitätsforderung

Eine Einheit ist geeignet, die Qualitätsforderungen und damit auch den dahinter stehenden Zweck zu erfüllen, wenn es die **gewünschten Merkmale in der geforderten Ausprägung** aufweist.

Qualität wird so nur aus der Sicht des Kunden beurteilbar – dieser ist Qualität mit seinen ausdrücklichen Wünschen und seinen als selbstverständlich unterstellten Anforderungen der Maßstab der Qualität: Oberstes Ziel des Qualitätsmanagement ist die **Zufriedenheit des Kunden**.

Kunde ist aber nicht allein der Endkunde am Markt. Da als Einheit im obigen Sinne eben nicht nur (End-)Produkte in Betracht kommen, ist jeder Empfänger einer Leistung – auch innerhalb des Betriebs – Wer ist Kunde? bzw. jeder, dem durch einen Leistungsprozess ein Nutzen erwachsen soll, als Kunde anzusehen.

Beispiel

- Die Montage ist Kunde der Teilefertigung.
- Kunden einer pharmazeutischen Produktion sind Patienten, Ärzte, Krankenkassen, Krankenhäuser, Zulassungsbehörden, Apotheken.

Die Anforderungen all dieser Kundengruppen sind bei der Qualitätsbeurteilung zu beachten.

Qualität muss nicht
teuer sein

Vor diesem Paradigmenwechsel wurde Qualität mit **aufwändig** und **teuer** gleichgesetzt, und als Maßstab der Qualität stand weniger der Kunde als vielmehr die von der Konstruktion vorgegebene technische Spezifikation im Vordergrund.

Unter **Fertigungsqualität** wird die Übereinstimmung der realisierten Merkmale einer Einheit mit der Spezifikation verstanden; Abweichungen werden als **Qualitätsfehler** bezeichnet.

Überholtes Qualitätsverständnis

Als Problematik muss herausgestellt werden, dass Qualität in der westlichen Welt lange mit spezifikationsgerecht gefertigten – also fehlerfreien – Produkten gleichgesetzt wurde; wobei aber gleichzeitig eine **100%ige Fehlerfreiheit** der Produkte als technisch nicht realisierbar und wirtschaftlich nicht erstrebenswert angesehen wurde. Man ging nämlich davon aus, dass Fehler ihre Ursache vorrangig in der Fertigung selbst hatten und dass das Auftreten von Fehlern in der Fertigung in einem gewissen Rahmen unvermeidbar war. Fehler mussten nach diesem Verständnis durch nachträgliche Qualitätsprüfung erkannt und durch **nachsorgende Maßnahmen** (Nacharbeit, Verschrottung, Produktabwertung zu zweiter Wahl etc.) **bewältigt** werden.

 Sinkende Fehlerquoten konnten hier nur mit überproportional ansteigendem Aufwand in der Fehlererkennung und -bewältigung erkauft werden.

In der Konsequenz wurde eine gewisse Fehlerquote als technisch und wirtschaftlich unvermeidbar akzeptiert.

Obwohl die Wurzeln des modernen Qualitätsmanagement bis in die Zeit vor dem zweiten Weltkrieg zurückreichen, herrschte diese Sichtweise bis in die 70er Jahre vor. Erst der japanische Erfolg schaffte eine breite Aufnahmebereitschaft für eine andere Herangehensweise.

Begründer der modernen Qualitätslehre

Amerikanische Qualitätsexperten – namentlich **Edwards Deming** und **Joseph Juran** – hatten einen nicht unbedeutenden Anteil am Erfolg der japanischen Wettbewerber. Deming war ab 1950 als Berater in Japan tätig und lehrte dort die Grundsätze der statistischen Qualitätskontrolle, 1954 folgte ihm Juran. Demings Lehren fanden in

Japan besonders fruchtbaren Boden und er wird dort heute als »Vater der Qualitätssicherung« verehrt.

Qualität wird heute als **notwendige Basis** wirtschaftlicher Leistungserstellung erkannt. Die sorgfältige Analyse der **Kundenanforderungen** hilft dem Unternehmen, die richtigen Leistungen am Markt anzubieten.

Die **vorbeugende Analyse** und systematische Beseitigung von Fehlerquellen hilft, die nicht zur Wertschöpfung beitragenden Aktivitäten wie Nacharbeit, Aussortieren fehlerhafter Teile etc. zu vermeiden. Hierin ist der enge Zusammenhang zwischen modernem Qualitätsmanagement und **Lean Production** zu sehen.

Das in diesem Kontext berühmt gewordene Toyota-Produktionssystem ist deshalb auf die unerbittliche **Ausrottung von »Muda«** (japanisch für Verschwendung) gerichtet. **Taiichi Ohno** (1912– 1990) formulierte in seiner Beschreibung des Toyota-Systems **sieben Arten der Verschwendung**:

Muda

1. Fehler am Produkt
2. Produktion nicht benötigter Produktmengen bzw. Bereitstellung nicht benötigter Leistungskapazitäten
3. Bestände jeglicher Art
4. Unnötige Aktivitäten, die nicht zur Wertschöpfung beitragen
5. Unnötige Bewegung von Menschen
6. Unnötige Transporte und Warenumschläge
7. Wartezeiten

Sieben Arten der Verschwendung

Ergänzt wurde diese Liste später von einigen Autoren um:
8. »Nicht anforderungsgerechte Leistungsspezifikation«.

Aber auch ohne diese Ergänzung wird deutlich, dass **Verschwendungsursachen** insbesondere in **fehlender Berücksichtigung von Kundenanforderungen** sowie in instabilen, nicht fehlerfreien **Planungs- und Leistungsprozessen** zu suchen sind. Bestände, Wartezeiten, Überschussmengen, unnötige Prozesse und Bewegungen erwachsen vielfach direkt aus Fehlern oder häufig aus Unsicherheit hinsichtlich der Verlässlichkeit und Fehlerfreiheit von Leistungsergebnissen.

Beispiel

Die von einem bestimmten Lieferanten angelieferten Waren haben sich in der Vergangenheit zu etwa 10% als fehlerbehaftet erwiesen, außerdem wurden Liefertermine und Liefermengen oft nicht eingehalten. Ein anderer (besserer) Lieferant ist nicht bekannt. Diese Situation wird üblicherweise bewältigt, indem eingehende Lieferungen sorgfältig geprüft und ggf. aussortiert werden; fehlerhafte Mengen werden zurückgeschickt, und um Fehlmengen vorzubeugen, wird ein relativ hoher Sicherheitsbestand gehalten.

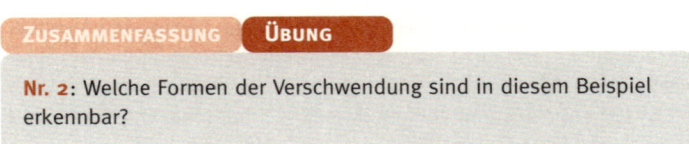

Nr. 2: Welche Formen der Verschwendung sind in diesem Beispiel erkennbar?

Deming-Kette

Der Zusammenhang zwischen **Qualität** und **Wirtschaftlichkeit** wird in der bekannten **Deming-Kette** anschaulich zum Ausdruck gebracht.

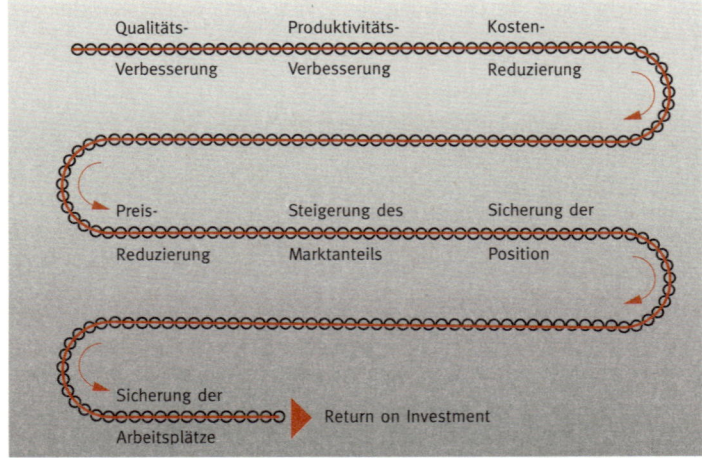

Abb. 1.3: Zusammenhang zwischen Qualitätsverbesserung und Wirtschaftlichkeit

Qualität als Managementaufgabe

Deming (1900–1993) entwickelte die ursprünglich aus der statistischen Qualitätsprüfung herrührenden Ansätze auch vor dem Hintergrund seiner japanischen Erfahrungen weiter zu einer **umfassenden Management-Sicht**. Dies kommt am besten in seinen **14 Punkten** zum Ausdruck, mit denen er deutlich macht, dass für die Umsetzung des modernen Qualitätsmanagement im Unternehmen das **oberste Management** direkt verantwortlich ist. Als Aufgabe des Management wird es insbesondere angesehen, eine klare Richtung zu weisen, d.h. einen **klaren und**

konstanten Unternehmenszweck zu definieren. Die traditionellen funktionalen Abteilungen sollen hinter den **übergreifenden Prozessen** zurücktreten. Die **ständige Verbesserung** sämtlicher Unternehmensprozesse ist die Aufgabe aller im Unternehmen. Statt allgemeiner Ermahnungen und Schuldzuweisungen wird vom Management echte Führung gefordert, indem es die Mitarbeiter darin umfassend unterstützt, die definierten Ziele **eigenverantwortlich** zu erreichen (Empowerment) und eine Kultur der ständigen Prozessverbesserung sowie der **Weiterbildung und Qualifikation** der Mitarbeiter zu errichten.

Die **Zusammenarbeit mit den Lieferanten** soll auf eine integrative Verbesserung der Zusammenarbeit gerichtet sein, anstatt auf die Erreichung kurzfristiger Preisvorteile zu zielen.

Demings 14 Punkte:
1. Schaffen Sie einen **konstanten Unternehmenszweck** als Grundlage für die Verbesserung von Produkten und Leistungen.
2. **Verinnerlichen** Sie die neue **Philosophie**. Wir treten in eine neues wirtschaftliches Zeitalter ein. Das Management westlicher Unternehmen muss die Herausforderung erkennen, seine Verantwortung sehen und Veränderungen einleiten.
3. Machen Sie sich nicht länger abhängig von Kontrollen, um Qualität zu erzielen. Beseitigen Sie die Notwendigkeit massenhafter Qualitätsprüfungen, indem Sie die **Qualität von vornherein in die Produkte einbauen**.
4. Verzichten Sie darauf, die Auftragsvergabe allein vom Angebotspreis abhängig zu machen.
5. **Verbessern** Sie **kontinuierlich** und immer wieder die Planungs-, Produktions- und Leistungssysteme, jeden Prozess und jede Aktivität im Unternehmen. Verbessern Sie dadurch Qualität und Produktivität und senken Sie so kontinuierlich die Kosten.
6. Institutionalisieren Sie **gute Anlernmethoden** und Wiederholtraining am Arbeitsplatz.
7. **Führen** Sie Ihre Mitarbeiter **richtig**. Das Ziel der Produktionsüberwachung sollte es sein, Menschen, Maschinen und Vorrichtungen zu einem besseren Arbeitsergebnis zu verhelfen.
8. **Beseitigen** Sie die Atmosphäre von Schuld und **Angst** im Unternehmen.
9. Reißen Sie die **Mauern** zwischen den Abteilungen **nieder**.
10. **Vermeiden** Sie leere Sprüche und **Ermahnungen**.
11. **Vermeiden** Sie quantitative **Leistungsvorgaben**.
12. Lassen Sie Ihre **Mitarbeiter stolz** auf ihre Arbeit sein.
13. **Ermutigen** Sie jedermann **zu Weiterbildung** und Qualifikation.

14. Verpflichten Sie jedermann im Unternehmen, an diesem **Transformationsprozess** mitzuwirken. Mit den angestrebten Veränderungen muss sich jeder, aber insbesondere das **Management, identifizieren.**

ZUSAMMENFASSUNG   **ÜBUNG**

Die besondere Bedeutung der ständigen Verbesserung kommt im Deming-Zyklus zu Ausdruck. Ausgehend von einem Prozesskonzept, wird das Ergebnis der Prozessausführung gemessen und überprüft, was der Auslöser für verbesserndes Handeln ist. Wichtig ist, dass ein verbessertes Prozesskonzept zum Standard gemacht wird, um verlässliche und fehlerfreie Abläufe zu gewährleisten sowie um dem organisatorischen Vergessen zu begegnen.

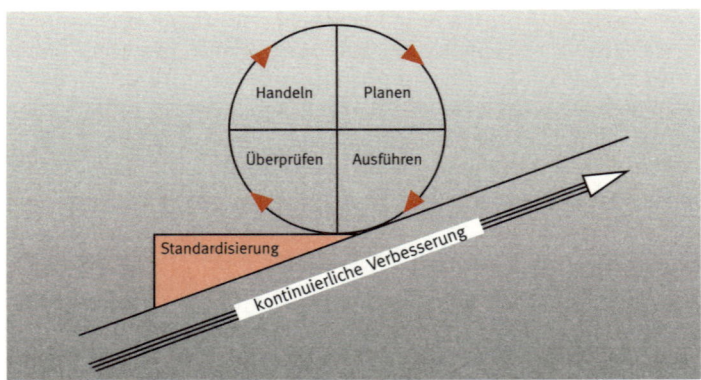

Abb. 1.4: Zyklus der kontinuierlichen Verbesserung

Informationstechnisches Zeitalter und Globalisierung

Die seit 1980 zu beobachtende explosionsartige Entwicklung der **Informationstechnologie** eröffnete neue Möglichkeiten der informatorischen **Kopplung dezentraler Aktivitäten.**

Bestand zuvor **Intransparenz** über den Bearbeitungsfortschritt eines Auftrages, den exakten Lagerbestand eines Bedarfsguts oder den Verbleib einer Lieferung, so schafft die zeitnahe Speicherung von Informationen in logisch zentralen Datenbanken Gewissheit über die aktuellen **Rahmenbedingungen der Planung.**

Der weltweite Zugriff auf diese Informationen und die Möglichkeit des Austausches elektronischer Nachrichten quasi **ohne zeitliche Verzögerung** erlaubt die **effiziente Koordination** räumlich verteilter und dezentral gesteuerter Aktivitäten und ermöglicht damit eine **verstärk-te Arbeitsteilung** und gleichzeitig die Ausnutzung **zuvor** nicht hebbarer Rationalisierungsreserven in der Wertschöpfungskette.

Informationstechnologie und Koordination

Die seit dieser Zeit zu beobachtende Tendenz zum **Outsourcing** von Randaktivitäten bzw. der Konzentration auf wettbewerbsentscheidende **Kernkompetenzen** ist Ausdruck des hierdurch ausgelösten **Strukturwandels**. Gleichzeitig erlaubt die Leistungsfähigkeit moderner Transport- und Logistiksysteme die **Ausdehnung der Wertschöpfungskette** über den gesamten Globus hinweg (zumindest insoweit, als eine Region an eine der bedeutenden Containerlinien angeschlossen ist oder der physische Transport keine besondere Bedeutung hat).

Struktureller Wandel in der industriellen Produktion

Für das Management einer **verteilten Produktion** in industriellem Maßstab hat dies eine steigende Bedeutung der Zusammenarbeit zwischen den Gliedern einer Wertschöpfungskette – also zwischen industriellen Lieferanten und Abnehmern zur Folge. Die schlägt sich in einer **Neuausrichtung der Beschaffungsfunktion** und einer **wertschöpfungsübergreifenden Zusammenarbeit** von Produktionspartnern in Entwicklung und logistischer Abwicklung (**Supply-Chain-Management**) nieder.

Supply-Chain-Management

ZUSAMMENFASSUNG **ÜBUNG**

Die jüngsten Entwicklungen im Bereich des Operations Management wurden möglich durch die Entwicklungen in der Informationstechnologie der 90er Jahre. Dadurch ist Outsourcing und eine globale Verteilung der Produktion in vorher nicht realisierbarem Ausmaß erst möglich geworden.

ZUSAMMENFASSUNG **ÜBUNG**

Nr. 3: Was charakterisiert den Taylorismus und warum gilt dieser Ansatz des Produktionsmanagements heute als überholt?

Nr. 4: In welcher Beziehung steht die Human-Relations-Bewegung zum Taylorismus?

Nr. 5: Welches sind die primären Ziele des Produktionsmanagements und welche Gewichtungsverschiebungen zwischen diesen Zielen waren in der Vergangenheit zu beobachten?

Nr. 6: Welchen Zusammenhang sehen Sie zwischen Qualität und Rentabilität?

Wir haben im Verlauf dieses Kapitels mehrmals den Begriff der **Wertschöpfung** verwendet.

 Die Wertschöpfung eines Unternehmens ist die Differenz zwischen den am Markt für die eigene Leistung erzielten Erlösen und allen Vorleistungen, die von anderen Unternehmen bezogen wurden.

Wertschöpfung wird zu Einkommen

Die Wertschöpfung fließt allen am Unternehmen in irgendeiner Form beteiligten Gruppen als **Einkommen** zu:
- den Beschäftigten als Lohn,
- den Kapitalgebern als Gewinn bzw. Zinsen und
- dem Staat als Steuern.

Vorleistungen

Die mit den Bezugspreisen bezahlten **Vorleistungen** (Rohstoffe, Material, Dienstleistungen, Maschinen und Werkzeuge) entstammen der **Wertschöpfung der Lieferanten** bzw. deren Unterlieferanten und werden dort zu Einkommen.

Stakeholder-Ansatz

Wenn wir uns an der Wertschöpfung orientieren, so werden die im Unternehmen erzielten Einkommen wie Löhne und Verzinsung des eingesetzten Kapitals **nicht** einseitig als **Kosten** betrachtet, sondern sie sind das **Ziel der wirtschaftlichen Aktivität** und die **Verwendung des geschaffenen Wertes**. Dadurch wird das gemeinsame Ziel aller beteiligten Anspruchsgruppen betont (der so genannten **stakeholder**). Es wird deutlich, dass maximal die Wertschöpfung zur Ausschüttung für alle Anspruchsgruppen zusammengenommen zur Verfügung steht.

 Die insgesamt durchsetzbaren Einkommensansprüche an die Unternehmung sind durch die Höhe der Wertschöpfung begrenzt.

Sämtliche Unternehmen, die mit ihrer Wertschöpfung zum Endprodukt beitragen, bilden die **Wertschöpfungs- oder Zulieferkette**. Eine andere Bezeichung dafür ist **Supply-Chain**.

Wettbewerb zwischen Wertschöpfungsketten

Früher stand ein einzelnes Unternehmen im Wettbewerb mit seinen Konkurrenten. Heute wird stärker die gesamte Wertschöpfungskette in der **Konkurrenz mit alternativen Wertschöpfungsketten** gesehen. Die Bemühungen zur Verbesserung der Wettbewerbsfähigkeit müssen deshalb auf allen relevanten Stufen der Wertschöpfungskette ansetzen und nicht nur innerhalb des engen Einflussbereichs eines einzelnen Unternehmens.

Damit verändert sich auch das **Verhältnis zum Lieferanten**: Früher wurde er oftmals als Gegner im Verteilungskampf um die Wertschöpfung gesehen und wirtschaftlich starke Abnehmer versuchten einseitig die Preise zu drücken. Unter den veränderten Umständen wird der Lieferant immer öfter als **Partner im Wettbewerb** begriffen – was allerdings den Kampf um Wertschöpfungsanteile – sprich: günstige Zulieferpreise – nicht ausschließt.

Lieferant als Partner im Wettbewerb

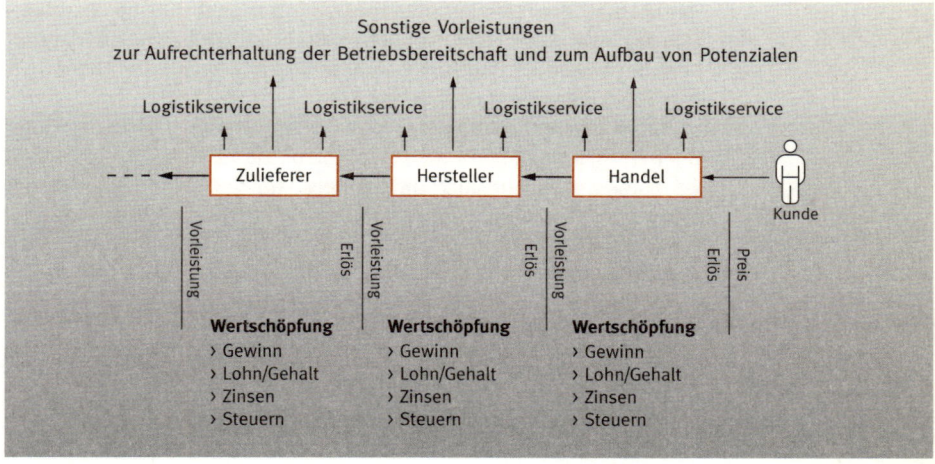

Abb. 1.5: Wertschöpfungskette

Die Abbildung veranschaulicht diese Zusammenhänge. Der gesamten Kette fließt ein **Wert nur vom Endkunden** zu: Der vom Kunden gezahlte Preis multipliziert mit der verkauften Menge stellt den Wert dar, der, über die Wertschöpfungskette verteilt, an Einkommen erzielt werden kann. Sämtliche Bemühungen zur Steigerung dieses Wertes müssen deshalb darauf gerichtet sein, diesen Preis und diese Menge zu erhöhen.

Nur der Endkunde bringt Wert

Alle Glieder der Wertschöpfungskette können zur **Wertsteigerung** beitragen, indem sie die **Beschaffenheit des Produktes** auf den Nutzen (die Qualitätsforderung) des Kunden hin **optimieren**. Jedes Glied der Kette muss die Flexibilität seines Leistungssystems an die Dynamik des Marktes, d.h. an die vom Kunden verlangte Anpassungsgeschwindigkeit, sowie an variierende Bedarfsmengen und -qualitäten, heranführen.

Wertsteigerung

Auch und insbesondere das **Marketing** ist verantwortlich für den Wert. Es kann durch eine gute **Sortimentspolitik**, eine zeitlich gut abgestimmte Markteinführung, eine effektive **Kommunikation** (Werbung) der Produkteigenschaften und eine wirkungsvolle **Distribution** den erzielbaren Preis und die Absatzmengen beeinflussen.

Wichtig ist aber auch, wann einem Unternehmen der Wert zufließt: **Bezogene Vorleistungen** müssen bezahlt werden, bevor Umsatzerlöse für die hieraus erbrachten Leistungen erzielt werden können. Dies gilt insbesondere für Vorleistungen, die lange vor dem Verkauf von Leistungen anfallen, wie z. B. für **Forschung und Entwicklung** oder für den **Aufbau von Leistungskapazitäten**, aber auch für die **Markteinführung** (Werbung). Dazu gehören natürlich auch bezogene Materialien, die erst in der Fertigung verarbeitet werden müssen, bevor ein verkaufsfähiges Produkt entsteht.

Zahlreiche Vorleistungen – etwa in Forschung und Entwicklung oder Werbung – haben **Fixcharakter**, d. h., sie fallen nicht nur zeitlich vorlaufend, sondern auch unabhängig von der später abgesetzten Menge an: dies erhöht die Gefahr des Verlustes, wenn den Vorleistungen später kein ausreichender Wertzufluss in Form von Erlösen gegenübersteht.

Erfolgsentscheidende Faktoren sind deshalb:

- die **Geschwindigkeit des Zahlungsflusses** in der Wertschöpfungskette,
- die wirtschaftliche **Bereitstellung der** benötigten **finanziellen Mittel** und
- die **Minimierung der Kapitalbindung**.

Damit wird deutlich, warum Operations Management, Marketing und Finanzwirtschaft eingangs als die betrieblichen Basisfunktionen vorgestellt wurden (vgl. Abb. 1.2).

Wie reagiert eine solche Wertschöpfungskette auf einen **Preisverfall auf den Konsumentenmärkten**?

Ein Preisverfall bedeutet, dass **weniger Einkommen** in Form von Gewinn, Löhnen und Zinsen entstehen kann. Der Handel und jedes nachfolgende Glied der Kette wird zunächst versuchen, den Wertverlust an die vorgelagerte Stufe zu überwälzen, indem von den Lieferanten **Preisreduzierungen** verlangt oder Vorleistungen gänzlich eingespart werden.

Der hierdurch intensivierte **Wettbewerb in den Zuliefermärkten** kann zu strukturellen Veränderungen der Wertschöpfungskette führen, indem bisherige Lieferanten durch leistungsfähigere substituiert werden. Das Schlagwort der **Globalisierung** bringt den Sachverhalt zum Ausdruck, dass hierbei immer öfter weltweit nach preiswerteren Lieferquellen gesucht wird und ein entsprechender Wettbewerbsdruck erzeugt wird.

Gelingt es einem Glied der Wertschöpfungskette nicht oder nicht vollständig, den erlittenen Wertverlust an die vorgelagerten Stufen zu überwälzen, so sinkt zwangsläufig die Wertschöpfung dieses Gliedes und somit die hier erzielten Einkommen. Da die Zinszahlungen und die Zahlungen an die Beschäftigten vertraglich fixiert sind, trifft dies zunächst das Residualeinkommen, d.h. den Gewinn.

Wenn der Gewinn nicht so hoch ist, dass eine Gewinnminderung einfach hingenommen werden kann, führt dies zu Rationalisierungsmaßnahmen, die entweder das gebundene Kapital mindern, um damit die Rentabilität des verbliebenen Kapitals zu sichern oder aber die Summe des Einkommens aus unselbstständiger Arbeit senken.

Rationalisierung

Das »klassische« Konzept der Rationalisierung – Senkung der Personalkosten – ist oftmals die letzte Möglichkeit. Die Gründe dafür sind unterschiedlich. Der Anteil der Personalkosten an den gesamten Kosten ist in vielen Branchen längst nicht mehr so hoch wie noch vor einigen Jahrzehnten. Damit sind die Rationalisierungsreserven deutlich geringer. Zudem werden die Mitarbeiter des Unternehmens heute weniger als Kostenfaktoren gesehen, sondern verstärkt als der kreative Faktor des Betriebes, der überhaupt erst Werte schafft. Dies gilt insbesondere für Betriebe, die vorrangig mit hochqualifiziertem Personal arbeiten. Kreative und leistungsfähige Mitarbeiter zu entlassen, würde dann aber bedeuten, gleichzeitig den von diesen geschaffenen Wert »wegzurationalisieren« und eine Senkung der Entgelte würde (etwa in der Softwareindustrie) zur Abwanderung der leistungsfähigsten Mitarbeiter und damit zum gleichen Ergebnis führen.

Senkung der Personalkosten als letzte Möglichkeit

Unzureichende Wettbewerbsfähigkeit

Ein Personalabbau bedeutet deshalb nicht selten eine Einschränkung der betrieblichen Aktivitäten auf Grund unzureichender Wettbewerbsfähigkeit.

ZUSAMMENFASSUNG ÜBUNG

Eine vertikale Zusammenarbeit in der Wertschöpfungskette erfolgt mit dem Ziel
- der Wertsteigerung, indem die gesamte Kette auf den Kunden hin ausgerichtet wird, sowie
- der Rationalisierung durch übergreifende Vermeidung noch existierender Verschwendungen insbesondere in der Logistik (Bestände, Lieferengpässe, Koordination der Abläufe und Kapazitäten, etc.) und schließlich

- der Beschleunigung des Zahlungsflusses und Verkürzung der so genannten »Cash-to-cash cycletime«, also der Zeitspanne, in der die für Vorleistungen vorab verausgabten finanziellen Mittel zurückfließen.

Die Erreichung dieser Ziele ist nur mittels einer integrierten Planung und Koordination aller Wertschöpfungsaktivitäten erreichbar, die sich sowohl auf die gemeinsame Entwicklung und Vermarktung neuer Produkte als auch auf die logistische Zusammenarbeit bei Herstellung, Lieferung und Leistung erstreckt.

ZUSAMMENFASSUNG **ÜBUNG**

Nr. 7: Wie ermittelt sich der durch einen betrieblichen Leistungsprozess zusätzlich geschaffene Wert?

Nr. 8: Erklären Sie den Verbleib der Wertschöpfung eines Unternehmens.

Nr. 9: Welches sind die unmittelbaren Ziele eines qualitätsorientierten Management?

Nr. 10: Welche Ziele werden beim Management unternehmensübergreifender Wertschöpfungsketten verfolgt?

2 PRODUKT- UND SERVICE-DESIGN

2.1.1 Innovation und Wettbewerbsfähigkeit

Qualität und Innovation haben eine zunehmende Bedeutung für die Wettbewerbsfähigkeit eines Unternehmens erlangt. Ursprünglich war das »richtige Produkt« Voraussetzung für die Teilnahme am Wettbewerb, ein wettbewerbsfähiges **Kostenniveau** war entscheidend für ein Bestehen im Wettbewerb, und eine herausragende Produktqualität war kennzeichnend für erfolgreiche Wettbewerber. Unter Produktqualität werden die geplanten (**Entwurfsqualität**) und realisierten (**Fertigungsqualität**) Merkmale eines Produktes verstanden, soweit diese von den Kunden gefordert oder erwartet werden.

	Vor 1980	**Späte 8oer Jahre**	**Frühe 9oer Jahre**	**Heute**
Gewinnen	Produktqualität	Zeit	Kundenzufriedenheit	Innovation
Bestehen	Kosten	Produktqualität	Zeit	Kunden-zufriedenheit
Teilnehmen	Richtiges Produkt	Kosten	Kosten und Produktqualität	Zeit, Kosten, Produktqualität

Tab. 2.1: Wettbewerb im Wandel (in Anlehnung an Ernst&Young Consulting)

Bereits in den späten 8oer Jahren reichte es nicht mehr aus, das richtige Produkt anzubieten. Die »**Zeit**« im Sinne einer kurzen **Lieferzeit** und hoher **Anpassungsflexibilität** zu marktgerechten Kosten wurde zum entscheidenden Wettbewerbsfaktor: Just-In-Time-Prinzipien durchdrangen immer mehr Bereiche der Wirtschaft.

Zeit als Wettbewerbs-faktor

In den 9oer Jahren rückte die umfassende **Kundenzufriedenheit** in den Vordergrund der Diskussion. Sie wird bestimmt durch die Basis- und die Zusatzeigenschaften eines Produkts:

Kundenzufriedenheit

- **Basiseigenschaften** werden vom Kunden als selbstverständlich unterstellt, etwa ein pünktlicher und sicherer Zugverkehr. Kundenzufriedenheit setzt die Erfüllung dieser erwarteten Leistungseigenschaften voraus. Werden die Erwartungen nicht erfüllt, empfindet der Kunde eine ausgesprochene Unzufriedenheit.
- **Begeisterungseigenschaften**: Attraktive Zusatzeigenschaften begeistern den Kunden und sind geeignet, sich vom Wettbewerb abzuheben (**Differenzierungsstrategie**). Dazu gehören etwa ein attraktives Unterhaltungsangebot während der Reise oder ein Stromanschluss für den tragbaren Computer.

Dynamik der Kunden-zufriedenheit

Erwartete Basiseigenschaften und die Haltung der Kunden gegenüber Zusatzeigenschaften unterliegen einem **zeitlichen Wandel**: Was heute noch Begeisterung auslöst, wird morgen bereits als Selbstverständlichkeit hingenommen oder gar gefordert.

Um die Kundenzufriedenheit zu erreichen, müssen Unternehmen die Kundenerwartung und ihre Veränderung stetig erforschen. Das eigene **Leistungsangebot** muss sich an diesen **Kundenerwartungen** orientieren. Ein Unternehmen muss danach streben, den Kunden trotz steigender Erwartungen noch zu begeistern, um sich so von den Wettbewerbern abzuheben. Die darin zum Ausdruck kommende **Kundenorientierung** führt zu stärkerer **Kundenbindung** und zu wirtschaftlich Erfolg versprechenden Wiederholkäufen.

 Heute sind ein wettbewerbsfähiges Kostenniveau, Produktqualität sowie Schnelligkeit und Flexibilität vielfach bereits Marktzugangsvoraussetzungen.

Eine hohe Kundenzufriedenheit ist erforderlich, um im Wettbewerb überhaupt bestehen zu können. Ein herausragender Erfolg im Wettbewerb hingegen erfordert eine neue Qualität in der **Innovationsfähigkeit**. Was versteht man darunter?

Eine **Erfindung** ist noch keine Innovation. Innovation zielt auf die Verwertung von Neuerungen am Markt. Dementsprechend ist Innovation nicht allein darauf gerichtet, neue Techniken und Konzepte hervorzubringen, sondern darauf, diese **wirtschaftlich umzusetzen**. Innovation wird damit auch und vor allem zu einer **Managementaufgabe**.

Beispiel

Die Telefax-Technologie wurde zwar im Hause der Siemens AG erfunden. Die Innovationskraft, um diese neue Kommunikationstechnik am Markt durchzusetzen, besaßen aber vor allem japanische Unternehmen wie Canon.

Eine Untersuchung über mittlere und große amerikanische Unternehmen zeigt, dass die auf einer Skala von 1–10 als besonders innovativ eingeschätzten Unternehmen in den Jahren von 1987 bis 1996 auch ein entsprechend hohes **Wachstum des Eigentümerwertes** (Kursgewinne plus Dividende) erwirtschaftet haben.

Die **Innovationsfähigkeit** eines Unternehmens bezieht sich nicht nur auf die Hervorbringung neuer Technologien, Produkte und Leistungen, sondern auch auf Neuerungen in anderen **Funktionsbereichen**, wie z. B. dem Marketing, der Logistik oder dem Rechnungswe-

Kundenbindung

Innovation und Wettbewerb

Innovation zielt auf die Verwertung von Neuerungen am Markt

Erfolgreiche Unternehmen sind innovativ

Innovationsbereiche

Innovations- und Entwicklungsprozesse in allen Bereichen der Unternehmung

sen. So kann etwa ein neuartiges Rechnungswesenkonzept die erforderliche Transparenz schaffen, um eine den Wettbewerbern überlegene Rentabilität in der Leistungserstellung zu erzielen. Innovations- und Entwicklungsprozesse finden somit in allen Bereichen der Unternehmung statt.

ZUSAMMENFASSUNG **ÜBUNG**

Der Entwicklungsprozess ist der zentrale Innovationsmotor des Unternehmens. Obwohl als Ergebnis des Entwicklungsprozesses ein neues Sachgut, eine neuartige Technologie oder eine innovative Dienstleistung im Vordergrund stehen, sollen auch Innovationen in anderen Bereichen – etwa ein neuartiges Marketing- oder Logistikkonzept – in die Betrachtung eingeschlossen sein.

2.1.2 Leistungsfähigkeit von Entwicklungsprozessen

Aufgabe des Entwicklungsprozesses ist es, ein möglichst **werthaltiges Konzept** hervorzubringen. Clark und Fujimoto (vgl. Clark/Fujimoto, S. 77ff.) sprechen diesbezüglich von der **Totalen Produktqualität (TQP)**. Diese stellt eine von **drei Leistungsdimensionen** des Entwicklungsprozesses dar. Die zweite und dritte Dimension sind die **Entwicklungsdauer** und die **Produktivität**.

Dimensionen der Entwicklungsleistung

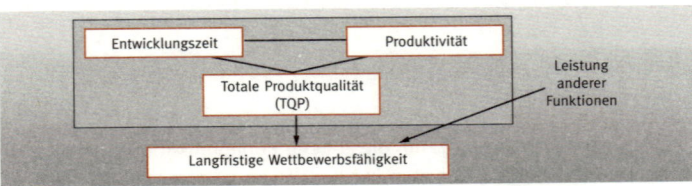

Abb 2.1: *Produktentwicklungsleistung (in Anlehnung an Clark/Fujimoto, S. 77)*

1. Die »Totale Produktqualität« drückt aus, in welchem Maße das Ergebnis eines Entwicklungsprozesses die Kundenerwartungen erfüllt. Dabei ist zunächst die **Entwurfsqualität** angesprochen, die die Soll-Merkmale eines Produktes festlegt. Indirekt beeinflusst der Entwicklungsprozess aber auch maßgeblich die **Fertigungsqualität**, indem der Entwurf wesentliche Aspekte der Herstellbarkeit, die später anfallenden Herstellkosten sowie die Fehleranfälligkeit der Fertigungsprozesse bestimmt. Schließlich wird auch die **Servicequalität** beeinflusst, weil etwa die Wartbarkeit einer Anlage und damit Service-Dauer und Service-Kosten vom Entwurf abhängen.

Totale Produktqualität meint Entwurfs-, Fertigungs und Servicequalität

Das Design eines Eisenbahnwaggons bestimmt direkt die Bequemlichkeit und das Erleben einer Fahrt in diesem Waggon. Ob gewünschte Merkmale – etwa eine dauerhafte Begrenzung von Vibration und Geräuschen während der Fahrt oder gar Sicherheitsmerkmale – in der Herstellung mit vertretbaren Kosten spezifikationsgerecht realisiert werden können, hängt u.a. davon ab, ob eventuelle fertigungstechnische Schwierigkeiten in der Entwurfsphase bereits bedacht worden sind. Bezüglich des Service mag dies analog etwa für die Verschmutzungsanfälligkeit der Toiletten und den Zeitaufwand für deren Reinigung gelten. Auch die Ausfallsicherheit der technischen Einrichtung eines Restaurant-Waggons ist beispielsweise maßgeblich dafür, ob die Servicemerkmale, mit denen eine Zugfahrt ausgelobt wurde, auch wirklich gewährleistet werden können.

---

2. Die **Entwicklungszeit** ist als Leistungskriterium gleichfalls von herausragender Bedeutung. Sie wird gemessen als Zeitspanne zwischen dem Start eines Entwicklungsprojektes und der Markteinführung des Produktes (**time-to-market**). **Kurze Entwicklungszeiten** erlauben eine **genauere Prognose** des technologischen und wirtschaftlichen Umfeldes, auf das ein neues Produkt bei Markteinführung trifft. **Lange Entwicklungszeiten** sind demgegenüber durch eine große **Planungsunsicherheit** gekennzeichnet.

Zudem können technologische Neuerungen, Aktionen von Wettbewerbern und Marktveränderungen ein Produktkonzept schon vor **Markteinführung** obsolet werden lassen und die bereits getätigten Investitionen entwerten. Die **Neuausrichtung** eines Entwicklungsprojektes erfordert dann **zusätzliche Mittel** und bedeutet einen erneuten **Zeitverlust**. Aufwendungen für Entwicklungsprojekte laufen den Umsätzen zeitlich voraus und haben den Charakter von Investitionen (unabhängig von der Bilanzierungspraxis). Je später der finanzielle Rückfluss aus Umsatzerlösen beginnt, desto größer ist die hieraus resultierende Kapitalbindung – mit entsprechender Belastung der **Rentabilitätskennziffern**. In der Praxis wird die Entwicklungszeit daher gelegentlich auch plastisch als **time-to-money** bezeichnet.

Kommt eine **Neuerung** im Vergleich zur technologischen Entwicklung und zum Wettbewerb erst **spät** auf den Markt, so sind die zu erzielenden Erlöse zudem dadurch belastet, dass **weder eine technologische Spitzenposition noch eine Alleinstellung** auf dem

Entwicklungszeit = Zeitspanne zwischen Start eines Entwicklungsprojektes und dessen Markteinführung

Aufwendungen für Entwicklungsprojekte haben den Charakter von Investitionen

Markt mehr gegeben ist. Ein neues Produkt muss sich dann sogleich oder zumindest früher dem Qualitäts- und Preiswettbewerb mit Konkurrenten stellen, die möglicherweise bereits erste Kinderkrankheiten eliminieren, die Produktion auf Grund von Erfahrungskurveneffekten rationalisieren und Kunden binden konnten. Bei Produkten mit Patentschutz ist der wirtschaftliche Effekt eines Vorsprungs noch größer.

Konnten Konkurrenten bereits die Produktion rationalisieren?

Da die Patentanmeldung meist in den frühen Phasen eines Entwicklungsprozesses erfolgt, verbleibt dem Unternehmen eine längere (patentgeschützte) wirtschaftliche Nutzungszeit, wenn es gelingt, das neue Produkt schneller zur Marktreife zu führen.

Bei schneller Entwicklungszeit verbleibt dem Unternehmen eine längere wirtschaftliche Nutzungszeit

Beispiel

So hat die Hoechst AG Mitte der neunziger Jahre damit begonnen, sämtliche Forschungs- und Entwicklungsaktivitäten in einer einheitlichen Funktion »Arzneimittel-Innovation und -Zulassung« weltweit zu koordinieren.

Eine Reduzierung der klinischen Erprobung eines neuen Medikaments um 30% kann dabei zu einer Verlängerung der wirtschaftlich nutzbaren Patentschutzfrist um ein bis zwei Jahre führen.

Gefahr: Unausgereifte Erzeugnisse

Andererseits kann ein allzu hektischer Entwicklungsprozess unausgereifte Erzeugnisse in den Markt entlassen mit möglicherweise katastrophalen Folgen für die Marktstellung.

→ *Eine Beschleunigung der Entwicklungsprozesse muss sich daher auf eine entwickelte Innovationskultur im Unternehmen, durchdachte organisatorische Konzepte und die Anwendung moderner Technologien stützen.*

3. Die Produktivität des Entwicklungsprozesses stellt die dritte Leistungsdimension dar. Die finanziellen, personellen und sachlichen Ressourcen, die für Entwicklungsprojekte zur Verfügung stehen, sind grundsätzlich begrenzt. Je weniger Ressourcen für ein einzelnes Projekt eingesetzt werden müssen, desto häufiger können Neuerungen entwickelt werden und desto breiter kann ein Entwicklungsprogramm angelegt sein.

Finanzielle, personelle und sachliche Ressourcen sind grundsätzlich begrenzt

Zudem führt mangelnde Effizienz bei gegebenen Ressourcen zu einer Verlängerung der Entwicklungszeit und bedroht somit die zweite Leistungsdimension.

In der Automobilindustrie hat die Entwicklungstiefe in der Vergangenheit abgenommen, indem die Entwicklung von Modulen und Teilen zunehmend an Systemlieferanten und Entwicklungsdienstleister übertragen wurde. Hierdurch wurde einerseits eine Beschleunigung des gesamten Entwicklungsprozesses erreicht und andererseits wurden eigene Ressourcen freigesetzt. Die frei gewordenen Ressourcen wurden für eine breitere Modellpalette und schnellere Modellerneuerung eingesetzt sowie in neue Entwicklungsfelder (etwa Verkehrsleittechnik) gelenkt.

Modernität, Breite und Wettbewerbsfähigkeit des Produktprogramms sind somit eng mit der **Effizienz der Entwicklungstätigkeit** verbunden. Bedenkt man weiterhin, dass Innovation in nahezu allen Funktionsbereichen der Unternehmung erforderlich ist, so wird Folgendes deutlich:

Modernität, Breite und Wettbewerbsfähigkeit sind eng mit der Effizienz verbunden

 Eine allgemeine Innovationskultur in einem Unternehmen ist nur auf der Grundlage effizienter Entwicklungsabläufe möglich.

ZUSAMMENFASSUNG **ÜBUNG**

Die Leistungsfähigkeit von Entwicklungsprozessen zeigt sich in drei Dimensionen
- Totale Produktqualität
- Entwicklungszeit
- Produktivität des Entwicklungsprozesses

2.1.3 Forschung, Entwicklung, Konstruktion

Der **Produktentwicklung** kommt somit eine herausragende Bedeutung zu. Hierbei wird nicht nur die Beschaffenheit und damit die **Qualität** des späteren Produkts festgelegt, sondern es werden auch die **Kosten** der Produktion und der **Beschaffung** sowie die **Flexibilität des Produktkonzepts** hinsichtlich späterer Anpassungen an individuelle Kundenwünsche maßgeblich beeinflusst.

Große Bedeutung der Entwicklung

Forschung, **Entwicklung** und **Konstruktion** sind unterschiedliche Begriffe, die wir Ihnen im Folgenden kurz erklären:

Forschung = Aktivitäten
zur Hervorbringung neu-
er Erkenntnisse

- **Forschung** bezeichnet die Aktivitäten von Unternehmen, die auf die **Hervorbringung neuer Erkenntnisse** gerichtet sind (auch: industrielle Forschung). Hier wird unterschieden in:
  - **Grundlagenforschung** mit folgendem Ziel: Beherrschung grundlegend neuer Technologien, um eine strategische Schlüsselrolle auf zukünftigen Märkten zu besitzen (Beispiele: Supraleiter, Gentechnologie, Optoelektronik).
  - **Anwendungsbezogene Forschung** mit dem Oberziel: Neuartige Funktionsprinzipien zur Lösung konkreter Probleme der Produkt- oder Fertigungstechnik.

Experimentelle oder
konstruktive Entwick-
lung

- Die **Entwicklung** hat das Ziel, technische Produktkonzepte hervorzubringen. Dafür werden bereits bekannte naturgesetzliche Phänomene benutzt. Hier wird unterschieden in:
  - **Experimentelle (Neu-)Entwicklung**: Sie macht Phänomene erstmalig in einer speziellen Kombination für technische Funktionen nutzbar.
  - **Konstruktive Entwicklung**: Sie greift auf technisches Standardwissen zurück, d.h. auf Funktionsprinzipien, die bereits technisch beherrscht werden.

- **Konstruktion** umfasst die **detaillierte Ausarbeitung** eines technischen Produktkonzepts auf der Grundlage **bekannter** und beherrschter **technischer Funktionsprinzipien**, z.B. die kundenindividuelle Ausarbeitung eines Produkts in der Kundenauftragsfertigung.

Entwicklung als Oberbegriff für Projekte mit unterschiedlichem Innovationsgrad und Erfolgsrisiko umfasst in dieser Definition auch die Konstruktion.

Konstruktion als Phase
des Entwicklungspro-
zesses

Nachfolgend wird der **Entwicklungsprozess** von der Konzeption bis zum Anlaufen der Fertigung kurz beschrieben. Bei diesem Verständnis von Entwicklung ist die Konstruktion eine Phase des Entwicklungsprozesses.

2.1.4 Phasenschema des Entwicklungsprozesses

Die Entwicklung eines neuen marktfähigen Produkts läuft in verschiedenen **Phasen** ab, die nicht immer leicht voneinander abzugrenzen sind.

Untergliederung in
Phasen ist wichtig

Die Untergliederung eines Entwicklungsprojekts in Phasen ist dennoch **wichtig**, um das **Projekt zu steuern**. Am Ende jeder Entwicklungsphase wird der erreichte Entwicklungsstand, die bis dahin angefallenen Kosten sowie die terminliche Situation beurteilt und über das »ob« und »wie« einer Weiterführung des Projekts entschieden. Diese Zeitpunkte heißen **Meilensteine**.

Konzeption	Produktplanung	Konstruktion	Fertigungs-vorbereitung	Produktion
• Marktanalyse • Wettbewerbs-analyse • Produktbe-schreibung • Grobe Termin-planung • Kostenschät-zung	• Produktfunk-tionen • Produktstruk-tur • Technologie-planung • Make-or-Buy • Lieferantenaus-wahl • Kosten- und Terminplanung	• Zeichnungser-stellung • Erstellung von Stammdaten und Stücklisten • Prototypenbau • Versuche	• Fabriklayout • Materialfluss-planung • Werkzeuge, Vorrichtungen • Verfahrens- und Arbeitsan-weisungen • Prozesssteue-rungssoftware	• Pilotserie • Lösung kon-struktiver und fertigungstech-nischer Detail-fragen • Serienanlauf
→ Lastenheft	→ Pflichtenheft	Simultaneous Engineering		→ Pilotserie → Übergang zur Serienfertigung

Qualitätsmanagement ← →
Kostenplanung und entwicklungsbegleitende Kalkulation ← →
Dokumentation ← →
Projekt-Management und Controlling ← →

Abb. 2.2: Phasen des Entwicklungsprozesses

In der **Konzeptionsphase** werden die Informationen über die künftigen qualitativen **Anforderungen des relevanten Marktes** an das Produkt, über den vom Markt voraussichtlich akzeptierten **Preis** sowie über die technisch/wirtschaftlichen Voraussetzungen und Möglichkeiten zur Realisation der Produktidee zusammengetragen (**Machbarkeitsstudie**). Die sich hieraus ableitenden Anforderungen an das zu entwickelnde Produkt werden in einem Lastenheft schriftlich fixiert.

Das **Lastenheft** als Ergebnis der Konzeptionsphase beschreibt die **Anforderungen an das Produkt** in grober Form aus der **Sicht der Kunden** des Zielmarkts.

Bereits in dieser frühen Phase eines Entwicklungsprojekts werden auch bei Serienprodukten **wichtige Kunden** und immer häufiger auch **bedeutende Lieferanten** in die Planung **einbezogen**. Der Grund liegt darin, dass die Konzeptionsphase für die spätere **Wettbewerbsfähigkeit** des Produkts von entscheidender Bedeutung ist. Um das **Entwicklungsrisiko** zu **reduzieren** und den Markterfolg abzusichern, müs-

Die Konzeptionsphase

Lastenheft als Ergebnis der Konzeptionsphase

Konzeptionsphase für spätere Wettbewerbs-fähigkeit von entscheidender Bedeutung

sen alle zugänglichen Informationen sowohl aus dem Absatzmarkt wie auch aus den Beschaffungsmärkten sorgfältig erhoben werden.

Frühzeitige Einbeziehung von Lieferanten komplexer Teilsysteme für den Produkterfolg wichtig

Nicht nur die Fertigungstiefe, sondern auch die Entwicklungstiefe – der eigene Anteil am gesamten Entwicklungsumfang – ist zu Gunsten einer Fremdentwicklung durch Ingenieurbüros und Lieferanten stark zurückgegangen. Deshalb ist die frühzeitige Einbeziehung von Lieferanten komplexer Teilsysteme, die selbst auch entwickeln, für den Produkterfolg wichtig geworden.

Bei diesen Überlegungen wird besonders deutlich, dass die Produktentwicklung nur von einem Team kompetent betrieben werden kann, in dem neben Entwicklern insbesondere auch Vertreter aus den Funktionen Marketing, Einkauf, Produktion, Qualitätssicherung und Controlling sowie wichtige Kunden und Lieferanten beteiligt sind. Nur so kann sichergestellt werden, dass alle Aspekte einer komplexen Entwicklungsaufgabe hinreichende Beachtung finden und sich in einem integralen Produktkonzept niederschlagen.

Entwicklung als Teamaufgabe

Phase der Produktplanung

Die Produktplanung legt auf der Grundlage des Konzeptentwurfs technische Spezifikationen des zu entwickelnden Produkts fest (z. B. Abmessungen, Antriebsart, Antriebsleistung etc.) und bestimmt, aus welchen Baugruppen (Modulen) und Komponenten sich das Produkt zusammensetzt. Hinsichtlich dieser Module und Komponenten ist insbesondere zu entscheiden, ob eine Eigenentwicklung erfolgen soll oder ob diese Aufgabe auf einen Entwicklungsdienstleister (Ingenieurbüro) bzw. einen Zulieferer übertragen wird. Es geht also um die Beantwortung der Frage, welche Entwicklungskernkompetenzen im Unternehmen verbleiben sollen, d. h.

Welche Entwicklungskernkompetenzen sollen im Unternehmen verbleiben?

- inwieweit neue Komponenten zu entwickeln sind und inwieweit auf bereits verwendete Komponenten und Standardbauteile zurückgegriffen werden kann;
- welche Produkttechnologien – d. h. welche technischen Funktionsprinzipien – bei den selbst zu entwickelnden Komponenten zur Anwendung kommen sollen;
- inwieweit auf bereits verwendete und beherrschte Technologien zurückgegriffen werden kann und inwieweit neue Funktionsentwicklung zu betreiben ist (Festlegung des Innovationsbedarfs).

Pflichtenheft als Ergebnis der Produktplanung

Das Ergebnis der Produktplanung wird in einem Pflichtenheft dokumentiert, in dem präzise Festlegungen hinsichtlich
- der Produktfunktionen und Leistungsmerkmale,
- der zu verwendenden Normen und Firmenstandards,
- der Produktstruktur und der einzusetzenden Technologien,

- der einzuhaltenden Kostenlimits und Termine,
- der Verantwortlichkeiten etc.

enthalten sind.

Das Pflichtenheft ist die Grundlage für die nachfolgende Konstruktionsphase. In dieser Phase werden für jede Komponente detaillierte Zeichnungen erstellt. Vielfach werden – insbesondere in der Entwicklung von Serienprodukten – Prototypen dieser Komponenten hergestellt, die eingehenden Tests hinsichtlich der im Pflichtenheft geforderten Leistungsziele unterzogen werden. Diese Testergebnisse sind wiederum Grundlage für konstruktive Veränderungen etc.

 Dieser Zyklus von Konstruktion – Prototypherstellung – Test – Konstruktion wird so lange wiederholt, bis ein befriedigendes Konstruktionsergebnis erzielt worden ist.

Die Fertigungsvorbereitung erarbeitet auf der Grundlage der detaillierten Konstruktionszeichnungen den Prozessablauf in der Fertigung, der sich bei Werkstattfertigung in Arbeitsplänen und bei Fließfertigung in Konzepten für die Gestaltung komplexer Fertigungslinien niederschlägt.

Speziell in der Massen- und Großserienfertigung (Automobilproduktion, chemische Prozessfertigung) umfasst die Fertigungsvorbereitung u. U. auch den Entwurf des Fabriklayouts (d. h. der Anordnung der Maschinen und Anlagen), die Gestaltung des Materialflusses, die Entwicklung von Vorrichtungen und Werkzeugen (z. B. Pressformen) sowie von Prozesssteuerungssoftware zur Steuerung automatisierter Fertigungsanlagen. Weiterhin sind detaillierte Verfahrensanweisungen zu erstellen, die eine einwandfreie Qualität der Fertigungsergebnisse sicherstellen sollen.

Obwohl der Entwicklungsprozess mit der Fertigungsvorbereitung prinzipiell abgeschlossen sein sollte, reicht die Produktentwicklung auch in die Zeit nach Aufnahme der Produktion hinein.

Bei Serienfertigung beginnt die Produktion stets mit Nullserien oder Pilotserien, in deren Rahmen geprüft wird, ob alle konstruktiven und fertigungstechnischen Details so abgestimmt sind, dass mit der Fertigung der Serie begonnen werden kann.

Aber auch nach Serienbeginn werden vielfach noch Detailprobleme auftreten, die konstruktive Veränderungen oder Anpassungen in der Fertigungstechnik oder im Fertigungsablauf erforderlich machen. Die Abstimmung und Dokumentation dieser Änderungen

Konstruktionsphase

Detaillierte Zeichnungen für jede Komponente

Phase der Fertigungsvorbereitung

Bei Massen- und Großserienfertigung sehr umfassend

Produktionsphase

Gleitender Übergang in die Serienproduktion

bedingt, dass ein Entwicklungsprojekt noch in die Produktionsphase hineinreicht.

Besondere Beachtung verdient die **Schnittstelle zwischen Konstruktion und Fertigungsvorbereitung**. In der Industrie setzt sich immer stärker eine Vorgehensweise durch, die Produktplanung und Fertigungsvorbereitung parallel durchzuführen.

Nach konventioneller Vorgehensweise folgen diese beiden Phasen des Entwicklungsprozesses indessen **sequenziell** aufeinander. Beim Übergang eines Projekts von der Konstruktionsphase in die Phase der Fertigungsvorbereitung stehen sich **zwei unterschiedliche Sichtweisen** gegenüber: Während die **Produktplanung und -konstruktion vorrangig** auf die **technische Qualität** des Produkts und die **Anforderungen des Markts** ausgerichtet sind, sind die mit der **Fertigungsvorbereitung** befassten Ingenieure stärker um einen **möglichst einfachen, stabilen und kostengünstigen Fertigungsprozess** bemüht.

Ausgefallene Entwürfe und Konstruktionen, die dem Wunsch nach Alleinstellung auf dem Absatzmarkt und besonderer technischer Eleganz entsprechen, können aus der Sicht der Fertigung bzw. bei Fremdbezug aus der Sicht des Einkaufs technisch schwierig und aufwändig sein. Hierdurch können Kosten und Terminziele in der Fertigung oder im Einkauf, und damit der wirtschaftliche Erfolg des Projekts, in Gefahr geraten. Möglicherweise hat der Einkauf Schwierigkeiten, überhaupt einen Lieferanten zu finden, der in der Lage ist, die technischen Anforderungen zu erfüllen, was sich in den Einkaufsverhandlungen tendenziell preiserhöhend auswirkt.

Schwierigkeiten bei der fertigungstechnischen **Umsetzung** eines fertigen konstruktiven Entwurfs führen dann zu aufwändigen und **Zeit raubenden Änderungen** in bereits fertig gestellten Konstruktionsentwürfen und – wenn die Probleme erst später erkannt werden – auch in den Prozessplänen. Aus derartigen Problemen erwächst die Forderung nach **fertigungs- und beschaffungsgerechter Konstruktion**.

Dominiert aber andererseits der Aspekt der Herstellbarkeit die Konstruktionsphase, so könnten im Ergebnis hieraus Produkte hervorgehen, die zwar gut zu fertigen, aber kaum zu verkaufen sind.

Insbesondere aber ist die **sequenzielle Vorgehensweise** für die raschen Veränderungen unterworfenen Märkte vielfach **zu langsam**.

Aus dieser Problematik heraus ist das Konzept des **Simultaneous Engineering** entstanden, das die **Phasen der Produkt- und der Prozessplanung** (= Fertigungsvorbereitung) **parallelisiert** und das verfügbare **Wissen aller Fachabteilungen** (Entwicklung, Verkauf, Anwendungstechnik, Fertigung, Service, Einkauf) bereits bei der Erarbei-

Probleme sequenzieller Entwicklung

Sequenzielle Vorgehensweise ist vielfach zu langsam

Simultaneous Engineering

tung des ersten Konzepts einfließen lässt. Neben der Parallelisierung bisher sequenziell durchgeführter Entwicklungsaufgaben ist daher die Arbeit in **funktionsübergreifenden Entwicklungsteams** charakterisierend für das Simultaneous Engineering.

Funktionsübergreifende Entwicklungsteams sind charakteristisch

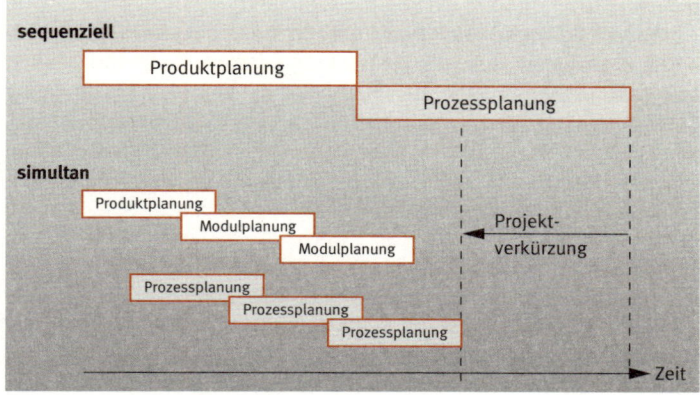

Abb. 2.3: Simultaneous Engineering

Die Gesamtaufgabe der Produkt- und Prozessplanung wird hierbei zunächst in **Teilpakete** (Module) zergliedert. Eine **genaue Beschreibung der Schnittstellen** zwischen diesen Modulen ist **Voraussetzung** für ihre spätere Integrierbarkeit zu einem funktionsfähigen Gesamtprodukt. Teilpakete, die einem Lieferanten übertragen werden, gehen voll in dessen **Entwicklungsverantwortung** über. Dies gilt insbesondere auch für die Erarbeitung des Pflichtenhefts. Selbstverständlich ist eine **regelmäßige Abstimmung** zwischen den Teilprojekten erforderlich.

Regelmäßige Abstimmung zwischen den Teilprojekten erforderlich

Für die einzelnen Module und Komponenten wird bereits vor Abschluss der Projektplanung auf der **Grundlage** noch **relativ grober Konzepte** mit der **Planung** des Fertigungsprozesses begonnen, was eine intensive Abstimmung und **Kommunikation** zwischen **Konstrukteur und Fertigungsingenieur** verlangt. Die laufende **Dokumentation** sowie die zentrale Verfügbarkeit der jeweils **aktuellen Entwicklungsstände** ist Voraussetzung für die Vermeidung von Abstimmungsproblemen.

Vor Abschluss der Projektplanung wird der Fertigungsprozess geplant

Keine der beteiligten Funktionen darf dabei über die andere dominieren wollen, vielmehr muss eine **ganzheitliche und kundenorientierte Lösung** der konstruktiven und fertigungstechnischen Sachprobleme im Mittelpunkt stehen.

Ganzheitliche und kundenorientierte Lösung im Mittelpunkt

Entwicklungsprozess
kann verkürzt, nachträg-
liche Änderungen kön-
nen vermieden werden

Durch die **frühzeitige Abstimmung** und durch die **Parallelisierung** der Entwicklungsaufgaben ist es in der Praxis gelungen, den Entwicklungsprozess wesentlich zu **verkürzen**. Bei sequenzieller Vorgehensweise unvermeidbare (sowie teure und zeitaufwendige) nachträgliche Änderungen können bei simultaner Entwicklung weitgehend vermieden werden.

Projektbegleitend erfolgt eine **sorgfältige Dokumentation der Entwicklungsergebnisse** sowie eine **ständige Überprüfung von Qualität und Kosten**. Hierbei findet beispielsweise die Wertanalyse, die in der Entwicklung als **Wertgestaltung** bezeichnet wird, besonders wirkungsvollen Einsatz. Das **Projekt-Controlling** erarbeitet insbesondere Projektfortschritts-, Kosten- und Terminpläne, überwacht deren Einhaltung und führt im Abweichungsfalle Anpassungsentscheidungen herbei.

Aus der Praxis wird über eine **gesteigerte Motivation** der beteiligten Mitarbeiter sowie von einer verstärkten Identifikation mit dem Produkt und einer **vertieften Produktkenntnis** berichtet. Die intensive Komunikation und der damit einhergehende **Wissenstransfer** führen also nicht nur zu einem besseren Entwicklungsergebnis bei kürzeren Entwicklungszeiten und niedrigeren Entwicklungskosten, sondern sie ermöglichen auch die **Serieneinführung stärker ausgereifter Produkte** und fördern Motivation und Identifikation der Mitarbeiter.

ZUSAMMENFASSUNG ÜBUNG

Unter Simultaneous Engineering versteht man die gleichzeitige Planung des Produkts und des Fertigungsprozesses durch ein funktionsübergreifendes Entwicklungsteam. Damit lassen sich der Entwicklungsprozess verkürzen und nachträgliche Änderungen am Produkt vermeiden.

Neben einer Verbesserung des Entwicklungsergebnisses kommt es auch zu einer Erhöhung der Motivation der Mitarbeiter und ihrer Identifikation mit dem Produkt.

ZUSAMMENFASSUNG **ÜBUNG**

Nr. 11: Was ist Innovation?
Nr. 12: Warum sind Innovationen für die Wettbewerbsfähigkeit eines Unternehmens wichtig?
Nr. 13: Welche Kriterien können Sie für die Beurteilung der Produktentwicklungsleistung heranziehen?

Unter der **Qualitätsforderung** (des Kunden) versteht man die Gesamtheit der Merkmale bzw. Merkmalswerte, die der Kunde von einem Produkt erwartet. Diese Qualitätsforderung ist abhängig von dem **Anspruchsniveau** des Kunden, vor dessen Hintergrund sich seine Erwartungen herausbilden.

2.2 INSTRUMENTE DER QUALITÄTSPLANUNG

Beispiel

- Ein Kunde sucht eine Lampe für seine Zweitwohnung, die er beruflich bedingt für etwa 3 Jahre unterhalten muss: er hegt hierbei gewisse Mindesterwartungen bzgl. Design und Funktionalität, insbesondere kommt es ihm aber auf einen niedrigen Preis an.
- Ein Gemäldegalerist sucht einen Beleuchtungskörper für seine Ausstellungräume: Design und Originalität haben hier vermutlich Vorrang vor dem Preis.

Die jeweilige Grundhaltung, d.h. das Anspruchsniveau des Kunden bzw. der Kundengruppe, die mit einem Produkt angesprochen werden sollen, ist bei der Planung der Qualitätsmerkmale in jeder Phase zu berücksichtigen.

Anspruchsniveau als Ausgangspunkt der Qualitätsplanung

- Bei **kundenanonymer Produktion** wird der Anbieter zunächst durch **Marktforschung** erkunden, welche Anforderungen die Kunden bei einem bestimmten Anforderungsniveau haben.

  Das Anforderungsniveau leitet sich aus dem anzusprechenden **Markt- oder Kundensegment** ab. Oft haben sich am Markt bereits bestimmte Segmente und damit Preisniveaus herausgebildet, die als hochwertig oder preiswert eingeschätzt werden. Aus Kundenbefragungen und Konkurrenzanalysen lassen sich dann die Qualitätsforderungen für die jeweiligen Anforderungsniveaus bzw. Marktsegmente ermitteln.

Damit wird aber auch deutlich, dass sich der **Anbieter** zu Beginn der Qualitätsplanung für ein bestimmtes Anforderungsniveau **entscheiden** muss.

- Bei **kundenindividueller Produktion** wird der Kunde selbst sagen, welche Anforderungen er stellt, möglicherweise wird er sogar eine entsprechende **Merkmalsliste** liefern. Dies ist etwa im Sondermaschinenbau denkbar, wo der Kunde ziemlich genau weiß, was die Maschine leisten muss, unter welchen Einsatzbedingungen sie arbeiten soll, etc. Dennoch wird die Beschreibung des Kunden eher allgemein sein, denn die Anforderungen sind aus seiner eigenen Sicht formuliert. Technische Details, die seine Forderungen implizieren, wird er in der Regel gar nicht kennen.

Schrittweise Erarbeitung der Produktspezifikation

Schrittweise wird nun die **Produktspezifikation** erarbeitet. Bei kundenanonymer Produktion muss insbesondere das Marketing herausarbeiten, welche Merkmale vom Kunden **wahrgenommen** werden und welche Eigenschaften sich als **Differenzierungsmerkmale** gegenüber der Konkurrenz eignen. Ergebnis dieser Tätigkeit ist ein **Lastenheft**, das die Anforderungen zwar noch aus Kundensicht, aber doch technisch konkreter beschreibt.

Bei **kundenindividuellen Produkten** wird auf der Grundlage der Kundenanfrage in der Regel ein Angebot erstellt, das die wesentlichen technischen Details konkretisiert, denn nur auf dieser Basis kann ein Angebotspreis kalkuliert werden. Im Auftragsfalle liegt dann bereits ein **detailliertes Pflichtenheft** vor, das Grundlage der Konstruktion ist.

Konstruktive Umsetzung

Im Rahmen der **Konstruktion** sind die Produktmerkmale genau festzulegen: Konstruktionszeichnungen mit genauer Bemaßung und technischer Spezifikation sowie **Stücklisten** mit exakter Beschreibung der Komponenten konkretisieren die Qualitätsmerkmale des Produktes in einer Präzision, wie es für die nachfolgende Realisation in der Fertigung erforderlich ist (**Realisationsspezifikation**).

Der **Prozess der Qualitätsplanung** kann in der Praxis durch die Anwendung verschiedener **formalisierter Methoden** unterstützt werden. Dazu gehören z. B.

Methoden der Qualitätsplanung

- **Quality Function Deployment** oder Qualitäts-/Funktionen-Darstellung (QFD)
- **Failure Mode and Effects Analyses** oder Fehler-Möglichkeits- und Einfluss-Analyse (FMEA)
- Wertanalyse bzw. **Wertgestaltung**.

Die Kundenanforderungen als Grundlage der Qualitätsplanung werden bei kundenanonymer Produktion durch die Marktforschung ermittelt. Bei kundenindividueller Produktion liefert der Kunde häufig das Anforderungsprofil selbst. Ergebnis ist zunächst eine Liste von Anforderungen, die aber noch keine technischen Details enthält.

In einem nächsten Schritt werden die geforderten Merkmale technisch näher konkretisiert. Ergebnis ist das Lastenheft, das die Anforderungen aus Kundensicht technisch konkreter beschreibt und Grundlage der Konstruktion ist.

2.2.1 Qualitäts-/Funktionen-Darstellung (QFD)

Das **QFD** wird in Anlehnung an das grafische Bild einer häufig verwendeten Darstellungsform auch als **House of Quality** (Qualitätshaus) bezeichnet.

Quality Function Deployment

Ziel des Verfahrens ist es, die **Qualitätsforderung** des Kunden zu den technischen Merkmalen eines vorliegenden Entwurfs in Beziehung zu setzen.

Der **technische** Entwurf kann so vor dem Hintergrund des Lastenheftes **aus Kundensicht bewertet** werden. Die Merkmale der Kundenforderung und die des technischen Entwurfs bilden auch den Ausgangspunkt für einen Vergleich mit Wettbewerbsprodukten. Es geht also um die Beantwortung der Fragen:

- **Was** ist verlangt?
- **Wie** ist es machbar?

QFD stellt in verschiedenen Phasen des Entwicklungsprozesses jeweils den **Bezug zum Kundenwunsch** her, macht die zentralen **Kriterien** in ihrem Zusammenhang **transparent** und provoziert durch seine konzentrierte Darstellungsform zwischen den Beteiligten **fruchtbare Diskussionen** über mögliche Verbesserungen des Entwurfs.

Nutzen des QFD

Das vollständig erarbeitete Qualitätshaus stellt die Beziehung zwischen Kundenforderungen und technischen Gestaltungsmerkmalen **analytisch** dar und dient auf diese Weise als ein Instrument zur **kundenorientierten Optimierung** des Produktentwurfs.

Ziel ist es, die Kundenwünsche im Entwurfsprozess umfassend zur Geltung zu bringen. Durch den Vergleich mit Wettbewerbsprodukten aus Kundensicht und aus der technischen Sicht des Herstellers wird den **Marktverhältnissen** umfassend Rechnung getragen. Im Ergebnis führt die Anwendung des QFD zu:

Kundenorientierte Optimierung des Entwurfs

Zielwirkung des QFD

- **kundengerechter Produktqualität** und damit zu höherer Kundenzufriedenheit mit entsprechenden wirtschaftlichen Vorteilen;
- größerer **Transparenz** des Entwicklungsprozesses und frühzeitiger Koordination der Qualitätsforderungen zwischen Produkt-, Komponenten- und Fertigungsplanung;
- frühzeitigem **Erkennen von** qualitätsbezogenen **Schwachstellen** im Entwurf;
- **Verbesserung der Kommunikation** und Kooperation zwischen den an einem Entwicklungsprozess beteiligten Personen;
- **kürzeren Entwicklungszeiten** durch frühzeitige Abstimmung der auf den verschiedenen Entwicklungsstufen zu fordernden technischen Merkmale.

ZUSAMMENFASSUNG **ÜBUNG**

QFD erfordert mehr Aufwand und Sorgfalt in den frühen Entwicklungsphasen. Mit QFD werden die notwendigen Voraussetzungen für eine Parallelisierung nachfolgender Entwicklungsphasen, also für ein Simultaneous Engineering, geschaffen

Fehler von vornherein vermeiden

2.2.2 Fehler-, Möglichkeits- und Einfluss-Analyse (FMEA)

Charakterisierend für das moderne Qualitätsmanagement ist die Betonung der **vorbeugenden Qualitätssicherung**.

FMEA leitet sich aus dem englischen Begriff »**Failure Mode and Effects Analysis**« ab und wird im deutschen Sprachraum entweder als **Ausfalleffektanalyse** (DIN 25448) oder eben als Fehler-, Möglichkeits- und Einfluss-Analyse (Verband der Automobilindustrie) bezeichnet.

 Ziel der FMEA ist es, durch eine systematische vorbeugende Analyse mögliche Fehler frühzeitig zu erkennen und (kostengünstig) zu vermeiden und insgesamt bessere Entwürfe zu erzielen.

Nach **traditioneller** Vorgehensweise finden die meisten Änderungen erst **kurze Zeit vor Fertigungsbeginn** statt, wenn im Rahmen der Fertigungsvorbereitung zuvor unerkannt gebliebene Fehlerquellen zu Tage treten. Spät erkannte Fehler führen jedoch zu hohen **Änderungskosten** und/oder **minderwertigen technischen Lösungen**.

Vorteile der FMEA

Genau das soll durch **FMEA** vermieden werden: **Notwendige Änderungen** eines Entwurfs sollen in die **frühe Entwcklungsphase** verschoben werden. Methodisch beruht die Vorgehensweise auf einer differenzierten **Analyse möglicher Fehlerquellen** und ihrer Ursachen. Systematisch werden zunächst alle Funktionen, Teile und Merkmale eines Produkts aufgelistet, die als **Fehlerort** in Betracht kommen. In einem weiteren Schritt werden die als möglich angesehenen **Fehler** für jeden Fehlerort aufgelistet (z. B. Materialbruch, Überhitzung etc.).

Methodischer Ablauf

Daran anschließend werden die **Folgen** des jeweiligen Fehlers beschrieben. Schließlich wird versucht, die **Ursachen** für den Fehler zu ermitteln, um damit bereits einen Hinweis auf seine **Vermeidung** zu erhalten. Die Bewertung der Fehler hinsichtlich

- der **Eintrittswahrscheinlichkeit,**
- der **Entdeckenswahrscheinlichkeit** vor der Auslieferung an den Kunden und
- der Schwere möglicher **Fehlerfolgen**

Risikopräferenzzahl

mündet in eine **Risikopräferenzzahl,** die Fehlerschwerpunkte hervorhebt.

Maßnahmen zur Fehlervermeidung richten sich auf die genannten drei Dimensionen der Bewertung und damit auf die **Verringerung der Risikokennzahl**. Der formalisierte Ablauf erleichtert die Anwendung in einem Team aus Fachleuten verschiedener Funktionen. Dadurch wird auch die Kommunikation zwischen den Beteiligten aus unterschiedlichen Funktionsbereichen gefördert.

ZUSAMMENFASSUNG   **ÜBUNG**

FMEA ist eine formalisierte Analysemethode, mit deren Hilfe Fehlermöglichkeiten bei der Entwicklung, Fertigung und Montage neuer Produkte (Konstruktions-FMEA) sowie bei der Gestaltung von Fertigungsprozessen (Prozess-FMEA) frühzeitig erkannt werden sollen. So können geeignete vorbeugende Maßnahmen der Fehlerverhütung getroffen oder Maßnahmen zu einer frühzeitigen Fehlererkennung geplant werden.

2.2.3 Wertanalyse

Die **Wertanalyse** untersucht die Funktionen eines Produkts aus Sicht des Kunden. Ein Produkt ist demnach dadurch gekennzeichnet, dass es bestimmte **Funktionen** erfüllt, die der Kunde als **nützlich** ansieht.

Funktionsbetrachtung in der Wertanalyse

Beispiel

Mobiltelefone verfügen regelmäßig über eine Reihe von Funktionen, die über das reine Telefonieren hinausgehen, z. B. die Übermittlung von geschriebenen Nachrichten oder eingebaute Spiele.

Die Wertanalyse stellt nun die Frage, welchen Nutzen ein Kunde den verschiedenen Funktionen des Telefons beimisst und wie viel er bereit ist, dafür (mehr) zu bezahlen.

Teamansatz

Die **Teamarbeit** ist einer der wichtigsten Erfolgsfaktoren der Wertanalyse. Insbesondere bei der früher vorherrschenden **funktionalen Arbeitsteilung** war die **Kommunikation** zwischen Fachleuten unterschiedlicher Unternehmensfunktion unzureichend entwickelt. In dieser Situation bietet ein Wertanalyse-Projekt eine Gelegenheit zur Abstimmung der unterschiedlichen Problemsichten und zur **Bündelung** der im Team **vorhandenen Erfahrungen und Kompetenzen**.

Eine Wertanalyse kann unterschiedliche **Ziele** verfolgen:

Zielsetzungen

- **Abbau von Funktionen**, die der Kunde nicht als so nützlich ansieht, dass er ihre Kosten über den Preis bezahlen will;
- **Kostenreduzierung** bei Fortführung der angebotenen Funktionalität;
- **Funktionelle Aufwertung** des Produkts bei Konstanz der Kosten oder gleichzeitiger **Kostensenkung**;
- **Funktionelle Aufwertung**, bei der der (bezahlte) **Kundennutzen** stärker **steigt** als die hierfür zusätzlich entstehenden Kosten.

Funktionsanalyse

Diese **Funktionsanalyse** dient nicht allein dem besseren Verständnis des Produktes und der Kundenanforderungen, sondern auch der **Abstraktion** von einem konkret vorliegenden Produktkonzept. Dadurch wird die **kreative** Entwicklung neuer **Lösungsideen** ermöglicht. Dafür werden heuristische Techniken zur Förderung der Kreativität eingesetzt wie z. B. das Brainstorming.

Die Wertanalyse läuft in sechs **Grundschritten** ab, die in der Norm DIN 69910 festgehalten sind.

Grundschritte der Wertanalyse

1. **Vorbereitende Maßnahmen**, d.h. Festlegung des Gegenstands der Wertanalyse und des Ziels, das erreicht werden soll; Zusammenstellung des Wertanalyse-Teams
2. Ermitteln des **Ist-Zustandes**
3. **Prüfen** des Ist-Zustandes
4. Ermitteln von **Lösungen**
5. **Prüfen** der Lösungen
6. Vorschlag und **Verwirklichen** einer Lösung

Die Wertanalyse kann besonders wirkungsvoll in der Produktentwicklung als **Wertgestaltung** eingesetzt werden, da zu diesem Zeitpunkt noch keinerlei Festlegungen getroffen worden sind, die den

Gestaltungsrahmem einschränken. Die Veränderung eines bereits hergestellten Produkts kann sehr hohe Kosten verursachen. Diese Kosten können einer späteren Wertanalyse entgegenstehen, bei einer Wertgestaltung in der Entwicklungsphase entfallen sie aber vollständig. Die **Wertgestaltung** ist deshalb heute **integraler Bestandteil des Entwicklungs- und Qualitätsplanungsprozesses**.

Wertgestaltung in der Entwicklung

ZUSAMMENFASSUNG   **ÜBUNG**

- Die Wertanalyse ist ein Instrument der produktbezogenen Kosten-/Nutzenoptimierung.
- Ausgehend von einer Analyse der Funktionen, die ein Produkt dem Kunden bereitstellt, werden diese Funktionen aus der Sicht des Kunden bewertet und dann die Kosten für ihre Herstellung bestimmt.
- Ziel ist es, den Entwurf so abzuändern, dass überflüssige oder gering bewertete Funktionen eliminiert und gewünschte Funktionalitäten kostengünstiger realisiert werden. Zentrales Element dieser Methodik ist eine kreative Phase, in der das multifunktional zusammengesetzte Wertanalyse-Team nach möglichst vielen technischen Möglichkeiten sucht, die geforderten Funktionen darzustellen. In einem weiteren Schritt werden die gefundenen Alternativen bewertet und die beste ausgewählt.

ZUSAMMENFASSUNG   **ÜBUNG**

Nr. 19: Definieren Sie knapp die Zielsetzungen des Quality Function Deployment (QFD), der Failure Mode and Effects Analyses (FMEA) sowie der Wertgestaltung. Wo liegen die Gemeinsamkeiten der Verfahren?

Nr. 20: Beschreiben Sie die Berechnung der Risikopräferenzzahl in der FMEA.

Nr. 21: Welche Bedeutung hat die Funktion in der Wertanalyse?

Standardisierung ist die Vereinheitlichung von Merkmalen und Merkmalswerten (z.B. Abmessung, Form, Farbe, Qualität, Bezeichnung) von Objekten irgendwelcher Art zum **Zwecke der Rationalisierung.**

Standardisierung kann auf Unternehmensebene, innerhalb einer Branche, einer Volkswirtschaft, einer Region (z.B. Europa) oder auf

2.3 STANDARDISIERUNG UND MODULARISIERUNG

weltweiter Ebene erfolgen. Soweit Standards **überbetriebliche Geltung** oder gar Verbindlichkeit haben, heißen sie **Normen**. Unter dem Verbandszeichen DIN (Deutsches Institut für Normung e.V.) werden die »Deutschen Normen« herausgegeben.

Um in einem Unternehmen durch Standardisierung Rationalisierungseffekte zu erzeugen, sind gezielte Anstrengungen notwendig.

Auf Grund einer laufenden Differenzierung und Veränderungen des Produktionsprogrammes besteht grundsätzlich eine **Tendenz zu unkontrolliertem Wachstum der Produkt- und Teilevielfalt**. Eine steigende Zahl zu produzierender und zu verwaltender Produktvarianten und Komponenten lässt aber die **Komplexität** des Unternehmensgeschehens stark wachsen. Unter Komplexität soll dabei eine Situation verstanden werden, die auf Grund einer Vielzahl von Elementen und Beziehungen zwischen diesen Elementen **schwierig zu durchschauen**, zu beschreiben und **zu beherrschen** ist.

Ursachen für eine hohe Teile- und Variantenvielfalt und damit Komplexität können etwa sein:

- Der Wunsch, auf **spezifische Kundenwünsche** einzugehen und auch Nischenmärkte zu erschließen, führt häufig zur Erarbeitung von Produktvarianten mit spezifischen Teilen.
- Soweit ein **Serienprodukt in zahlreiche Länder** exportiert wird, erfordern die Gesetze der Zielländer oftmals die Entwicklung **landesspezifischer Varianten**.
- Zeitdruck und **mangelnde Sorgfalt** in der Entwicklung von Serienprodukten können zu **Produktmängeln** führen, die nach Markteinführung durch konstruktive Änderungen behoben werden müssen. Sowohl die alten, mängelbehafteten als auch die korrigierten Teile und Komponenten müssen aber über den gesamten Lebenszyklus des Produktes hinweg verwaltet werden (Ersatzteile!).
- Serienprodukte werden gerade auf **dynamischen Märkten** häufig an die technische Entwicklung, an veränderte Kundenwünsche sowie an Wettbewerbsprodukte angepasst. Diese **Produktpflege** erhöht die Zahl zu verwaltender Teile, insbesondere zur Ersatzteilversorgung.
- Bei der kundenindividuellen Fertigung komplexer Anlagegüter unterscheiden sich die Anlagen auf Grund **kundenspezifischer Besonderheiten**. Da jeder Kundenauftrag die Möglichkeit zu einer Verbesserung des konstruktiven Entwurfs bietet, erwachsen auch aus einer kontinuierlichen Produktpflege und -verbesserung ständig neue Teile und Komponenten, die alle über die Verwendungs-

dauer der jeweiligen Anlage beim Kunden (oftmals über 20 Jahre) verwaltet werden müssen.

- Bei der Wahl zwischen der Verwendung fremdbezogener Standardkomponenten und der Entwicklung herstellerspezifischer Eigenfertigungsteile werden die **Vorteile der Eigenentwicklung** (Abhebung von der Konkurrenz, qualitative Eignung, zeitliche Verfügbarkeit, Internalisierung der Lieferantengewinne und Kontrolle über den Entwicklungs- und Fertigungsprozess) oft überschätzt – mit der Folge einer wachsenden Zahl von Eigenfertigungsteilen.
- **Forderungen des Marktes** und der Öffentlichkeit – beispielsweise nach **umweltgerechten** Produkten und Fertigungsprozessen – können zum Einsatz neuer Materialien und Fertigungstechnologien und damit zu einem Wachstum der Teilevielfalt führen.
- Für gekaufte bzw. selbst erstellte Produkte werden **keine Preis- bzw. Wertanalysen** durchgeführt.
- Entwicklungsabteilungen oder einzelne Entwickler sehen es gelegentlich als einen Sieg über konkurrierende Entwürfe oder als eine **Form der Selbstverwirklichung** an, wenn ihr Entwurf in der Serie realisiert wird. Aus einer solchen Einstellung können objektiv unnötige Änderungen an bestehenden Teilen oder spezifische Abwandlungen von Standardteilen entstehen, die die Teilezahl und damit die Komplexitätskosten ansteigen lassen, ohne dass dem ein hinreichender Nutzen gegenübersteht.
- Der **Einsatz von Teilesuchsystemen**, z.B. Sachmerkmalleisten in CAD- oder PPS-Systemen, wird in vielen Betrieben in der Konstruktion heute noch unzureichend zur Reduzierung der Teilevielfalt genutzt.

Hohe Komplexität und Teilevielfalt hat **zahlreiche Nachteile**, die an dieser Stelle nicht erschöpfend erörtert werden können. Sie lassen sich aber erahnen, wenn man sich vergegenwärtigt, dass es unter solchen Bedingungen sehr schwierig ist, für einen konkreten Bedarfsfall in der Beschaffung oder in der Konstruktion früher verwendete Teile und Konstruktionsentwürfe wiederzufinden. Allzu leicht wird ein Teil dann ein zweites Mal »erfunden« oder es wird – bei Kaufteilen – ein zweiter oder gar dritter Stammsatz angelegt. Hierdurch wird es noch schwieriger, die Übersicht über die Teilevielfalt und die Bedarfsstruktur zu behalten. Die Nachteile hoher Teilevielfalt und Komplexität sind umgekehrt die **Vorteile der Standardisierung**:

- Vereinfachung der Konstruktion und **Verringerung des Konstruktionsaufwandes** durch Mehrfachverwendung standardisierter konstruktiver Entwürfe.

Die hohe Komplexität hat zahlreiche Nachteile

- Klare und **effiziente Kommunikation** innerhalb des Unternehmens und gegenüber Lieferanten und Kunden durch Bezugnahme auf bekannte Standards und Normen.
- **Höhere Stückzahlen** und damit **Erfahrungskurveneffekte**, höhere Losgrößen und geringere Rüstkostenanteile, ggf. kürzere Durchlauf- und Bearbeitungszeiten durch Massenproduktion.
- **Günstigere Beschaffungskosten** durch Konzentration des Materialbedarfs auf weniger Bedarfspositionen und Lieferanten; Schaffung der kritischen Masse für eine effiziente Beschaffungslogistik (Just-In-Time, Elektronischer Datenaustausch etc.).
- **Geringere Werkzeugbeschaffungs- und Wartungskosten**.
- **Verringerung der Lagerbestände** auf Grund einer geringeren Anzahl von Lagerpositionen und eines höheren Lagerumschlags.
- **Vereinfachung des Wareneinganges**, insbesondere der Wareneingangsprüfung, da allgemein bekannte und gültige Eigenschaften der Artikel gegeben sind und deshalb auch die Prüfgeräte standardisiert werden können.
- **Vereinfachung der Warenverteilung** durch Standardisierung der Transportmittel (Behälter, Transportfahrzeuge etc.) für Normteile.
- **Vereinfachungen in der Ablauforganisation** und in der produktionsbezogenen Verwaltung.
- Erleichterung der **Ersatzteilversorgung** und der Instandhaltung.

Eine **zu frühzeitige** oder **zu weitgehende** Standardisierung birgt indessen auch Gefahren.

Standardisierung legt Gestaltungsmerkmale fest und behindert daher naturgemäß eine nachfolgende technische Veränderung und Weiterentwicklung des Standardisierungsobjekts. Zumindest gilt dies für die Zeit bis zur Überarbeitung des Standards. Technische Entwicklungen, die noch nicht ausgereift sind und noch konzeptionellen Veränderungen unterliegen, eignen sich daher schlecht zur Standardisierung.

Standardisierung und Normung hängen eng mit der **Marktreife** eines Produktkonzepts oder einer neuen Technologie zusammen.

Beispiel

Die faktische Setzung eines Standards für Personal Computer durch IBM zu Beginn der 8oer Jahre hat die Basis für ein dynamisches Wachstum des Mikro-Computermarktes geschaffen, obwohl der gesetzte Standard deutlich hinter den technischen Möglichkeiten der

Zeit zurückblieb. Die hohe Zahl der gleichartigen PC-Installationen, die durch das IBM-Engagement in diesem Marktsegment erreicht wurde, schuf für viele Entwickler von kompatibler Soft- und Hardware einen großen potenziellen Markt, wodurch entsprechende Investitionen in derartige Entwicklungen wirtschaftlich möglich wurden.

Durch die Vielzahl angebotener komplementärer Produkte wurde der Personal Computer nun für nahezu jedermann beherrschbar und die Anwendungsmöglichkeiten dehnten sich enorm aus. Dies erweiterte abermals den potenziellen Markt für Personal Computer und kompatible Produkte und beschleunigte das Wachstum. Bezeichnend für diese Entwicklung ist, dass der Begriff der Kompatibilität (zum Standard) in dieser Zeit in den allgemeinen Sprachgebrauch eingedrungen ist.

Diese Entwicklung war aber nur möglich, weil ein latenter Bedarf für den dezentralen Computer-Einsatz bereits vorhanden war und die Datenverarbeitungstechnologie in der Industrie bereits fest verankert war – der Markt war somit reif für die Setzung eines Standards.

Dieses Beispiel (hier besonders deutlich, da es sich um einen **proprietären** – d.h. durch einen Marktführer gesetzten – Standard handelt) zeigt eine weitere **Schattenseite** der Standardisierung: Dadurch, dass die Technologie des ersten PC so große Verbreitung gefunden hatte, hat es sehr lange gedauert, bis der Markt zur Aufnahme einer neuen PC-Generation bereit war.

Ein möglicher Nachteil zu weit gehender Standardisierung

Zur Vermeidung einer ausufernden Teile- und Variantenvielfalt ist die Schaffung einer **Normenstelle** im Unternehmen unerlässlich. Diese Stelle sollte als Planungs-, Steuerungs- und Kontrollgremium dienen. Die Normenstelle sollte z. B. die folgenden Aufgaben erfüllen:

Organisation der Standardisierung

- Aufbau und Pflege des **klassifizierenden** und/oder identifizierenden Nummernsystems sowie der Sachmerkmalleisten;
- Aufbau eines **Normenhandbuches**;
- Erstellung eines **Leitfadens** für die Zusammenarbeit mit externen Konstruktionsbüros;
- Aufstellung technischer **Konstruktionspflichtenhefte**;
- fertigungsgerechte Auftragserfassung (**Ausschluss unzulässiger Varianten**) in Zusammenarbeit mit dem Vertrieb.

ZUSAMMENFASSUNG   **ÜBUNG**

Standardisierung im Unternehmen reduziert die Teilevielfalt und Variantenzahl, die eine hohe Komplexität mit sich bringt. Gründe für diese Komplexität liegen vor allem darin, dass spezielle Kundenwünsche durch neue Varianten erfüllt werden, ohne zu prüfen, ob bestehende Teile und Baugruppen diese Funktionen auch erfüllen können. Der Rationalisierungseffekt der Standardisierung liegt in der Kostensenkung durch Vereinfachung der Konstruktion, höhere Stückzahlen, geringere Lagerbestände und -positionen und der Vereinfachung der Kommunikation, Organisation und Verwaltung.

Spannungsverhältnis zwischen Standardisierung und individuellen Kundenanforderungen

Zwischen dem Wunsch nach möglichst weitgehender **Vereinheitlichung** von Produkten und Komponenten mit dem Ziel einer kostengünstigen Produktion und Beschaffung und dem Wunsch nach **Erfüllung differenzierter Kundenforderungen** besteht ein Konflikt unter den Voraussetzungen herkömmlicher Entwicklungsstrategien.

Es stellt sich die Frage, ob spezielle Kundenanforderungen wirklich nur durch **Einzelfertigung** oder auch auf andere Weise befriedigt werden können. Muss jede Schraube eines Produktes kundenindividuell gefertigt und jeder Fertigungsschritt nach Kundenwunsch erfolgen, um den spezifischen Kundenforderungen gerecht zu werden?

Baukastenprinzip kann helfen

Das **Baukastenprinzip** ist häufig in der Lage, diesen Konflikt zu lösen.

 Unter einem Baukasten versteht man eine Gesamtheit standardisierter Teile und Baugruppen, die durch unterschiedliche Kombination miteinander die Realisation sehr verschiedener Gesamtfunktionalitäten erlauben.

Die Elemente eines Baukastensystems werden als Bausteine, Baueinheiten oder als **Module** bezeichnet.

Beispiel

Ein Unternehmen, das Hallenkräne produziert, muss jeweils auf die örtlichen Verhältnisse und die spezifischen Wünsche des Kunden eingehen. Derartige Kräne werden in Einzelfertigung produziert. Mit einer Baureihe verschiedener Standardkräne könnte den spezifischen Erfordernissen nicht hinreichend Rechnung getragen werden. Daher wird das Unternehmen bei Konzeption und Realisierung einer individuellen Krananlage auf ein System standardisierter Baukomponenten zurückgreifen, die so zu einer Krananlage kombiniert werden, dass die geforderten Eigenschaften im Ergebnis erzielt werden. Komponenten eines derartigen Baukastens können etwa sein: Motoren, Laufschienen,

Laufrollen, Verkabelungsmaterial, Kettenzüge, Kabeltrommeln, Schalter und Steuerungen, etc.

Die **Elemente** eines Baukastensystems müssen über **standardisierte Schnitt- und Anschlussstellen** verfügen, damit sie wahlfrei kombiniert und gegeneinander ausgetauscht werden können.

Elemente mit standardisierten Schnittstellen

Alternativ verwendbare Antriebsmotoren müssen mit gleichartigen Konsolen befestigt werden können, d. h. die relevanten Baumaße und Bohrungen müssen übereinstimmen, der elektrische Anschluss muss an der gleichen Stelle über gleichartige Klemmenverbindungen möglich sein und der Anschluss der Antriebswelle muss ebenfalls in Bauhöhe und Verbindungstechnik standardisiert sein.

Baukastensysteme können nach einer Reihe von Merkmalen **charakterisiert** und klassifiziert werden. Sie werden u. a. danach unterschieden, ob das Gesamtprodukt **ausschließlich** aus **standardisierten** Baueinheiten gebildet wird (allgemeine oder **reine Baukastensysteme**) oder ob von vornherein **auch Individualteile** vorgesehen werden (**Mischsysteme**). Für reine Baukastensysteme ist ein geschlossenes Gesamtkonzept erforderlich, während Mischsysteme sich auf die Entwicklung standardisierter Bauelemente für **wesentliche Kernfunktionen** beschränken können.

Mischsysteme können die Standardisierung auf wichtige Kernfunktionen beschränken

Ein Baukasten kann nur **gleiche Bauteile** (z. B. Ziegelstein) oder verschiedene Bausteine mit **funktionaler Spezialisierung** enthalten. Bausteine können zudem in eine **hierarchische Beziehung** zueinander treten, wobei Bausteine höherer Rangstufe (Baugruppen oder Großbausteine) aus nachrangigen Bausteinen (Bauteilen) zusammengesetzt werden. Bausteine niedriger Rangordnung können hierbei zur Ausrüstung größerer Bausteine, als Zubehör größerer Bauteile oder zur Verbindung größerer Bausteine dienen.

Die **Vorteile** der Verwendung von Baukastensystemen liegen insbesondere darin, dass

- bei der Konstruktion und Angebotsbearbeitung von Kundenaufträgen bereits auf **fertige Unterlagen** zurückgegriffen werden kann und die Kosten der Baukomponenten weitgehend bekannt sind;
- die **Fertigungs- und Beschaffungskosten** der Baukomponenten auf Grund des hohen Standardisierungsgrades und der damit

größeren Fertigungsstückzahlen gegenüber der Einzelfertigung deutlich **niedriger** liegen;

Vorteile von Baukastensystemen

- die **Planung** der Fertigung **auf Baugruppenebene** ermöglicht wird;
- die **Lieferzeit** deutlich **verkürzt** wird, da in der Konstruktion nur für die kundenindividuelle Kombination der Baukomponenten sowie für die Entwicklung eventueller Individualteile Zeit benötigt wird und in der Fertigung zumindest teilweise auf lagerhaltige Standardkomponenten oder auf Kaufteile zurückgegriffen werden kann, die am Beschaffungsmarkt zeitnah verfügbar sind;
- die **Arbeitsvorbereitung**, die **Montage** und die **Kalkulation** bei zweckmäßiger Baugruppengliederung deutlich **weniger aufwändig** sind;
- die **Verlagerung der Variantenspezifikation** an das Ende des Fertigungs-/Wertschöpfungsprozesses ermöglicht wird;
- ein späterer **Umbau** oder eine spätere **Erweiterung leichter** vorgesehen werden können;
- die Instandsetzung und die **Ersatzteilversorgung** durch Austausch von Baukomponenten leichter und **wirtschaftlicher** möglich ist;
- durch die Standardisierung auch die **Qualitätssicherung erleichtert** wird und die Qualitätskosten entsprechend sinken.

Nachteile des Baukastenprinzips sind:

- **Spezielle Kundenwünsche** können nicht so weit gehend erfüllt werden, wie dies bei Einzelfertigung möglich ist.

Und die Nachteile

- Die Realisation **»exotischer« Gesamtfunktionalitäten** kann mit einem Baukastensystem aufwändiger sein als bei Einzelfertigung.
- Die **Qualitätsanforderungen** an die Baueinheiten zur Sicherstellung der Kombinierbarkeit mit anderen Bauteilen können **höher** sein als bei funktionsäquivalenten Individualteilen.
- Eine grundlegende **Veränderung der Produktkonzeption** ist wegen des hohen Aufwandes der Entwicklung von Baukastensystemen nur in **größeren Zeitabständen** wirtschaftlich möglich.

Modularisierung: Gliederung des Gesamtsystems in eigenständige Untersysteme

Während bei der Betrachtung eines **Baukastensystems** eher eine **synthetische Sichtweise** vorherrscht, da die Frage nach den Möglichkeiten zur Kombination von Bauteilen zu einem Gesamtsystem im Vordergrund steht, spricht man in **analytischer Sicht** oft von **Modularisierung**. Bei der Modularisierung geht es darum, ein Gesamtsystem (z. B. Kraftfahrzeug) in **Untersysteme** zu gliedern, die als ganzheitliche Leistungsumfänge angesehen und damit – nach vorheriger Definition der Schnittstellen – als eigenständige Entwicklungs- oder Fertigungseinheiten betrachtet werden können.

Dies spielt z. B. bei dem bereits dargestellten Konzept des **Simultaneous Engineering (SE)** eine besondere Rolle. Ziel des SE ist es ja,
die Entwicklung der einzelnen **Module** zu **parallelisieren** und möglicherweise auch die gesamte Entwicklungsverantwortung für ein
Modul auf externe Entwicklungsdienstleister oder Lieferanten zu
übertragen.

Modularisierung und SE

Bei der **modularen Beschaffung** (vom englischen: modular sourcing) geht es darum, komplette **Funktionsbaugruppen** (= Module)
von einem **Modul-Lieferanten** zu beschaffen, der die Gesamtverant-
wortung

modular sourcing

- für die Entwicklung und Fertigung des Moduls bis hin zum Einbau
  in das Endprodukt sowie
- für die Auswahl und das Management der Unterlieferanten
- und natürlich für die Funktionsfähigkeit des gelieferten Moduls
  übernimmt.

Dies ist gegenüber der Beschaffung von Einzelteilen und deren Montage durch den Endprodukthersteller deutlich günstiger, da die **Zahl
der Lieferantenbeziehungen** und der **Prüfaufwand** im Rahmen der
Qualitätssicherung **abnehmen**.

Außerdem ist diese Vorgehensweise in hervorragender Weise mit
dem Simultaneous Engineering zu vereinbaren. Zusätzliche Kosten-
vorteile können mit der **Beschaffung von Standardmodulen** erzielt
werden, wenn die Module so gebildet werden, dass sie in großen
Stückzahlen von leistungsfähigen Lieferanten gefertigt werden können.

Bestimmungsfaktoren
bei der Modulbildung

Hierbei wird deutlich, dass die **Abgrenzung einer Moduleinheit**
sich keineswegs von selbst ergibt, sondern neben der funktionalen
Abgrenzung eine Vielzahl weiterer Aspekte Berücksichtigung finden
müssen, z. B.:

- Die technischen Möglichkeiten potenzieller Lieferanten,
- die von einem Modul voraussichtlich benötigten Stückzahlen,
- die Zahl benötigter Varianten,
- Transport- und Lagerkosten in der Beschaffung,
- Möglichkeiten der Funktionsprüfung etc.

Insbesondere die **Zahl benötigter Varianten** kann von herausragender
Bedeutung sein. Diese kann durch eine geschickte **Hierarchisierung
der Baugruppen** begrenzt werden, indem eine kundenbezogene Differenzierung erst auf einer möglichst hohen Hierarchiestufe erfolgt
und diese Varianten weitestgehend aus Standardbaugruppen und
-teilen montiert werden.

Kundenbezogene Diffe-
renzierung erst auf
hoher Hierarchiestufe

Eine Weiterentwicklung der Modularisierung ist die **Plattformstrategie** einiger Automobilhersteller, bei der zentrale Module (z. B. Chassis, Antriebssstränge, Achsen) über verschiedene Fahrzeugmarken (in der Regel eines Automobilkonzerns) hinweg vereinheitlicht werden.

Charakterisierend für eine Plattform ist insbesondere, dass nicht nur einzelne Module, sondern auch **Kombinationen zentraler Module** über eine Plattform hinweg vereinheitlicht werden. Da die genannten Module etwa 60% der Kosten eines Fahrzeugs ausmachen, sind die **Einsparpotenziale** entsprechend groß.

Beispiel

Im VW-Konzern basieren der Golf (IV), der Audi A3 sowie Modelle von Seat und Skoda auf einer identischen Plattform.

Kritisch ist aber anzumerken, dass die **Identität einer Marke** im Markt verloren gehen könnte, wenn sich Produkte nur noch in ihrem äußeren Design oder nachrangigen Ausstattungsmerkmalen unterscheiden. Der Schritt zu einem so genannten **Badge Engineering**, bei dem nahezu identischen Produkten verschiedener Marken und Hersteller nur unterschiedliche Plaketten angeheftet werden, ist dann nicht mehr groß. Außer bei Straßenfahrzeugen ist diese Vorgehensweise vor allem bei Haushaltsgeräten anzutreffen.

ZUSAMMENFASSUNG **ÜBUNG**

Nr. 22: Worin erkennen Sie einen Unterschied zwischen Standardisierung, Typung und Normung?

Nr. 23: Erörtern Sie wesentliche betriebswirtschaftliche Vorteile, die durch Standardisierung erlangt werden können.

Nr. 24: Welche Zwecke verfolgt man in der Produktentwicklung durch Modularisierung?

Nr. 25: Zeigen Sie Möglichkeiten und Grenzen von Baukastensystemen auf.

3   DIE GESTALTUNG LEISTUNGSWIRTSCHAFT-LICHER SYSTEME

Jedes Unternehmen muss immer wieder neu die **Breite** und **Tiefe** seines **Leistungsumfanges** bedenken.

- Die **Leistungsbreite** – oder, anders ausgedrückt, der **Grad der horizontalen Integration** – betrifft die Zahl unterschiedlicher Produkte und Leistungen, die produziert und angeboten werden, also das **Produktionsprogramm**.
- Die **Leistungstiefe** – der **Grad der vertikalen Integration** – betrifft die **Art und Zahl der Wertschöpfungsstufen**, die ein Unternehmen innerhalb der eigenen Organisation durchführt. Aus technischer Sicht geht es hierbei um die Art und Zahl technologischer und administrativer **Prozesse**, die ein Unternehmen selbst beherrscht und innerhalb der eigenen Organisation durchführt. Von **Rückwärtsintegration** wird gesprochen, wenn Vorleistungen, die bisher fremdbezogen wurden, in die eigenen Leistungsstrukturen integriert werden; **Vorwärtsintegration** bezeichnet analog die Integration nachgelagerter Wertschöpfungsstufen: etwa die Übernahme eines bisher selbstständigen Vertriebspartners.

Rückwärtsintegration ist bezogen auf Vorleistungen

Vorwärtsintegration bezieht sich auf nachgelagerte Wertschöpfungsstufen

Die Entscheidung, bestimmte Wertschöpfungsstufen externen Lieferanten oder Dienstleistern zu überlassen, wird auch als strategische **Make-or-Buy-Entscheidung** oder als **Outsourcing-Entscheidung** bezeichnet.

Outsourcing bzw. Make-or-Buy

Die wirtschaftlichen Veränderungen des letzten Jahrzehnts – speziell zum Stichwort **Globalisierung** – haben zu einer besonders intensiven öffentlichen Diskussion betrieblicher Outsourcing-Entscheidungen und der damit einhergehenden volkswirtschaftlichen Konsequenzen für die lokale Beschäftigung geführt. Besonders häufig wurden in der Vergangenheit einfache und arbeitsintensive Fertigungsvorgänge auf Lieferanten (oft in Niedriglohnländer) übertragen sowie etwa IT-Dienstleistungen und logistische Dienstleistungen externer Anbieter in Anspruch genommen. Vorhandene Leistungsstrukturen in großen Unternehmen wurden dementsprechend abgebaut, wodurch die Beschäftigtenzahl in diesen Unternehmen tendenziell zurückgegangen ist.

Outsourcing-Entscheidungen haben auch volkswirtschaftliche Konsequenzen für die lokale Beschäftigung

Treibende Kräfte für die Verringerung der Leistungstiefe (Grad der vertikalen Integration) waren und sind insbesondere:

- **Geringere Kosten des Lieferanten** auf Grund günstigerer **Standortbedingungen** (Löhne, Steuern/Abgaben, Energiekosten, geringere Betriebszeiten und dadurch schlechte Anlagennutzung, etc.)
- **Höhere Kosten- und Leistungsflexibilität des Abnehmers**: Durch den Fremdbezug kommt es zu einer »Variabilisierung fixer Kosten«, wenn die entsprechenden Produktionskapazitäten vollstän-

Kostenvorteil der Lieferanten

dig abgebaut werden können. Bei **schwankendem Beschäftigungsniveau** liegt das Risiko einer Unterbeschäftigung jetzt mehr beim Unternehmen. Die Bestellmenge beim Lieferanten fällt einfach entsprechend geringer aus und die Kosten sinken demzufolge proportional. Das Problem verlagert sich zwar prinzipiell auf den Lieferanten, aber dieser ist möglicherweise eher in der Lage, durch die Hereinnahme anderer Aufträge einen Ausgleich zu schaffen. Ein weiterer Effekt liegt darin, dass der Abnehmer sich im Falle des Fremdbezuges nicht auf eine bestimmte **Fertigungstechnologie** festlegen muss.

Flexibilität durch Outsourcing

Technologische Flexibilität

- **Nutzung des Lieferanten-Know-how**: Auch relativ kleine Lieferanten entwickeln für ihr Spezialgebiet ein überlegenes produkt- oder verfahrensspezifisches Know-how, da sie mit den unterschiedlichsten Anforderungen ihrer verschiedenen Abnehmer konfrontiert werden. Dadurch entwickeln sie eine **Problemlösungsfähigkeit**, die von einem Abnehmer in der Auseinandersetzung nur mit dem eigenen Bedarf nicht erreicht werden kann.

Nutzung des Lieferanten-Know-how

- **Beschleunigung** der Produktentwicklung durch **parallele Entwicklung beim Lieferanten**: Die Dynamik auf zahlreichen Märkten verlangt nach **kurzen Entwicklungszeiten**. Das Konzept des **Simultaneous Engineering** (SE) sieht auch eine Aufteilung der Entwicklungsaufgabe zwischen Hersteller und Lieferant vor, um die Entwicklungszeit zu verkürzen.

Parallele Entwicklung

Wie beim Schachspiel, bei dem die Konsequenzen eines Zuges von den Spielern nur begrenzt kalkulierbar sind, lassen sich bei strategischen Entscheidungen über Eigenfertigung oder Fremdbezug kaum alle möglichen **Konsequenzen und Risiken** erfassen und in das Kalkül einbeziehen. Hinzu kommt, dass die »Mitspieler« im Wirtschaftsprozess vorrangig ihr **Eigeninteresse** verfolgen und dabei nicht immer mit offenen Karten spielen.

Gefahr opportunistischen Verhaltens von Outsourcing-Partnern

 Problematisch wird dies, weil Produktionstiefenentscheidungen auf Grund der damit verbundenen Investitionen beim Lieferanten oder beim Abnehmer meist eine längerfristige Bindungswirkung entfalten.

Nach erfolgter Investition entsteht eine Situation der Erpressbarkeit, die ein **opportunistisch** nach Eigennutz strebender Partner missbrauchen könnte, ohne dass eine kostenlose Konfliktlösung möglich wäre. Diese Risiken lassen sich zum Zeitpunkt des Vertragsabschlusses weder vorhersehen noch vertraglich absichern.

Die **Transaktionskostentheorie** ist ein theoretischer Ansatz, der die wirtschaftlichen Gründe für empirisch zu beobachtende Unternehmensstrukturen erklären will. Es geht dabei um die Beantwortung der Frage, warum Unternehmen überhaupt und speziell mit dem zu beobachtenden Grad vertikaler Integration existieren.

Hierbei geht es um die Beantwortung der Frage, warum Unternehmen mit dem zu beobachtenden Grad vertikaler Integration existieren

Transaktionskosten sind die mit Austauschvorgängen innerhalb des Unternehmens und zwischen Unternehmen verbundenen Kosten der Abwicklung für Planung, Verhandlung, Prüfung etc. Zu den Transaktionskosten gehören auch die Kosten, die durch Lieferverspätungen, nachträgliche Änderungen von Spezifikationen und Konditionen oder Qualitätsmängel und die damit verbundenen Streitigkeiten entstehen.

3 entscheidende Einflussgrößen

Die Transaktionskostentheorie stützt sich in ihrem Erklärungsansatz auf **drei Einflussgrößen**, die letztlich die Höhe der Transaktionskosten bei Eigenfertigung und Fremdbezug determinieren, das sind **Häufigkeit, Unsicherheit und Spezifität des Bedarfs**.

Je langfristiger die Bindungswirkung einer Entscheidung, desto größer die Unsicherheit

Unsicherheit ist ein besonders gewichtiger Aspekt. Je langfristiger die Bindungswirkung einer Entscheidung ist, desto größer ist tendenziell die Unsicherheit bezüglich der wirtschaftlichen Konsequenzen über die Laufzeit hinweg.

Der bedeutendste Aspekt ist aber die **Spezifität** der Investitionen, die mit einem Geschäft (einer Transaktion) verbunden ist. Soweit eine Investition (F&E oder Sachinvestition) nur im Zusammenhang mit einem speziellen Geschäft werthaltig ist, werden die Transaktionskosten bei vertikaler Integration tendenziell sinken.

Soweit eine Investition nur im Zusammenhang mit einem speziellen Geschäft werthaltig ist, werden die Transaktionskosten bei vertikaler Integration tendenziell sinken

Beispiel

Ein Bergwerksunternehmen will eine neue Kupfermine erschließen und verhandelt mit einer privaten Eisenbahngesellschaft über den Bau einer Eisenbahnstrecke zum nächstgelegenen Hafen. Die Eisenbahnstrecke kann keinem anderen Zweck als dem Transport des Kupferminerals dienen, da sie durch eine Wüste führt. Die Spezifität dieser Investition ist also besonders hoch, was für die Eisenbahngesellschaft die Frage aufwirft, ob das Transportaufkommen der Mine zur Amortisation ausreicht und ob bei ungünstigem Geschäftsverlauf die Bergwerksgesellschaft die Abhängigkeit nicht zur Erpressung günstigerer Konditionen ausnutzt. Auf Grund der gegebenen Situation erscheint die Errichtung der Eisenbahnlinie durch die Bergwerksgesellschaft – also die vertikale Integration – als die wirtschaftlich sinnvollere Lösung.

	Investition		
	unspezifisch für beide Seiten	spezifisch für beide Seiten	spezifisch nur für eine Seite
Hohe Unsicherheit	Vertragl. Bindung, Vertikale Integration	Vertikale Integration	Vertikale Integration
Niedrige Unsicherheit	Einzelvertrag	Rahmenvertrag	Vertikale Integration

Abb. 3.1: Determinanten vertikaler Integration

Die Abbildung zeigt den **Zusammenhang zwischen Unsicherheit, Spezifität und** den jeweils geeigneten **Koordinationsformen**:

Entscheidung über die Form der Koordination

- **Hohe Spezifität** der erforderlichen Investitionen auch nur für eine Seite in Verbindung mit einem **hohen Unsicherheitsgrad** legt eine **vertikale Integration** nahe.
- **Geringe Spezifität und geringe Unsicherheit** führen dagegen zu Fremdbeschaffung mit **kaufvertraglicher Beziehung** (Beispiel: Spot-Märkte). Diese Situation ist regelmäßig bei Norm- und Standardteilen gegeben: Die Transaktionskosten sind hier niedrig, während die möglichen Einsparungen durch den Produktivitätsvorsprung des Lieferanten hoch sind.
- Anders liegt der Fall, wenn eine **hohe Unsicherheit bei geringer Spezifität** vorliegt, hier kann die Unsicherheit nicht nur durch vertikale Integration, sondern auch durch **vertragliche Absicherung** bewältigt werden.

Beispiel

Reservierung von Hotelzimmern für einen geplanten Kongress. Die benötigten Kapazitäten müssen mittels vertraglicher Vereinbarung reserviert und auch bei Nichtabnahme bezahlt werden. Bei regelmäßigem Bedarf (Schulungszentrum) wäre auch die Errichtung eines eigenen Hotels – also die vertikale Integration – denkbar.

- Liegt eine **hohe Spezifität** für beide Seiten vor, so kann eine geringe Unsicherheit durch **vertragliche Vereinbarung** in ihren Auswirkungen auf die Transaktionskosten minimiert werden, was dann den Verzicht auf vertikale Integration erlaubt.

Die Erörterung der Transaktionskostenansatzes machte bereits deutlich, dass Entscheidungen über die Produktionstiefe in hohem Maße

von der **verfolgten Strategie** und von den **spezifischen Geschäftsrisi-
ken** abhängig sind. Leider lassen sich die Transaktionskosten in der
Praxis – wenn überhaupt – nur sehr unscharf annähern und damit nur
begrenzt als Entscheidungsgrundlage nutzen. Zudem vermag auch
der Transaktionskostenansatz nicht alle strategisch relevanten Beziehungen zwischen den betrieblichen Teilprozessen zu erfassen.

Um die Bedeutung der Entscheidung über die Fertigungstiefe und
-breite für die langfristige Wettbewerbsfähigkeit eines Unternehmens
besser erörtern zu können, werden zunächst einige für die **Strategie-
diskussion** wichtige Begriffe eingeführt.

Als **Ressource** soll in diesem Kontext eine **Einheit** bezeichnet werden,
Ressourcen **über die ein Unternehmen verfügt** oder die es kontrolliert.

Beispiel

1. Das Rezept für Underberg ist eine wichtige Ressource der Fa.
   Underberg. Analoges gilt für Coca-Cola.
2. Herausragende Forschungsmitarbeiter und Forschungsinfrastruktur
   sind wichtige Ressourcen von Biotechnologie-Unternehmen.
3. Das weit verzweigte Tankstellennetz ist eine wichtige Ressource
   der Aral AG.

Als Fähigkeit oder **Kompetenz** eines Unternehmens wird eine Aktivität
Kompetenz bezeichnet, die von einer Gruppe kombinierter Ressourcen (Prozess,
Arbeitssystem) durchgeführt wird. Ein Unternehmen kann eine als
Kompetenz empfundene interne Aktivität besser – d.h. mit einem
höheren Kompetenzgrad – ausführen als andere Aktivitäten.

Eine **Kernkompetenz** ist eine gut beherrschte Aktivität, die für die
Strategie, für die Wettbewerbsfähigkeit und für die Wirtschaftlichkeit
eines Unternehmens von wirklich zentraler Bedeutung ist. Kernkom-
Kernkompetenz petenzen entstehen oft erst aus dem **Zusammenwirken unterschiedlicher Teile der Unternehmensorganisation**. Typischerweise handelt
es sich um **Fähigkeiten**, die von den beteiligten **Personen** getragen
werden und die weniger mit dem Anlagevermögen zu tun haben.

Beispiel

Das Coca-Cola-Rezept ist eine zentrale Ressource, aber erst in Verbindung mit den Marketing- und Abfüll-Ressourcen entstand in einem

längeren kollektiven Lernprozess eine Kompetenz für das Limonadengeschäft, mit dem sich die Firma von ihren Konkurrenten abhebt.

Kernkompetenzen zeichnen sich durch drei Merkmale aus:

Charakteristik einer
Kernkompetenz

1. Kernkompetenzen eröffnen **Zugang zu zahlreichen Märkten**.
2. Eine Kernkompetenz hat zentrale Bedeutung für wichtige, **vom Kunden wahrgenommene Qualitätsmerkmale eines Produktes**.
3. Eine Kernkompetenz sollte von Wettbewerbern nur **schwer zu kopieren** sein.

Kernkompetenzen entstehen in einem **komplexen organisatorischen Lernprozess**. Für die Entwicklung und Pflege von Kernkompetenzen sind daher bereichsübergreifende Kommunikation und Zusammenarbeit sowie gezielte Entwicklungsanstrengungen und Erfahrungssicherung erforderlich.

Pflege und Entwicklung
von Kernkompetenzen

Eine **Unterscheidungskompetenz** oder ein Differenzierungsvorteil (Distinctive Competence) beruht auf Ressourcen mit überlegener Wettbewerbskraft und

Unterscheidungskompetenz

* ist eine **wettbewerbsrelevante Fähigkeit**, über die Konkurrenten (so) nicht verfügen,
* ist ein potenzieller **Eckpfeiler** für die Unternehmensstrategie,
* kann dem Unternehmen besonderen **Wettbewerbsvorsprung** verschaffen.

Kompetenz und
Wettbewerb

Beispiel

* Die schnelle Entwicklung neuartiger Medikamente bis zur Marktreife ist eine Kernkompetenz der Fa. Hoechst Marion Roussel.
* Die Herstellung von Telefonen mit extrem niedriger Fehlerquote (Sechs-Sigma-Qualität) ist eine Kernkompetenz der Fa. Motorola.
* Die herausragende Beherrschung der Flachbildschirmtechnologie gilt als Unterscheidungskompetenz der Fa. Sharp.

Die herausragenden Ressourcen, Fähigkeiten und Kompetenzen eines Unternehmens sind Ausgangspunkte für die Entwicklung von Wettbewerbsstrategien.

Welche **Konsequenzen** müssen wir für die Festlegung der Leistungstiefe aus diesen Überlegungen ziehen?

→ *Eine vordergründig allein an Kosten ausgerichtete Produktionstiefenentscheidung führt leicht zum Outsourcing von Aktivitäten und zu dem entsprechenden Abbau von Ressourcen, die aus Sicht der Kernkompetenzanalyse jedoch von strategischer Bedeutung sein können.*

Gefahren des Outsourcing

So kann eine weit gehende **Auslagerung** von Fertigungsprozessen zum **Verlust technologischen Wissens** führen und in der Folge die **Innovationsfähigkeit** eines Unternehmens beeinträchtigen, da die Erprobung neuer Entwürfe und die Serienproduktion wichtige Erfahrungsquellen für die Produktentwicklung darstellen können.

Beispiel

1. Im Bankensektor kann eine Auslagerung der Informationstechnik Kompetenzen im Bereich des Electronic Banking beeinträchtigen.
2. Die Auslagerung der Distribution kann für ein Unternehmen den Verlust direkten Kundenkontaktes und damit einer wichtigen Erfahrungsquelle bedeuten.

Kernkompetenz- und Kostenanalysen sind wichtige Voraussetzungen einer fundierten Produktionstiefenentscheidung

Die **Kernkompetenzanalyse** ergänzt insofern den Transaktionskostenansatz, als nicht nur der direkte Güteraustausch, sondern auch **Lernerfahrungen** und vielfältige **Kommunikationsbeziehungen** in die Betrachtung einfließen.

Analysen der eigenen **Kernkompetenzen** sowie der **Produktions- und Transaktionskosten** sind wichtige Voraussetzungen einer fundierten **Produktionstiefenentscheidung**.

ZUSAMMENFASSUNG ÜBUNG

Nr. 26: Interpretieren Sie die Begriffe Leistungstiefe und -breite.
Nr. 27: Was verstehen Sie unter vertikaler Integration?
Nr. 28: Welche Gefahren birgt eine hohe Fertigungstiefe in der industriellen Produktion?
Nr. 29: Skizzieren Sie wichtige Überlegungen der strategischen Make-or-Buy-Entscheidung.

3.2 PROZESSTYPEN UND -PLANUNG

Die vielfältigen **Erscheinungsformen von Leistungsprozessen** erschließen sich einer **systematischen Analyse** erst auf der Grundlage einer **typologisierenden Ordnung**. Für eine Gruppe von Leistungsprozessen, die hinsichtlich eines Merkmals oder mehrerer Merkmale homogen sind, lassen sich dann allgemeine Aussagen und Empfehlungen erarbeiten.

Ein Softwarehaus hat für einen Kunden ein informationstechnisches Konzept für die Fertigungssteuerung entwickelt. Um die Wirtschaftlichkeit einer entsprechenden Softwareentwicklung beurteilen zu können, stellt man die Frage, wie groß der potenzielle Kundenkreis wohl ist. Hierzu wird man nach den charakterisierenden Merkmalen der Produktion des Kunden fragen, um so von den konkreten Verhältnissen abstrahierend auf eine typische Klasse von Fertigungsprozessen zu schließen, für die diese Software gleichermaßen geeignet sein könnte.

Je nach Art der Problemstellung bieten sich unterschiedliche **Merkmale** für eine **Prozesstypenbildung** an. Dabei entstehen jeweils unterschiedliche Klassifikationen. Empirische Erscheinungsformen der Produktion können daher auch mehreren, nach unterschiedlichen Kriterien abgegrenzten **Elementartypen** zugerechnet werden oder es können **mehrere Typisierungsmerkmale** erforderlich sein, um eine hinreichend **homogene und fokussierte Klasse** zu definieren.

Relativität der Typenbildung

Eine überschneidungsfreie Klassifizierung der zu beobachtenden Leistungsprozesse ist weder möglich noch sinnvoll. In Theorie und Praxis wird eine Vielzahl von **typbildenden Kriterien** zu Grunde gelegt. Wir werden in diesem Abschnitt nur einige wichtige Kriterien in ihrer Problematik darstellen:

Überschneidungsfreie Klassifizierung weder möglich noch sinnvoll

1. **Häufigkeit der Prozesswiederholung** (Einzel-, Serien- oder Massenfertigung): **Leistungsprozesse** können auf die Hervorbringung jeweils nur einer einzigen Leistungseinheit oder auf die Produktion einer mehr oder weniger großen Zahl von Einheiten gerichtet sein. Im ersten Fall, der Einzelfertigung, sind sehr universell einsetzbare Fertigungsanlagen und -abläufe nötig. Die Errichtung spezialisierter Fertigungsstrukturen lohnt nicht, denn dadurch würde die einzige zu produzierende Einheit entsprechend teuer, denken Sie etwa an den Bau einer Kirche oder die Herstellung orthopädischer Schuhe.

   Häufigkeit der Prozesswiederholung

   Einzelfertigung schließt nicht aus, dass derselbe Betrieb immer wieder Kirchen baut oder orthopädische Schuhe herstellt, aber jedes dieser Produkte wird **einzeln gefertigt** und ist wahrschein-

   Einzelfertigung

lich in bestimmten Merkmalen **einzigartig**. Jeder Produktionsvorgang muss deshalb einzeln organisiert und unter Verwendung **universeller Fertigungsanlagen** realisiert werden.

Massenfertigung

Die **Massenfertigung** – als das andere Extrem – ist auf die Fertigung einer sehr großen Zahl gleichartiger Produkteinheiten über einen längeren Zeitraum hinweg gerichtet. Typische Beispiele hierfür wären die Herstellung von Stahl, Zement, Bier, Knöpfen, Möbelbeschlägen und Normteilen verschiedenster Art.

Charakteristik der Massenfertigung

Charakterisierend für die Massenfertigung ist der Einsatz **hochspezialisierter Fertigungstechnik**, die ausschließlich auf die Herstellung des jeweiligen Massengutes ausgerichtet ist. So kann ein Stahlwerk eben nur Stahl produzieren, dies aber in großen Mengen zu günstigen Kosten. Die riesigen Anlagen, die mit nur wenig menschlicher Arbeitskraft diese Leistung vollbringen, erfordern einen sehr **hohen Kapitaleinsatz**. Die Aufrechterhaltung der Betriebsbereitschaft verursacht (unabhängig von der Produktionsmenge) **hohe Fixkosten**, was wiederum nur bei **massenhafter Produktion** wirtschaftlich ist.

Hohe Fixkosten nur bei sehr hoher Produktion wirtschaftlich

Gesetz der Massenproduktion

Das so genannte **Gesetz der Massenproduktion** formuliert diesen wirtschaftlichen Zusammenhang, wonach die hohen Fixkosten des Betriebes bei massenhafter Ausbringung je Produkteinheit anteilig dennoch gering sind (Fixkostendegression).

Serienfertigung

Einzelfertigung und Massenfertigung sind nur die Extreme eines Kontinuums denkbarer Ausprägungen. Fertigungsstrukturen können auch auf die Hervorbringung einiger »zig«, hundert oder tausend Einheiten gerichtet sein und die zeitliche Perspektive der Produktion kann von dauerhaft bis zu einigen Stunden reichen.

Dies ist bei der **Serienfertigung** der Fall. Serienfertigung bezeichnet die Herstellung von Stückgütern (z. B. Personal Computern) in einer Stückzahl größer als eins: Bei geringer Stückzahl (etwa 6 bis 40) wird von **Kleinserienfertigung** gesprochen, darüber hinaus von **Mittel- oder Großserienfertigung**.

2. **Variantenfertigung**: Wird ein Standardgut in mehreren **Abwandlungen des Grundkonzeptes** hergestellt, so sprechen wir von Variantenfertigung. So werden etwa von industriellen Reinigungsmaschinen regelmäßig Varianten angeboten, die auf unterschiedliche Anwendungsszenarien zielen.

Variantenfertigung

Problematik der Variantenfertigung

Das **Problem** der Variantenfertigung besteht nun insbesondere darin, dass an Stelle eines einzigen Produktes sämtliche Varianten von der Produktionswirtschaft disponiert, gefertigt und möglicherweise auch bevorratet werden müssten. Die **Stückzahlen** je

Variante werden dadurch **immer geringer**; die Lagerbestände steigen, wenn jede Variante ab Lager verfügbar sein soll, und die Verwaltung von Stücklisten und Teilestammsätzen etc. wird immer **aufwändiger**.

Der Wunsch, den spezifischen Bedürfnissen immer enger abgegrenzter **Kundensegmente** möglichst weitgehend entgegenzukommen, erhöht tendenziell die Zahl der Varianten und macht die Produktion dadurch immer komplexer. In wettbewerbsintensiven Märkten können die zunehmenden **Komplexitätskosten** in den Preisen aber kaum weitergegeben werden. Die Variantenfertigung kann dann leicht in eine **Kostenfalle** führen, wenn nicht gezielte produktionswirtschaftliche Maßnahmen ergriffen werden.

Komplexität der Variantenfertigung

Unter günstigen Verhältnissen kann eine mögliche Gegenmaßnahme darin bestehen, dass zunächst nur ein Grundmodell gefertigt und gelagert wird und alle variierenden **Abweichungen** vom Grundmodell erst im **letzten Bearbeitungsschritt** vorgenommen werden. Dies kann dann möglicherweise erst auf einen speziellen Kundenauftrag hin erfolgen.

3. **Auftragsfertigung**: Von Auftragsfertigung spricht man, wenn die Fertigung erst durch einen **Kundenauftrag** oder aber einen betriebsinternen **Fertigungsauftrag** ausgelöst wird. Dies wird immer dann der Fall sein, wenn in einem Betrieb nacheinander sehr unterschiedliche Produkte gefertigt werden sollen. Dies ist etwa im Maschinenbau der Fall, nicht aber in der Brauerei. Bei der Auftragsfertigung liegt also eine spezifische Form der **Fertigungssteuerung** vor.

Auftragsfertigung

4. **Kundenbezug der Auftragsfertigung** (kundenindividuelle oder kundenanonyme Auftragsfertigung):

Werden Produkte unabhängig von Kundenbestellungen auf der Grundlage einer **Absatzprognose** (quasi **auf Vorrat**) und eines daraus abgeleiteten betriebsinternen Fertigungsauftrages produziert, so sprechen wir von **kundenanonymer Auftragsfertigung** – denn der spätere Kunde ist zum Zeitpunkt der Produktion noch unbekannt. Dies ist vielfach bei der Herstellung von Standardkomponenten komplexer Endprodukte der Fall.

Kundenanonyme Fertigung

Beispiel

Die Außenspiegel für Kraftfahrzeuge werden zwar auf der Grundlage eines internen Fertigungsauftrages in größeren Stückzahlen hergestellt, dieser leitet sich aber lediglich aus internen Planungen ab und nicht aus dem konkreten Bedarf eines Kunden.

Kundenindividuelle Auftragsfertigung

Wenn die Produktion indessen erst durch den konkreten Auftrag eines individuellen Kunden ausgelöst wird, liegt kundenindividuelle Auftragsfertigung vor. Bei Gütern des privaten Gebrauchs ist dies relativ selten der Fall. Beispiele hierfür wären aber hochwertige Möbel, Kraftfahrzeuge oder Häuser. Der Kunde gibt dem Hersteller mit dem Auftrag seine besonderen Wünsche hinsichtlich Stoffauswahl, Sonderausstattungen oder Farbwahl etc. auf.

Logistische Konsequenzen des Kundenbezuges

Der Unterschied der beiden Fertigungstypen liegt insbesondere in der Logistik:

... bei anonymer Fertigung

- Die kundenanonyme Auftragsfertigung stützt sich auf stets unsichere Prognosen hinsichtlich Bedarfszeitpunkt und Bedarfsmenge. Die daraus resultierenden Differenzen müssen über eine Zwischenlagerung der Produkte ausgeglichen werden. Der Kunde kann dann aber im Bedarfsfalle aus dem Lagerbestand sofort bedient werden. Der Fertigungsauftrag kann dafür aber unabhängig vom zeitlichen Druck seitens des Kunden so eingeplant werden, dass die benötigten Vorprodukte rechtzeitig und preisgünstig beschafft werden können und die Fertigungsdurchführung kostenminimal gestaltet werden kann.

... und bei kundenindividueller Fertigung

- Bei kundenindividueller Auftragsfertigung ist auch die Erfüllung ausgefallener Wünsche möglich – dafür muss der (stets ungeduldige) Kunde aber eine Lieferzeit in Kauf nehmen: Die Lieferzeit umfasst mindestens die Fertigungsdurchlaufzeit, die zur Herstellung des Produktes benötigt wird, sowie möglicherweise zusätzliche Planungs- oder Transportzeiten. In der Fertigung selbst steht jeder Vorgang in direktem Bezug zum Kundenauftrag; Störungen und Fehler in der Produktion haben unmittelbar Konsequenzen für den jeweiligen Kunden. Auf Grund der kurzen Lieferzeit, die der Kunde meist als Kaufbedingung stellt, steht der gesamte Herstellungsprozess unter Zeitdruck. Fehlende Vormaterialien, die prioritäre Befriedigung anderer wichtiger Kunden und ähnliche Störungen gefährden möglicherweise den versprochenen Liefertermin.

Die kundenindividuelle Auftragsfertigung setzt deshalb ein hohes Maß an Flexibilität in der Fertigung voraus und erfordert vielfach eine kostspielige Beschleunigung der Auftragsabwicklung durch teure Expressbestellungen, Überstunden etc. Eine wirtschaftliche Fertigung dieses Typs setzt deshalb ein **hohes Maß an Prozessbeherrschung** voraus.

5. **Chargenproduktion** (Arzneimittel, Stahl, Bier, Joghurt): Bei Chargenfertigung bringt ein **einziger Fertigungsvorgang eine bestimmte homogene Menge** von Produkten hervor. Die (gleichen) Produkte unterschiedlicher Chargen können sich aber sehr wohl in relevanten Merkmalen unterscheiden. Häufig anzutreffen ist die Chargenproduktion in der Lebensmittelindustrie, der pharmazeutischen Industrie und der chemischen Industrie.

> Chargenfertigung
>
> Die gleichen Produkte unterschiedlicher Chargen können sich durchaus in relevanten Merkmalen unterscheiden

Das Kochen einer Suppe, sei es im privaten Haushalt oder in der industriellen Fertigung, bringt typischerweise eine Charge hervor, die in ihrer Menge durch die Topfgröße nach oben begrenzt ist.

Die spezifische **Problematik** der Chargenproduktion besteht nun darin, dass die mit einer Charge hervorgebrachten Produkte häufig so **gekennzeichnet** werden müssen, dass sie in allen nachgelagerten Verarbeitungsstufen noch **identifizierbar** bleiben. Bei Medikamenten ist dies etwa erforderlich, um bei eventuellen, später entdeckten, Rezepturabweichungen einer Charge alle ausgelieferten Produkte dieser Charge zurückrufen zu können.

> Problematik der Chargenproduktion

6. **Projektweise Leistungserbringung**: Leistungsprozesse, die
   - auf eine Aufgabenstellung **größeren Umfanges** gerichtet und
   - durch **individuelle Anforderungen**, die in dieser Form nur einmalig auftreten, gekennzeichnet sind,

   werden als **Projekte** bezeichnet.
   Projekte erstrecken sich regelmäßig über einen längeren **Zeitraum**, ihr **Anfangs- und Endzeitpunkt** ist ebenso klar definiert wie die **Aufgabenstellung** selbst.
   Während nahezu alle Unternehmen interne Projekte bearbeiten, sind **Kundenprojekte** sehr typisch für bestimmte Branchen.
   Projektweise Leistungserbringung für Kunden findet sich insbesondere:
   - bei Ingenieurbüros und Beratungsunternehmen
   - bei Unternehmen des Anlagenbaus (im weitesten Sinne)
   - im Hoch- und Tiefbau
   - bei Softwarehäusern

> Projektfertigung
>
> Eigenarten eines Projektes
>
> Interne Projekte üblich, Kundenprojekte typisch für bestimmte Branchen

Verbreitung projektwei-
ser Leistungserbringung
gegenüber dem Kunden

- in Schiff- und Flugzeugbau, -ausrüstung
- bei Veranstaltungen (Konzerte, Tournee, Messen)
- etc.

Charakteristisch für diese Form der Leistungsprozesse sind insbesondere der **Umfang** und die **Komplexität** der Aufgabenstellung, die **Einmaligkeit** der Produktion, die Disposition über **erhebliche finanzielle Mittel** sowie die **zeitliche Erstreckung** über mehrere Perioden.

ZUSAMMENFASSUNG   **ÜBUNG**

Eine empirische Fertigung ist fast immer durch eine Vielzahl typologisierender Merkmale gekennzeichnet. Die daraus erwachsenden spezifischen Probleme und Anforderungen an die Logistik addieren sich dabei zu einem komplexen Szenario, das in dieser Art einzigartig erscheinen mag. Jede Fertigung lässt sich aber auf eine begrenzte Zahl von Basistypen zurückführen. Diese Typologisierung erleichtert eine analytische Erfassung komplexer produktionswirtschaftlicher Szenarien und die Erarbeitung problemgerechter Anwendungslösungen.

Mass Customization

Ein besonderes produktionswirtschaftliches **Szenario**, das in jüngster Zeit an Bedeutung gewonnen hat, ist das **Mass Customization**. Dieses Szenario zeigt sehr schön, dass kaufmännisch/technische Entwicklungen zu neuen Fragestellungen führen können, die die begriffliche Form eines **neuartigen Fertigungstyps** annehmen.

Individualiserung von
Massengütern

Mass customization ist die **massenhafte Fertigung individueller Produkte** zu Kosten, die nicht oder nur unwesentlich über denen eines vergleichbaren Standardgutes liegen. Die auf Grund der Individualisierung gewonnenen Kundendaten werden zum **Aufbau einer dauerhaften, individuellen Kundenbeziehung** genutzt.

Durchgängige digitale
Steuerung

Möglich wird dies durch die konsequent **digitale Steuerung** des gesamten Leistungsprozesses **ohne** jeden **Medienbruch**. Die einmal digital erfassten individuellen Kundendaten (z. B. Körpermaße, Faksimile der Kundenunterschrift) steuern den gesamten kundenbezogenen Fertigungsprozess bis in die Teilefertigung hinein. Flexible, digital gesteuerte Fertigungsautomaten erlauben hierbei kostengünstig die **kontinuierliche Variation spezifischer Fertigungsparameter**, sodass keines der massenhaft gefertigten Teile einem anderen gleich ist. So könnte etwa ein Faksimile der Kundenunterschrift das

Ziffernblatt einer Uhr schmücken, und die Schulterbreite einer Anzugsjacke kann exakt an die Kundenmaße angepasst werden.

Die zentrale Neuerung besteht hierbei darin, dass im **Vertriebsprozess** trotz der Ansprache eines breiten (Massen-)Marktes eine direkte Kundenbeziehung (**one-to-one-relationship**) aufgebaut wird und die Leistungserbringung trotz massenhafter und entsprechend kosteneffizienter Produktion jeweils nur durch einen individuellen Kundenauftrag ausgelöst (**build-to-order**) wird. Hierbei werden zahlreiche Daten über den einzelnen Kunden gewonnen, die Grundlagen eines entsprechend individualisierten Marketingansatzes sein können und zu einer verstärkten Kundenbindung beitragen können.

In der Entwicklung ist hierbei nunmehr eine neue Form der Standardisierung gefordert, die insbesondere auch **standardisierte Individualisierungsprozesse** beinhalten muss. Die Entwicklungsaufgabe muss sich dementsprechend immer gleichzeitig auf das **Produkt und den Produktionsprozess** richten sowie, darüber hinaus, auf den **Vermarktungsprozess**.

Trotz Ansprache eines breiten Massenmarktes wird eine direkte Kundenbeziehung aufgebaut

Entwicklungsaufgabe muss sich auf Produkt und Produktionsprozess richten, zudem auf den Vermarktungsprozess

---

ZUSAMMENFASSUNG **ÜBUNG**

Nr. 30: Welche Zwecke verfolgt man mit einer Typologie von Leistungsprozessen?

Nr. 31: Nennen Sie vier Kriterien, die einer Typologie von Leistungsprozessen zu Grunde gelegt werden können.

Nr. 32: Welche spezifischen Fragestellungen sind mit einer projektweisen Leistungserbringung verbunden?

Nr. 33: Was verstehen Sie unter Chargenproduktion und worin erkennen Sie Besonderheiten dieses Fertigungstyps?

Nr. 34: Welche Vorstellungen verbinden Sie mit dem Begriff »Massenproduktion«?

Nr. 35: Was unterscheidet das Mass Customization von der Variantenfertigung auf der Grundlage eines Baukastensystems bzw. einer Baureihenfertigung?

Die **Bildung** komplex **strukturierter Leistungseinheiten** ist ein aufbauorganisatorisches Problem, das nach unterschiedlichen **Prinzipien** gelöst werden kann.

Bei der Anordnung nach dem **Verrichtungsprinzip** werden technologisch **gleichartige Betriebsmittel**, d.h. solche gleicher Verrichtungsart, räumlich in Werkstätten (z.B. Bohrerei, Dreherei, Fräserei) zusam-

**3.3
ORGANISATION
VON LEISTUNGS-
SYSTEMEN**

mengefasst. Man bezeichnet diese Fertigungsorganisation deshalb auch als **Werkstattfertigung**.

Beim **Objektprinzip** werden die zur Herstellung eines Produkts oder einer Produktfamilie erforderlichen Fertigungsprozesse organisatorisch zusammengefasst.

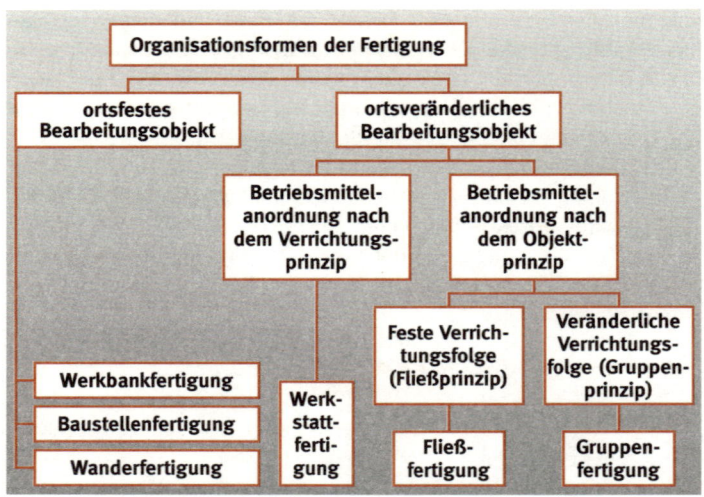

Abb. 3.2: Organisationsformen der Fertigung

3.3.1 Technologiezentrierte Systemgestaltung

Die organisatorische Zusammenfassung von **Betriebsmitteln gleicher Verrichtungsart** ist dann zweckmäßig, wenn die herzustellenden Produkte sehr **unterschiedlich** in ihrer Gestalt sind und jeweils nur eine **geringe Anzahl** eines Produkts gefertigt wird. Die Produkte bieten sich in diesem Fall auf Grund ihrer Unterschiedlichkeit für eine Spezialisierung nicht an, wohl aber die immer **gleichen Fertigungsprozesse** (Sägen, Bohren, Schleifen, etc.).

Durch die **Zusammenfassung** gleichartiger Betriebsmittel in einer **Werkstatt** werden die Aneignung **verrichtungsbezogenen Spezialwissens** und entsprechende **Lern- und Erfahrungsprozesse** gefördert. Die Verrichtungsspezialisten erreichen unter diesen Bedingungen eine höhere Produktivität, als dies bei einer objektbezogenen Spezialisierung der Fall sein könnte.

Die **Werkstattfertigung** zeichnet sich dabei durch ein **hohes Maß an Flexibilität** hinsichtlich der Fertigungsmöglichkeit sehr unterschiedlicher Produkte in unterschiedlichen Mengen aus. Sie ist

Gleiche Fertigungsprozesse bieten sich für Spezialisierung an

Zusammenfassung in einer Werkstatt

sowohl für die **Einzelfertigung** als auch für die Mehrfachfertigung (**Kleinserienfertigung**) geeignet.

Die bei der Werkstattfertigung eingesetzten Maschinen haben den Charakter von **Universalmaschinen,** wodurch das notwendige **Investitionsvolumen** und die daraus resultierenden Fixkosten vergleichsweise begrenzt sind. Durch die **breite Einsatzmöglichkeit** des Maschinenparks ist ein **hoher Nutzungsgrad** zudem leichter zu erreichen als bei anderen Organisationsformen. Durch das Vorhandensein mehrerer Maschinen gleicher oder doch zumindest ähnlicher Technologie ist u. U. eine **parallele Fertigung** und damit eine **Verkürzung der Bearbeitungszeiten** sowie im Störungsfall ein **Ausweichen** auf eine funktionsgleiche Maschine möglich. Die Werkstattfertigung ist damit insgesamt relativ **wenig störanfällig**. Auftragsspitzen können durch Verlängerung der Betriebszeit nur der benötigten Maschinen bzw. durch parallele Bearbeitung eines Auftrags auf mehreren Maschinen bewältigt werden. Eine **strukturelle Veränderung** des Produktionsprogramms kann durch das Einbringen neuer Fertigungsmaschinen in die Werkstatt berücksichtigt werden.

Diese positiven Eigenschaften machen die Werkstattfertigung z. B. für mittelständische Spezialmaschinenbauer besonders interessant.

Allerdings haften ihr auch **Nachteile** an, die unter den heutigen Bedingungen vielfach neue organisatorische Lösungen erforderlich machen: Ein wesentlicher Nachteil der Werkstattfertigung liegt darin, dass eine sehr große Zahl von Transportvorgängen zu bewältigen ist.

Vorteile der Werkstattfertigung

Notwendiges Investitionsvolumen und daraus resultierende Fixkosten sind begrenzt

Verkürzung der Bearbeitungszeiten möglich

Transportproblematik

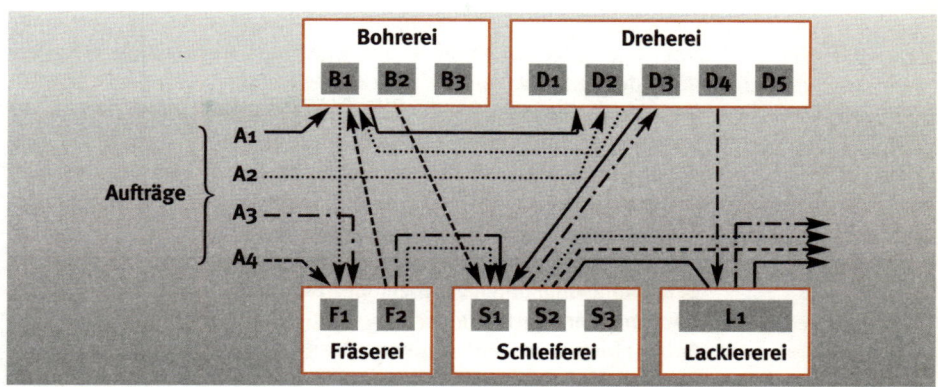

Abb. 3.3: Fertigungsdurchlauf bei Werkstattfertigung (nach Hahn/Laßmann, S. 41)

Da jeder Fertigungsauftrag die Werkstätten in unterschiedlicher, **individueller Abfolge** durchläuft – wobei die Werkstätten auch mehrfach durchlaufen werden können –, ist der Transport eines jeden Auftrags über alle Bearbeitungsgänge hinweg individuell zu planen und durchzuführen.

Je größer die **Zahl** der in der Fertigung befindlichen **Aufträge** wird, desto umfangreicher und **komplexer** wird diese Aufgabe, da die einzelnen Aufträge in ihrem individuellen Fertigungsdurchlauf um die **begrenzten Bearbeitungs- und Transportkapazitäten** konkurrieren.

Problematik langer Durchlaufzeiten bei Werkstattfertigung

Die Abstimmung der von den Aufträgen benötigten Fertigungskapazitäten mit den in den Werkstätten verfügbaren Kapazitäten unter Berücksichtigung der geplanten **Fertigstellungstermine** ist eine besonders komplexe und schwierige Aufgabe, insbesondere, wenn zusätzlich kurzfristige Termin- und Mengenänderungen zu berücksichtigen sind. Diese Abstimmungsaufgabe führt in der Praxis häufig dazu, dass Aufträge zur Sicherstellung des Liefertermins sehr **frühzeitig** in die Fertigung gegeben werden und sich dort in die **Warteschlange** vor den Bearbeitungs- und Transportkapazitäten einreihen müssen. Hierdurch verlängert sich die gesamte **Fertigungsdurchlaufzeit**, die im Ergebnis größtenteils auf **Liegezeiten** (= Wartezeiten) entfällt, während die eigentlichen Bearbeitungszeiten nur einen Bruchteil der Fertigungsdurchlaufzeit ausmachen.

Fertigungsdurchlaufzeit wird erheblich verlängert durch Liegezeiten

Solch ein komplexer und langwieriger Fertigungsdurchlauf kann nicht frei sein von **Zufälligkeiten** und **Störungen**, wie Termin- und Mengenänderungen, fehlendem Werkzeug oder fehlendem Material, Maschinenstörungen, Abweichungen in der Bearbeitungszeit und in der Auftragsreihenfolge, etc. Zudem werden **eilige Aufträge** vorgezogen oder Aufträge mit **langen Bearbeitungszeiten**, die bestimmte Maschinen längere Zeit blockieren würden, zu Gunsten kürzer laufender Aufträge immer wieder zurückgestellt. Damit wird eine **verlässliche Planung** des Fertigstellungstermins **unmöglich**. Versucht man die Unsicherheit hinsichtlich des geplanten Fertigstellungstermins aber durch frühzeitigeren Fertigungsbeginn auszugleichen, so verschärft sich das beschriebene Problem noch weiter.

Auf Grund von Störungen und Zufälligkeiten wrid eine verlässliche Planung des Fertigstellungstermins eines Auftrags unmöglich

Da alle Aufträge um die begrenzten Kapazitäten in der Werkstatt konkurrieren, muss die **Fertigungsablaufplanung** als **umfassende Gesamtplanung** unter gleichzeitiger Berücksichtigung aller Aufträge erfolgen. Der Versuch einer zentralen Genauplanung, bei der jeder Auftrag für jede zu durchlaufende Bearbeitungsstation zeitgenau eingeplant wird, ist in der Praxis häufig aus den genannten Gründen gescheitert. Im Extremfall kann die zentrale Genauplanung vollständig zur Makulatur werden, wenn ein zu hoher Prozentsatz der durchzusetzenden Aufträge zu **Eilaufträgen** erklärt und von **Terminjägern** betreut wird. Die Vorgaben der Planung werden dann ständig von

... eine zentrale Genauplanung muss demzufolge ebenfalls scheitern den Terminjägern unterlaufen, und demzufolge **fallen** die **Realität** in der Fertigung und das formale **Modell** der Genauplanung zu weit **auseinander**.

Planung und Realität fallen auseinander

Eine Alternative hierzu ist eine nur **grobe zentrale Rahmenplanung,** die durch eine **dezentrale kurzfristige Steuerung** vor Ort (Fertigungsleitstand) konkretisiert wird. Mit einem **Fertigungsleitstand** wird der Ausführungsebene in der Werkstatt ein **dispositiver Spielraum** geöffnet, der bei einer zentralen Genauplanung nicht gegeben ist.

Nur Rahmenplanung, Steuerung vor Ort durch Ferigungsleitstand

---

Beispiel

Statt einer genauen Vorgabe, wann welcher Auftrag auf welcher Maschine zu bearbeiten ist, wird der dezentralen Werkstatt-Feinsteuerung wöchentlich ein abzuarbeitendes Auftragspensum vorgegeben. Über die exakte Maschinenbelegung und die Auftragreihenfolge wird dann (anhand von Prioritäten) in der Werkstatt selbst entschieden.

Eine solche **prozessnahe Steuerung** hat gegenüber einer zentralen Genauplanung insbesondere den Vorteil, dass auf Störungen im Fertigungsablauf unmittelbar auf der Ausführungsebene reagiert werden kann und damit **Kompetenz und Verantwortung** für die Feinsteuerung gemeinsam **in der Werkstatt** liegen.

Vorteile prozessnaher Steuerung

In jedem Fall erfordert die Werkstattfertigung aber auf Grund der **Interdependenzen** zwischen den Durchläufen der einzelnen Aufträge eine **zentrale Gesamtplanung**, sodass die dezentrale Steuerung bei der Fertigungssteuerung auf grob abgestimmte Kapazitäten und Termine aufbauen kann.

ZUSAMMENFASSUNG   **ÜBUNG**

Eine zentrale Genauplanung des Auftragsdurchlaufs durch die Fertigung ist auf Grund der Unwägbarkeiten des praktischen Ablaufs kaum möglich. Deshalb wird die zentrale Gesamtplanung durch eine dezentrale Steuerung in der Werkstatt, die Störungen und Änderungen berücksichtigen kann, ergänzt.

3.3.2 Produktzentrierte Systemgestaltung

Während bei der Werkstattfertigung die Verrichtungsart, also die Prozesstechnik, Anknüpfungspunkt der organisatorischen Gestaltung ist, orientieren sich die im Folgenden dargestellten Formen der Fertigungsorganisation an den **technischen Erfordernissen des Bearbeitungsobjekts**, also des Produkts.

 Bei einer objektorientiert gestalteten Fertigung beinhaltet eine Organisationseinheit genau die Bearbeitungsprozesse, die zur Herstellung eines Produkts oder einer Produktfamilie benötigt werden.

Klar abgegrenztes Spektrum von Bearbeitungsprozessen erforderlich

Voraussetzung einer objektorientierten Fertigungsorganisation ist die **fertigungstechnische Homogenität** der in einer **Objektklasse** (Teilefamilie) zusammengefassten Produkte, damit sich ein klar abgegrenztes Spektrum von Bearbeitungsprozessen ergibt.

Dies ist in jedem Fall gegeben, wenn nur ein einziges Produkt (in entsprechend großer Stückzahl) zu fertigen ist. Die organisatorischen Gestaltungsprobleme werden komplexer, wenn Varianten eines Produkts (z.B. Ausstattungsvarianten in der Automobilfertigung) oder gar nur familienähnliche Produkte (z.B. Ringe, Drehteile, Verzahnungsteile, prismatische Teile) in einer Objektklasse zusammengefasst werden.

Unterscheidung Fließ- und Gruppenfertigung

Wenn **alle Produkte** innerhalb einer objektbezogenen Fertigungsorganisation die Bearbeitungsprozesse in der **gleichen Abfolge** durchlaufen und die Betriebsmittel auch in dieser Reihenfolge räumlich angeordnet sind, liegt eine **Fließfertigung** vor.

Bei der **Gruppenfertigung** werden diejenigen Bearbeitungsstationen räumlich und organisatorisch zusammengefasst, die zur möglichst kompletten Bearbeitung einer Objektklasse technisch erforderlich sind. Die Bearbeitungsobjekte durchlaufen die einzelnen Bearbeitungsstationen aber in **unterschiedlicher Abfolge**.

Die Ausrichtung der objektorientierten Fertigung auf das Produkt bringt entsprechende **objektbezogene Lern- und Erfahrungsprozesse** mit sich. Dies ist zweckmäßig, wenn die zu fertigenden **Stückzahlen sehr groß** sind oder aber auf Grund einer **stark automatisierten Fertigung** eine verrichtungsbezogene Spezialisierung der Fertigungsmitarbeiter an Bedeutung verliert. Dann können **Erfahrungskurveneffekte** eher im Hinblick auf den Gesamtablauf der Fertigung (Fertigungsorganisation und -vorbereitung, logistische Abläufe, etc.) erzielt werden.

Die grundlegenden **Erscheinungsformen der Fließfertigung** sind:

- die Reihenfertigung,
- die Fließbandfertigung und
- die Transferstraße.

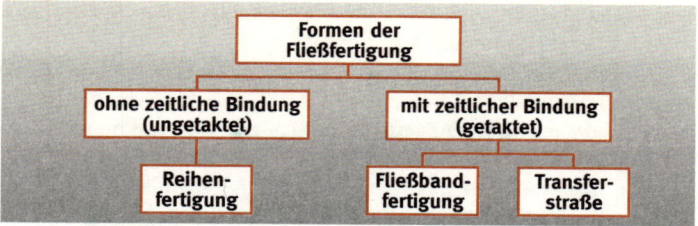

Abb. 1.4: Formen der Fließfertigung

Reihenfertigung liegt vor, wenn eine Fließfertigung **ohne zeitliche Bindung an einen Fertigungstakt** gegeben ist. Die Bearbeitungsvorgänge an den einzelnen Stationen können also unterschiedlich lange dauern und die Bearbeitungsobjekte können sich auch gegenseitig überholen. Bei der Reihenfertigung müssen deshalb zwischen den Bearbeitungsstationen hinreichend große **Pufferlager** vorhanden sein.

Bei Reihenfertigung sind Pufferlager erforderlich

Beispiel

In der Druckindustrie treffen wir Reihenfertigung bei der Herstellung von Prospekten, Geschäftspapieren etc. in begrenzter Auflage an. Diese Reihenfertigung können wir als Fertigungstyp der mehrstufigen Auftragsfertigung charakterisieren. Die Fertigungsstufen Druckformherstellung, Druck und Weiterverarbeitung (Schnitt, Bindung, etc.) sind von den Aufträgen i.d.R. in identischer Abfolge zu durchlaufen. Das spiegelt sich meist auch in der räumlichen Anordnung der Betriebsmittel wider. Da die zu fertigenden Aufträge (Prospekte, Kalender, Werbeplakate, etc.) in der Druckindustrie die Fertigungskapazitäten je nach Art und Auflage in unterschiedlichem Maße beanspruchen und auch einzelne Bearbeitungsstationen gänzlich übersprungen werden können (z.B. Lochung), ist ein fester Fertigungstakt nicht möglich. Die den Materialfluss betreffende logistische Verkettung der Bearbeitungsstationen erfolgt mit geeigneten flexiblen Transportmitteln (z.B. Hubwagen oder Gabelstapler) auf Transportwegen, die neben den Bearbeitungsanlagen angeordnet sind.

Diese so genannte Außenverkettung ist für die Reihenfertigung typisch. Eine **Außenverkettung** von Fertigungsstationen liegt vor, wenn die Transportwege **außerhalb der Grundfläche** der Bearbeitungsanlagen angeordnet sind und der Werkstücktransport zwischen

Außenverkettung

den Fertigungsstationen in jeweils **unterschiedlicher Abfolge** auf nicht fest vorbestimmten Wegen erfolgt.

Die **getaktete Fließfertigung,** namentlich die **Fließbandfertigung** und die **Transferstraße,** unterscheiden sich von der Reihenfertigung dadurch, dass ein **fester Zeittakt** vorgegeben wird, in dem ein Bearbeitungsobjekt von einer Fertigungsstation zur nächsten weiterzugeben ist. Die getaktete Fertigung ist zudem regelmäßig mit einer **Innenverkettung** der einzelnen Fertigungsstationen verbunden. Eine Innenverkettung von Fertigungsstationen liegt vor, wenn der Materialfluss innerhalb der Grundfläche der Bearbeitungsanlagen angeordnet ist, wobei das Material die Anlagen in **fester Abfolge** in einer Richtung durchläuft und der Weg des Materials durch **fest installierte Transportsysteme** eindeutig festgelegt ist.

Die getaktete Fertigung ist regelmäßig mit einer Innenverkettung verbunden

Ein Kernproblem dieses Organisationstyps ist die so genannte **Fließbandabstimmung.** Durch die Fließbandabstimmung müssen die Bearbeitungsaufgaben so auf die aufeinander folgenden Bearbeitungsstationen aufgeteilt werden, dass man mit möglichst wenig Stationen auskommt oder bei gegebener Stationenzahl einen möglichst **hohen Fertigungstakt** realisiert. Hierbei sind die technischen **Vorrangbeziehungen** zwischen den Bearbeitungsaufgaben sowie der **Zeitbedarf je Bearbeitungsvorgang** zu beachten, da die Werkstücke die Bearbeitungsstationen in fester Abfolge und in festem Zeittakt durchlaufen.

Problematisch ist die Fließbandabstimmung

Eine **Transferstraße** zeichnet sich im Vergleich zur Fließbandfertigung dadurch aus, dass **sowohl die Bearbeitungsstationen als auch das Transportsystem weitgehend automatisiert** sind. Auf Grund der starken technischen und organisatorischen Integration von Bearbeitungssystemen und Transportsystem ist die Transferstraße als **automatisiertes Gesamtsystem** zu betrachten. Beispiele hierfür wären Anlagen zur Papierherstellung oder eine Anlage (Rotationsmaschine) zur Herstellung von Massendrucksachen (Zeitungsdruck).

Transferstrasse ist als automatisiertes Gesamtsystem zu betrachten

Mit der Fließbandfertigung und der **Transferstraße** verbindet sich traditionell die Vorstellung von **geringer Flexibilität** und starrer Automatisierung, die diese Organisationsformen der Fertigung ausschließlich für **homogene Massengüter** geeignet erscheinen lässt.

Eingeschränkte Flexibilität der Fließfertigung

In der modernen betrieblichen Praxis werden die früher insbesondere in der Fließbandfertigung dominierenden Handarbeitsplätze und die starre Automatisierung der frühen Transferstraßen zunehmend von **flexibel automatisierten Bearbeitungsstationen** (z.B. Handhabungsrobotern) ersetzt. Eine so ausgestaltete Bearbeitungsstation kann nahezu ohne Umrüstzeit von einer Verrichtungsart auf eine andere umgestellt werden.

Flexibel automatisierte Fließfertigung

Beispiele für moderne, flexibel automatisierte, getaktete Mehrprodukt-Fließfertigungen finden sich etwa in der **Automobilindustrie**, wo **unterschiedliche Modellvarianten** eines Fahrzeugtyps und sogar unterschiedliche Fahrzeugmodelle **auf derselben Transferstraße** montiert werden. Hierbei ist jedoch eine kapazitätsglättende **Reihenfolgebildung** vorzunehmen, die sicherstellt, dass eine über die Taktzeit hinausgehende Beanspruchung einer Station durch ein Fahrzeug durch eine entsprechend geringere Beanspruchung dieser Station durch das Folgemodell ausgeglichen wird, da in der Transferstraße auf Grund des fest vorgegebenen Transportwegs nur begrenzte Puffer vorgesehen werden können.

Modellmixfertigung in der Autoindustrie

Kapazitätsglättende Reihenfolgebildung wichtig

3.3.3 Gruppenzentrierte Systemgestaltung

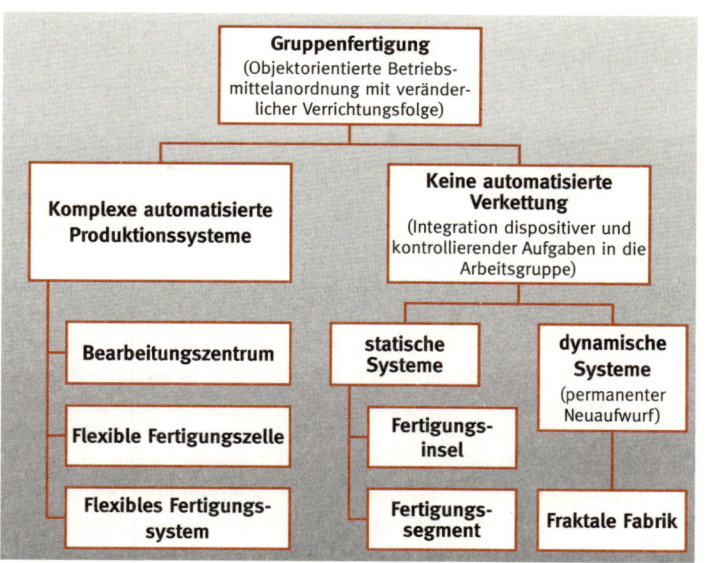

Abb. 3.5: Formen der Gruppenfertigung (nach Becker/Rosemann, S. 264)

Mit dem **Gruppenprinzip** wird in der Fertigung das Ziel verfolgt, eine Gruppe von Fertigungsanlagen (Werkzeugmaschinen etc.) organisatorisch und räumlich so zusammenzufassen, dass eine Teilefamilie von dieser Maschinengruppe komplett hergestellt werden kann, ohne dass die Teile die Gruppe vor Fertigstellung verlassen. Einer **Teilefamilie** gehören Teile an, die hinsichtlich festgelegter Merkmale ähnlich sind (**Familienähnlichkeit**), wobei die Ähnlichkeit der Teile

Teilefamilienbildung als Grundlage der Gruppenfertigung

sich hier auf die **fertigungstechnischen Anforderungen** an die Fertigungsanlagen bezieht.

Rotationssymmetrische (also runde) Teile können eine Teilefamilie bilden, da zu ihrer Fertigung hauptsächlich die Prozesse Drehen und Bohren erforderlich sind. Die genaue Abgrenzung einer Teilefamilie erfordert weitere Angaben, z. B. hinsichtlich der minimalen und maximalen Durchmesser und Dicken sowie bzgl. der zu erzielenden Oberflächengüte und weiterer geometrischer Eigenschaften. Zwischen diesen Eigenschaften der zu bearbeitenden Teile und den technischen Merkmalen der Werkzeugmaschinen (z. B. minimal und maximal einspannbarer Durchmesser) muss Übereinstimmung bestehen. Weitere Beispiele für Teilefamilien sind etwa: Ringe, Verzahnungsteile (Zahnräder), prismatische (kantige) Teile.

Ziel der Teilefamilienbildung ist es, wirtschaftlicher zu arbeiten

Ziel der Teilefamilienbildung ist es, durch Zusammenfassung ähnlicher Teile in der Fertigung **wirtschaftlicher arbeiten** zu können. So wird der **Rüstaufwand** bei einem Wechsel **zwischen Teilen einer Familie auf einer Maschine**, die speziell für diese Teilefamilien mit Vorrichtungen ausgestattet ist, wesentlich **geringer** sein als bei einer **Universalmaschine**, die für ein viel breiteres Teilespektrum eingesetzt wird. Zudem werden **Mitarbeiter**, die sich vorrangig mit ähnlichen Teilen befassen, **schneller lernen**, als wenn sie sich mit einem breiteren Teilespektrum auseinander setzen müssten. Das betrifft insbesondere die **Problematik der Werkstattfertigung**, die bei einem **breiten Teilespektrum**, geringen Losgrößen je Teil und einer großen Zahl durchzusetzender Fertigungsaufträge mit **hohen Rüstzeiten** und begrenzten, nur **verrichtungsbezogenen** Erfahrungskurveneffekten arbeiten muss. Gleichzeitig hat die Werkstattfertigung einen **komplexen logistischen Fertigungsdurchlauf** zu bewältigen.

Volumenbildung durch Teilefamilien

Durch eine **objektorientierte**, auf Teilefamilien ausgerichtete **Organisation der Fertigung** werden unterschiedliche, aber ähnliche Teile organisatorisch zusammengefasst, sodass trotz geringer Stückzahlen je Teil **große Stückzahlen je Teilefamilie** zu fertigen sind. Hierdurch wird eine **objektorientierte Spezialisierung**, ähnlich wie bei der Fließfertigung, wirtschaftlich möglich.

Diese Möglichkeit gewinnt besonderes Gewicht vor dem Hintergrund der heute möglichen **flexiblen Automatisierung** der Fertigung. Wenn Rüstvorgänge und Bearbeitungsvorgänge auf einer Maschine immer nur **dieselbe Teilefamilie** betreffen, so können die maschinelle Bearbeitung, die notwendigen Rüstvorgänge (Wechsel von Werkzeugen und Spannmitteln) sowie die Werkstückhandhabung **leichter automatisiert** werden. Durch die komplette Fertigstellung eines Teils auf einer Maschine bzw. auf räumlich zu einer organisatorischen Fertigungseinheit zusammengefassten Maschinen vereinfacht sich zudem der **Fertigungsdurchlauf** und ist entsprechend **leichter zu steuern**.

Moderne Automatisierungstechnik macht Gruppenfertigung sinnvoll

CNC-Maschinen (CNC steht für Computerized Numerica Control) erlauben im Vergleich zu konventionellen Maschinen (ohne automatische Steuerung) einen **überwachungsarmen Betrieb** und führen zu einer **Entkopplung menschlicher und maschineller Tätigkeit**. Die Mitarbeiter werden vom Rhythmus der Maschinen befreit, was zu einer menschengerechten Gestaltung (**Humanisierung**) der Fertigung beiträgt. Natürlich erhöht die CNC-Technik auch die **Arbeitsproduktivität** und sie verändert die **Qualität der Arbeitsplätze** in der Fertigung. Während bei konventioneller Fertigung die reine Ausführungsarbeit im Vordergrund steht, gewinnen bei der CNC-Fertigung neben der Maschinenprogrammierung insbesondere **dispositive** und kontrollierende Aufgaben eine größere Bedeutung.

Entkopplung menschlicher und maschineller Arbeit

CNC-Technik erhöht die Arbeitsproduktivität

Bei einem **Bearbeitungszentrum (BAZ)** werden zusätzlich zum eigentlichen Bearbeitungsvorgang auch das **Wechseln der Werkzeuge** und das Wechseln der Werkstücke automatisiert und durch eine entsprechende Programmlogik gesteuert. Von einem BAZ können unterschiedliche Bearbeitungsarten (z. B. drehen, bohren und fräsen) nacheinander automatisch ausgeführt werden. Man spricht dann auch von einem **Dreh-, Bohr- und Fräszentrum**. Der notwendige Werkzeugwechsel, ein eventuelles Umspannen des Werkstücks sowie die Zu- und Abfuhr der Werkstücke erfolgen hierbei, ebenso wie die Bearbeitungsprozesse selbst, programmgesteuert. Die Ausführung übernehmen entsprechende Werkzeug- bzw. Werkstückwechsler (Handhabungsroboter). Damit ein automatischer Werkzeug- bzw. Werkstückwechsel möglich ist, müssen entsprechende Werkzeugmagazine sowie Werkstückspeicher vorhanden sein. Diese Speicher sind bei einem isolierten BAZ an die Maschine gebunden und besitzen nur eine **begrenzte Kapazität**.

Bearbeitungszentrum (BAZ)

Durch die Integration mehrerer Fertigungstechniken in ein BAZ wird auch der **logistische Ablauf** in der Fertigung **vereinfacht** und beschleunigt: Ein Werkstück, das zunächst gebohrt und dann gefräst werden muss, braucht nicht mehr nach dem ersten Arbeitsgang von

Logistischer Ablauf in der Fertigung wird vereinfacht

der Bohrmaschine zur nächsten (Fräs-)Maschine verbracht zu werden, um dort nach Einrichtung der Maschine erneut eingespannt und dann bearbeitet zu werden. In einem BAZ erfolgen beide Bearbeitungsvorgänge nach kurzem, automatisch gesteuertem, Werkzeugwechsel unmittelbar nacheinander, ohne dass das Werkstück den Bearbeitungsraum des BAZ verlässt. Nach Fertigstellung eines Teils wird automatisch das Folgeteil zugeführt, sodass ein BAZ für **begrenzte Zeit auch ohne externe Versorgung** fertigen kann.

Flexible Fertigungszelle

Die nächsthöhere Stufe der komplexen Automatisierung stellt die **Flexible Fertigungszelle (FFZ)** dar. Sie ist ebenso wie das BAZ ein **einstufiges Fertigungssystem**. Das FFZ unterscheidet sich vom BAZ dadurch, dass auch die logistischen Prozesse der **Werkstückzufuhr**, des **Werkstücktransports** und der **Werkstücklagerung** durchgängig **automatisiert** sind. Insbesondere ist ein Werkstückspeicher mit größerer Kapazität außerhalb des BAZ angeordnet. Ein Werkstückwechsler entnimmt ein vorbereitetes Rohteil (bzw. eine Palette mit vorbereiteten Rohteilen) aus dem maschinenexternen Werkstückspeicher, führt es dem BAZ zu, wo die Teile nacheinander in den Bearbeitungsraum eingebracht und möglichst komplett bearbeitet werden. Die fertigen Teile werden vom Wechselsystem anschließend in ein Pufferlager für Fertigteile gebracht.

Merkmale der FFZ

Eine Flexible Fertigungszelle beinhaltet ein **Bearbeitungszentrum** und einen **maschinenexternen Werkstückspeicher** und ist durch die **Automatisation der Materiallogistik** gekennzeichnet.

Durch den automatischen Werkstückwechsel und die größere Kapazität des externen Werkstücklagers ist eine FFZ für einen längeren bedienerlosen Betrieb (**Geisterschicht**) geeignet. Die Bezeichnung Fertigungszelle macht anschaulich deutlich, dass es sich hierbei um eine elementare (einstufige) **Fertigungseinheit mit eigenständiger Steuerung** handelt, die bestimmte Transformationsvorgänge vollständig und autonom ausführt und über definierte Schnittstellen der Ver- und Entsorgung mit dem Gesamtorganismus der Produktion verbunden ist.

Flexibles Fertigungssystem

Ein **Flexibles Fertigungssystem (FFS)** besteht als **mehrstufiges Fertigungssystem** aus mehreren Bearbeitungszentren, die durch Außenverkettung miteinander verbunden sind.

Die **Außenverkettung** kann z. B. durch ein **Fahrerloses Transportsystem (FTS)** realisiert werden, bei dem die Fahrzeuge entlang von Induktionsschleifen im Werksboden in beliebiger Folge zwischen den Bearbeitungszentren verkehren. Ein zentraler Werkstückspeicher sorgt dafür, dass das Flexible Fertigungssystem für einen vergleichsweise **längeren Zeitraum bedienerlos** arbeiten kann. Die komplexe Struktur des Flexiblen Fertigungssystems bedingt eine **zentrale Steuerung**, die sowohl die NC-Programme für die Bearbeitungszentren bereitstellt, als auch den Werkstücktransport zwischen den Bearbeitungszentren regelt, also entsprechende Steuerungsinformationen an das Transportsystem leitet, sowie den zentralen Werkstückspeicher steuert.

Außenverkettung bei Flexiblen Fertigungssystemen

Während bei der Darstellung der komplexen Fertigungssysteme eher die technischen Aspekte im Vordergrund standen, dominieren bei den nun anzusprechenden **Formen der Gruppenfertigung** eher organisatorisch/wirtschaftliche Aspekte.

Bei Gruppenfertigung dominieren organisatorisch/wirtschaftliche Aspekte

In einer Fertigungsinsel werden diejenigen Maschinen zu einer fertigungsorganisatorischen Einheit zusammengefasst, die zur **Komplettbearbeitung** eines definierten **Teilespektrums** benötigt werden.

Fertigungsinsel

Die Bezeichnung Insel macht deutlich, dass die Teile während ihrer Bearbeitung in einem überschaubaren und **räumlich abgegrenzten Bereich** verbleiben und diesen nur ausnahmsweise verlassen.

Beispiele für Teilefamilien sind etwa scheibenförmige Teile, Ringe, Wellen, Verzahnungsteile etc. Diese Beispiele sollten jedoch nicht zu der Annahme verleiten, die Fertigungsinsel definiere sich über die Teilegeometrie, vielmehr gilt für diese Teilefamilien, dass sie jeweils **gleichartige Bearbeitungsprozesse** erfordern.

Inselbildung

Eine Fertigungsinsel kann ausschließlich **konventionelle** Werkzeugmaschinen oder gar nur **Handarbeitsplätze** umfassen, aber auch **automatisierte Betriebsmittel** beinhalten. Im Normalfall werden in einer Fertigungsinsel Betriebsmittel mit **unterschiedlichem Automatisierungsgrad** koexistieren. So kann es sein, dass neben komplexen Bearbeitungszentren und Flexiblen Fertigungszellen in einer Insel zusätzlich einfache NC-gesteuerte und konventionelle Maschinen vorhanden sind, um auch bei seltener benötigten Bearbeitungen eine **Komplettbearbeitung** der Teile innerhalb der Insel zu ermöglichen.

Integration unterschiedlicher Technologien in einer Fertigungsinsel

Oftmals wird eine so genannte **Führungsmaschine** (etwa ein Bearbeitungszentrum) existieren, die zur Ermöglichung einer Komplettbearbeitung um weitere Maschinen ergänzt wird. Hierbei ist die **Auslastung** der Führungsmaschine für die Gesamtleistung der Fertigungsinsel von entscheidender Bedeutung. Für die anderen Betriebsmittel muss dabei häufig eine geringere Auslastung in Kauf genommen werden.

Maschinenauslastung in einer Fertigungsinsel

In die Fertigungsinsel werden in unterschiedlichem Umfange auch Tätigkeiten des so genannten **indirekten Bereichs der Produktion** verlagert. Hierunter versteht man Tätigkeiten, die nicht unmittelbar mit der Leistungserstellung verbunden sind, sondern mit der **Vorbereitung und Unterstützung der Fertigung** befasst sind, namentlich Arbeitsvorbereitung, Fertigungssteuerung, Erstellung von NC-Programmen, Verwaltung und Unterhaltung von Werkzeugen und Vorrichtungen, Wartung und Instandhaltung der Betriebsmittel, Qualitätssicherung.

Selbstorganisation der Fertigungsinsel

Speziell **Feinplanung, Steuerung und Kontrolle** des Fertigungsablaufs finden grundsätzlich in der Insel selbst statt. Ein Auftrag wird der Insel von der übergeordneten **Produktionsplanung und -steuerung (PPS)** mit einem Soll-Fertigstellungstermin übergeben. Wann dieser Auftrag von wem auf welchen Maschinen in welcher Abfolge bearbeitet wird, liegt ebenso in der **Verantwortung des Inselteams** wie die spezifikations- und termingerechte Ablieferung des fertigen Auftrags. Zur Steuerung stehen der Insel geeignete **Organisationsmittel** zur Verfügung (Fertigungsleitstand, Inselrechner, Stecktafeln), die oft in einem erhöhten Glashäuschen innerhalb der Insel angeordnet sind, von dem aus der gesamte Inselbereich übersehen werden kann.

Gruppenautonomie

Die Arbeitsorganisation der Fertigungsinsel ist durch eine weit gehende **Gruppenautonomie** gekennzeichnet, d.h., die Mitarbeiter der Fertigungsinsel organisieren und steuern ihre Arbeit selbst.

Mitarbeiter müssen mehrere Tätigkeiten beherrschen, um einen störungsfreien Betrieb zu gewährleisten

Damit ein störungsfreier Betrieb auch bei Urlaub oder Ausfall einzelner Mitarbeiter gewährleistet ist, müssen die **Mitarbeiter**, anders als bei der Werkstattfertigung, **mehrere Tätigkeiten** beherrschen. Eine Vertretung von außerhalb der Insel ist üblicherweise nicht vorgesehen und wegen fehlender Einarbeitung auch kaum möglich. Dies betrifft sowohl die Bedienung unterschiedlicher Maschinen als auch die Tätigkeiten der Maschineneinrichtung, der Arbeitsvorbereitung (z. B. Maschinenprogrammierung) und der Fertigungssteuerung. Von den Inselmitarbeitern wird somit generell eine im Vergleich zur Werkstattfertigung **höhere Qualifikation** sowie ein **höheres Maß an Flexibilität** (Wechsel der Arbeitsaufgabe, kurzfristiges Einspringen bei Ausfall eines Kollegen) erwartet. Bei automatisierten Betriebsmitteln innerhalb einer Fertigungsinsel müssen auch die Bedienung eines Inselrechners (zur Feinsteuerung der Fertigung innerhalb der Insel) und die NC-Programmierung von mehreren oder allen Inselmitarbeitern beherrscht werden. Diese **erhöhten Anforderungen** an das Inselteam erfordern entsprechende Maßnahmen zur **Personalentwicklung**.

Teamarbeit in der Fertigungsinsel

Da Fertigungsinseln insbesondere auch durch ein höheres Maß an **informeller Kommunikation** und Steuerung (auf Sicht oder Zuruf) gekennzeichnet sind, ist eine erhöhte **Teamfähigkeit** der Mitarbeiter erforderlich, d.h., es ist eine kooperative Zusammenarbeit und intensive Abstimmung und Kommunikation zwischen den Teammitgliedern erforderlich: jeder Inselmitarbeiter muss **Mitverantwortung** für die Inselleistung übernehmen und aktiv an der Gestaltung der Abläufe mitwirken.

Der **Druck** auf die einzelnen Teammitglieder zur Leistungserbringung und zur Fehlzeitreduzierung ist weitaus größer als bei den herkömmlichen Organisationsformen.

Druck zur Leistungser-
bringung und Fehlzeitre-
duzierung ist groß

Eine Fertigungsinsel ist gekennzeichnet durch

- eine möglichst **komplette Herstellung** von Bearbeitungsobjekten eines definierten Teilespektrums (Teilefamilie),
- räumliche und organisatorische **Zusammenfassung** der hierfür benötigten Betriebsmittel,
- weit gehende **Selbstorganisation** des Fertigungsablaufs innerhalb der Insel,
- Integration **fertigungsvorbereitender und fertigungsbegleitender Aufgaben** in die Fertigungsinsel sowie
- **Kostenverantwortung**.

Merkmale einer Feri-
gungsinsel

Vorteile der Insel-
organisation

Der Hauptvorteil der Inselorganisation ist in der **Verbesserung des Materialflusses** und den damit verbundenen kürzeren Transportwegen, geringeren Umlaufbeständen und kürzeren Fertigungsdurchlaufzeiten zu sehen.

Durch die räumliche Konzentration der Fertigung wird eine größere **Übersichtlichkeit** über den gesamten Wertschöpfungsprozess erreicht und in der Fertigungsinsel eine **Verantwortlichkeit** für den kompletten Herstellungsprozess geschaffen. Durch die Integration fertigungsvorbereitender und fertigungsbegleitender Aufgaben wird zusätzlich ein verbesserter und **einfacherer Informationsfluss** erreicht.

Die Fertigungsinsel verbindet Vorteile der Werkstattfertigung (Flexibilität, Eignung für Kleinserien) mit Vorteilen der Fließfertigung (transparenter, gerichteter Materialfluss mit kurzen Transportwegen, kurze Durchlaufzeiten, geringe Kapitalbindung in Umlaufbeständen), ohne dafür die jeweiligen Nachteile dieser beiden Organisationsformen in Kauf nehmen zu müssen. Von den Mitarbeitern wird eine höhere Qualifikation und Flexibilität gefordert; gleichzeitig wirkt die Gruppenarbeit, die ganzheitlichere Fertigungsaufgabe und die Möglichkeit zur Übernahme höherwertiger Aufgaben motivierend.

Ein Nachteil der Inselfertigung wird darin gesehen, dass meist nur die Führungsmaschine einer Insel gut ausgelastet ist, während der Nutzungsgrad der anderen Maschinen tendenziell geringer ist als bei Werkstattfertigung.

Möglicher Nachteil

Während die **Fertigungsinsel** auf eine bestimmte Teilefamilie ausgerichtet ist, die **keine marktfähigen Produkte** beinhalten muss, ist für das **Fertigungssegment** die **Ausrichtung auf ein (marktfähiges) Produkt** charakterisierend. Damit kann die Gestaltung der Fertigungsstrukturen auf die spezifischen **Kundenanforderungen** sowie auf die jeweilige **Wettbewerbssituation** ausgerichtet werden. Das Konzept der Objektorientierung der Produktion schließt im Falle des Fertigungssegmentes den **Markt als Objektdimension** mit ein.

Die Fertigungsorganisation wird damit auf eine bestimmte **Wettbewerbsstrategie** ausgerichtet. Wenn z. B. für ein Produkt in einem bestimmten Markt **Kostenführerschaft** als Strategie gewählt wird, so kann dies bedeuten, dass für diese Produkt-/Markt-Kombination ein besonderes Fertigungssegment (Rennerlinie) eingerichtet wird, das den Anforderungen besonders kostengünstiger Produktion gerecht wird, etwa durch einen Standort in einem **Niedriglohnland.** Wird hingegen eine **Differenzierungsstrategie** verfolgt, die ein besonders flexibles Eingehen auf spezifische Kundenwünsche bei höchster Qualität mit kurzen Liefer- und Durchlaufzeiten erforderlich macht, so gilt es, ein besonders flexibles Fertigungssegment in Kundennähe aufzubauen.

Existieren mehrere Marktsegmente für Varianten der gleichen Produktart, so werden ggf. mehrere Fertigungssegmente mit **spezifischer Ausrichtung** auf die jeweilige Kundengruppe aufgebaut.

Ein Fertigungssegment kann die Gestalt eines eigenständigen Betriebs annehmen, oder aber die einer **Fabrik in der Fabrik**, d. h. einer autonomen Fertigungsstruktur innerhalb eines umfassenderen Werks.

Um eine konsequente **Marktausrichtung** zu erreichen, umfassen Fertigungssegmente möglichst **viele Glieder der logistischen Wertschöpfungskette**. Im Extremfall sind alle erforderlichen betrieblichen Wertschöpfungsstufen, von der Beschaffung über die Teilefertigung bis hin zu Vor- und Endmontage sowie Versand, in einem Fertigungssegment zusammengefasst. Insbesondere hierin unterscheiden sich Fertigungssegmente von den bisher dargestellten Formen objektorientierter Fertigungsorganisation, die i. d. R. nur eine oder wenige Wertschöpfungsstufen beinhalten (z. B. nur Teilefertigung oder nur Montage).

Wie auch bei der Fertigungsinsel ist ein zentrales Ziel der Fertigungssegmentierung die **Optimierung des Materialflusses**. Da hierbei mehrere Stufen der Wertschöpfungskette betrachtet werden, ist das Potenzial dafür noch ungleich größer als bei Inselfertigung. Wesentliche Erfolge, die mit der Fertigungssegmentierung erreicht werden, liegen in einer deutlichen **Verkürzung der Durchlaufzeit**, einer **Verringerung der Lagerbestände** und einer **Freisetzung von Flächen** durch Abbau von Lagerstrukturen sowie in einer **Erhöhung der Transparenz** des gesamten logistischen Prozesses.

Dabei ist es nur konsequent, dass auch Tätigkeiten des sog. **indirekten Bereichs** der Produktion (Planung und Steuerung, Arbeitsvorbereitung, Qualitätssicherung, Beschaffung, Instandhaltung, Bereitstellung von Werkzeugen und Vorrichtungen, etc.) in das Fertigungssegment integriert werden. Hierdurch gewinnt das Fertigungssegment den **hohen Autonomiegrad**, der für eine konsequente **Kundenorientierung** erforderlich ist. Obwohl auch in die Fertigungsinsel bereits Aufgaben des indirekten Bereichs integriert werden, ist dies beim Fertigungssegment in weit größerem und umfassenderen Maße der Fall. Hierdurch verringert sich die Verflechtung des Fertigungssegments mit anderen Teilen der Unternehmung, während die Aktivitäten innerhalb des Fertigungssegments **direkter und kurzzyklischer** miteinander verbunden sind. Der Wertschöpfungsprozess des Segments wird **ganzheitlicher** betrachtet und kundenorientiert ausgerichtet.

Der hohe Autonomiegrad des Fertigungssegments hat zur Folge, dass auch die **Kosten** wesentlich besser den Märkten und Produkten zugerechnet werden können. Dies insbesondere auch deshalb, weil ein großer Teil der Kosten heute im indirekten Bereich anfällt und bei konventioneller Fertigungsorganisation nur sehr willkürlich den Produkten zugerechnet werden kann. Durch die Integration des indirekten Bereiches in das marktorientierte Fertigungssegment ist gleichzeitig auch das **Kostenzurechnungsproblem** gelöst. Dies bedeutet aber auch, dass das Fertigungssegment eine direkte **Kostenverantwortung** trägt, insbesondere auch für diejenigen Kosten, die bisher dem schwer kontrollierbaren indirekten Bereich zuzurechnen waren.

Ergebnisverantwortung

ZUSAMMENFASSUNG **ÜBUNG**

Ziel der Bildung von Fertigungssegmenten ist die ganzheitliche und kundenorientierte Gestaltung des betrieblichen Wertschöpfungsprozesses. Soweit unterschiedliche Kundengruppen mit spezifischen Anforderungen ins Auge gefasst werden, sind dementsprechend mehrere Fertigungssegmente zu bilden.

Kundenorientierung hat Vorrang vor einer Zusammenfassung von Produktionsmengen zur Bildung großer Lose und Serien, wie dies in der Vergangenheit häufig der Fall war. Möglich wird dies u.a. durch den Einsatz moderner flexibler Fertigungstechnik.

Nr. 36: Was verstehen Sie unter Werkstattfertigung und welche besonderen Problemstellungen sind mit ihr verbunden?

Nr. 37: Was unterscheidet die Reihenfertigung von der Fließbandfertigung und was ist beiden Organisationsformen gemeinsam?

Nr. 38: Was ist der Unterschied zwischen einer Fließbandfertigung und einer Transferstraße?

Nr. 39: Stellen Sie die Unterschiede heraus zwischen den folgenden Formen komplex automatisierter Fertigungssysteme: Bearbeitungszentrum (BAZ), Flexible Fertigungszelle (FFZ), Flexibles Fertigungssystem (FFS).

Nr. 40: Was ist eine Fertigungsinsel und worin besteht die Problematik der organisatorischen Abgrenzung einer solchen Leistungseinheit?

Nr. 41: Welche Vorteile bietet die Fertigungsinsel im Vergleich zur Werkstattfertigung?

Nr. 42: Welche Überlegungen liegen der Bildung von Fertigungssegmenten zu Grunde?

3.4 HUMAN RESOURCES IM LEISTUNGSPROZESS

Zufriedene Mitarbeiter sind Voraussetzung für gute wirtschaftliche Ergebnisse

Mitarbeiter werden heute als eine zentrale Ressource der Unternehmung begriffen. Etwas plakativ formuliert: **Zufriedene Mitarbeiter** sind eine Voraussetzung für **zufriedene Kunden** und damit auch Voraussetzung für **gute wirtschaftliche Ergebnisse**. Umgekehrt gilt, dass von unzufriedenen Mitarbeitern kein herausragender Service gegenüber den Kunden erwartet werden kann, was im Wettbewerb von Nachteil ist.

Diese Sicht steht im **Kontrast zu** einer vom **Taylorismus** geprägten traditionellen Haltung, nach der gering qualifizierte und relativ leicht **austauschbare Mitarbeiter** nach **detaillierter Vorgabe** eine eng abgegrenzte Arbeitsaufgabe bewältigen, und das bei **Fremdkontrolle** der Arbeitsausführung sowie einem vorrangig auf den Mengenertrag ausgerichteten **Lohnanreizsystem** (Akkord).

Humanisierung der Arbeitswelt

Unter der Bezeichnung **Humanisierung der Arbeitswelt** entstanden in den späten 60er und 70er Jahren zahlreiche Untersuchungen und Projekte, die sich, anknüpfend an den Human-Relations-Ansatz, mit Möglichkeiten zu einer menschengerechteren Gestaltung der industriellen Arbeit beschäftigten. Auch in der Bundesrepublik Deutschland wurden mit finanzieller Unterstützung der Bundesregierung vielfältige Forschungsarbeiten angeregt.

Die hierbei propagierten Ansätze zu einer menschengerechten Arbeitsgestaltung gründen insbesondere auf den folgenden Leitideen:

1. Arbeitserweiterung (**Job Enlargement**):
   Job Enlargement
   Durch die Zusammenfassung mehrerer Arbeitselemente zu einem
   möglichst als **sinnvolles Ganzes** erlebbaren längeren Arbeitszyklus
   soll die horizontale Arbeitsteilung zurückgenommen und damit
   die **Monotonie der Arbeit** sowie einseitige Belastungen **gemildert**
   werden.

2. Arbeitsanreicherung (**Job Enrichment**):
   Job Enrichment
   Hierbei werden **Arbeitsinhalte mit unterschiedlichen Anforde-
   rungsmerkmalen zusammengefasst**. Z.B. werden unterschiedliche
   ausführende und dispositve Tätigkeiten – denkbar sind Instand-
   haltungsarbeiten, Qualitätsprüfungen, Vorrichtungsverwaltung,
   etc. – in das Aufgabenfeld einbezogen. Es wird also die vertikale
   Arbeitsteilung zurückgenommen. Durch das angereicherte Aufgabenfeld können in noch stärkerem Maße als beim Job Enlargement
   einseitige Belastungen gemildert werden (etwa, **indem sich men-
   tale und körperliche Belastungen abwechseln**) und eine **ganzheitliche**, als sinnvoll erfahrbare, **Arbeitsaufgabe** gebildet werden.
   Insbesondere aber können durch die Einbeziehung von Entschei-
   dungsspielräumen und durch das insgesamt höherwertige Aufgabenfeld das Selbstwertgefühl, die Stellung im Unternehmen sowie
   auch die Entgelthöhe positiv beeinflusst werden, was sich für das
   Unternehmen positiv in einem geringeren Krankenstand und in
   einer verminderten Fluktuation niederschlagen kann.

3. Arbeitswechsel (**Job Rotation**):
   Job Rotation
   Durch einen regelmäßigen Wechsel der Arbeitsinhalte können nicht
   nur Monotonie und einseitige Belastung gemildert werden. Die Mitarbeiter gewinnen auch einen größeren **Überblick über den gesamten Arbeitszusammenhang**, was zu einer verbesserten Sinn-
   erfahrung und einem **höheren Selbstwertgefühl beitragen** soll. Für
   das Unternehmen steht dem Nachteil **wiederholter Einarbeitungs-
   phasen** der Vorteil einer größeren **Einsatzflexibilität** gegenüber.

In den 8oer und 90er Jahren veranlasste die spürbar werdende Wett-
bewerbsstärke Japans eine erneute Überprüfung der mitarbeiter-
bezogenen Managementpraktiken, insbesondere, als deutlich wurde,
dass eine Ursache des japanischen Erfolges in der stärkeren **Nutzung
von Mitarbeiterpotenzialen** zu suchen war.
Aufkommen der Grup-
penarbeit
Deutliches Zeichen für die veränderten Verhältnisse ist die zunehmende **Bedeutung der Gruppenarbeit** in der industriellen Fertigung.
Gut ausgebildete und gut informierte Mitarbeiter mit hoher Qualifika-

tion erwarten inhaltsreiche Aufgaben mit größeren Gestaltungsmöglichkeiten und Freiräumen für Selbstständigkeit und Eigenverantwortung. Automatisierung in der Fertigung und komplexe Logistiksysteme mit informationstechnischer Integration stellen gleichzeitig breitere Anforderungen an die Mitarbeiter in der Fertigung. Als Entlohnungsform beginnt der **Prämienlohn** den Akkordlohn abzulösen.

Kennzeichnung der
Gruppenarbeit

Gruppenarbeit ist dadurch gekennzeichnet, dass mehrere Mitarbeiter in **gemeinsamer Verantwortung** eine **einheitliche Arbeitsaufgabe** lösen. Diese Arbeitsaufgabe ist möglichst ganzheitlich abzugrenzen und soll von der Gruppe selbst **überprüfbar** sein hinsichtlich **relevanter Zielkriterien** wie Qualität, Termintreue, Durchlaufzeit, Produktivität. Innerhalb eines übergeordnet festgelegten **Autonomierahmens** regelt die Gruppe die Verteilung von Teilaufgaben sowie ggf. einen Tätigkeitswechsel innerhalb der Gruppe selbst.

In Abhängigkeit von den organisatorisch/technischen Rahmenbedingungen kann der Gestaltungsspielraum der Gruppe variieren. Nachfolgend finden Sie die strategischen Ziele der Gruppenarbeit:

Strategische Ziele der Gruppenarbeit	
Unternehmensbezogene Ziele	**Mitarbeiterbezogene Ziele**
• Produktivität: höherer Anlagennutzungsgrad, kürzere Taktzeiten, Ablaufoptimierung	• Verbesserte Arbeitssituation: mehr Raum für persönliche Entfaltung, höhere Arbeitszufriedenheit
• Qualität: Fehlervermeidung und Prozessverbesserung	• Erhöhte Fachkompetenz: breiterer Aufgabenbereich, höhere Einsatzflexibilität durch Qualifizierungsmaßnahmen
• Potenzial der Mitarbeiter nutzen: Innovation und Problemlösung durch Mitarbeiter	• Kommunikation über und Identifikation mit der Arbeitsaufgabe: Qualitäts-, Kosten- und Leistungsbewusstsein
• Flexibilität: der Produktion, des Personaleinsatzes, der Arbeitszeit	• Sozialkompetenz: mehr Verantwortungsbewusstsein, Kooperations- und Kommunikationsfähigkeit, Konfliktfähigkeit
• Flachere Hierarchie: schlankeres Management	

ZUSAMMENFASSUNG **ÜBUNG**

Nr. 43: Warum wird auf die Bildung so genannter autonomer Arbeitsgruppen in vielen Produktionsunternehmen heute so viel Wert gelegt?

4 STRATEGISCHES BESCHAFFUNGS- UND SUPPLY-CHAIN-MANAGEMENT

Die generelle Tendenz in der Industrie, sich auf wettbewerbsrelevante **Kernaktivitäten** zu konzentrieren und alle anderen Leistungen vorzugsweise von unabhängigen Lieferanten zu beziehen, hat die Bedeutung der **Beschaffungsfunktion** im Unternehmen deutlich ansteigen lassen. Da wesentliche Anteile der eigenen Leistung, mit der ein Unternehmen im Wettbewerb antritt, hinsichtlich Innovationen, Qualität, Kostenniveau und zeitlicher Verfügbarkeit heute von der **Leistungsfähigkeit der Lieferanten** mitbestimmt werden, ist die **Zulieferbasis** – d.h. die Gesamtheit aller Lieferanten einschließlich deren Unterlieferanten – zu **einer der wichtigsten Ressourcen** des Unternehmens geworden.

Damit verändert sich aber auch das **Verhältnis zum Lieferanten**: War er **früher** vorrangig Gegner im **Verteilungskampf** um die Wertschöpfung, wird der Lieferant unter den veränderten Umständen immer öfter als **Partner im Wettbewerb** begriffen. Wurde der Einkauf früher eher als Diener der Produktion gesehen, der nach den Vorgaben von Entwicklungsingenieuren und Produktionsplanern das Material zu minimalen Kosten in der benötigten Qualität und Menge termingerecht beschaffte und für die ortsgerechte Bereitstellung sorgte, so wird in der Beschaffung heute eine **vorrangig gestaltende Funktion** gesehen. Denn vor dem Hintergrund der skizzierten Verhältnisse reicht es nicht mehr aus, die Bedarfsgüter nur **kostengünstig** zu beschaffen, vielmehr muss das **Leistungspotenzial** der Lieferanten gezielt entwickelt und die Wettbewerbsfähigkeit der gesamten **Supply-Chain** gestärkt werden.

Letzteres lässt sich insbesondere auch durch die Verbesserung der Zusammenarbeit an allen **Schnittstellen zum Lieferanten** bewerkstelligen. Bereits in den frühen Phasen der Produktentwicklung können erhebliche Rationalisierungspotenziale genutzt werden, indem die Leistungsbeiträge der Wertschöpfungspartner aufeinander abgestimmt werden.

- Durch die **Zusammenführung der spezifischen kreativen Fähigkeiten** der Partner können innovative Produkte entstehen, die keiner der Partner allein hätte hervorbringen können.
- In der späteren **logistischen Zusammenarbeit** während der Produktion kann eine **gemeinsame integrierte Produktionsplanung** etwa zur Vermeidung unnötiger Bestände, zur Verringerung der Reaktions- und Lieferzeiten gegenüber dem Endkunden oder zur Vereinfachung und Rationalisierung von Verwaltungsprozessen beitragen.

Eben dieses **Schnittstellenmanagement** ist zu einer der zentralen Aufgaben des modernen industriellen Einkaufs geworden.

Wichtige **Gestaltungsfelder** eines strategischen Beschaffungsmanagements sind

- die **Entwicklung und Pflege** einer leistungsfähigen **Zulieferbasis**,
- die Gestaltung der **Beziehung zu den Lieferanten** (Lieferantenmanagement),
- die aktive **Gestaltung wichtiger Zuliefermärkte**,
- die **Gestaltung** und ständige **Verbesserung des Beschaffungsprozesses** selbst.

Vor dem Hintergrund grundlegender Veränderungen der Absatz- und Beschaffungsmärkte in den letzten Jahrzehnten hat sich die Rolle der Beschaffungsfunktion in Produktionsunternehmen tief greifend gewandelt. Heute trifft Folgendes zu:

- Hohes **Innovationstempo** und kürzere Markt- und Amortisationszyklen
- Große **Produktvielfalt** und hohe **Kapitalintensität** in F&E und Produktion
- Flexibilität und **Zeit als Wettbewerbsfaktoren**
- Verringerung der **Fertigungstiefe**
- **Internationalisierung** der Märkte
- **Kostendruck**

Die **Internationalisierung der Märkte** ist eine Entwicklung, die vom technischen Fortschritt und insbesondere durch die modernen Kommunikations- und Transporttechniken getragen und beschleunigt wird. Die **Kapitalintensität** der Entwicklung und Herstellung moderner Produkte erfordert in Verbindung mit ihrer schnellen Veralterung (kurze Marktzyklen) eine schnelle **Amortisation** des investierten Kapitals und damit große – sprich internationale – Märkte. **Internationale Absatzmärkte bedingen aber auch internationale Beschaffungsmärkte.** Deshalb sichern weltweit operierende Unternehmen ihre Auslandsumsätze gezielt durch Beschaffungs- und Produktionsaktivitäten in den **Absatzländern** ab und begreifen sich als internationale Unternehmen.

Die starke internationale **Verflechtung** führt unweigerlich zu einem **erhöhten Kostendruck** auf die Produktionsstandorte in den Industrieländern, da in zahlreichen Ländern der Welt günstigere Standortkosten (Löhne, Steuern, Maschinenlaufzeiten) gegeben sind. Durch den **Wegfall politischer Grenzen** und die Schaffung von **Freihandelszonen** verschärft sich diese Situation weiter.

Die Kostenunterschiede müssen durch eine höhere Produktivität der gesamten **Wertschöpfungskette** ausgeglichen werden. Eine Opti-

Internationalisierung als Veränderungstreiber

Optimierung der Wertschöpfungskette

mierung nur eines einzelnen Produktionsbetriebes, also nur eines einzelnen Gliedes in der Wertschöpfungskette, kann dabei nicht ausreichen, vor allem wenn dieser nur einen relativ geringen Anteil an der gesamten Wertschöpfung hat.

 An die Beschaffungsfunktion werden völlig neue Anforderungen gestellt. Sie muss die Arbeitsteilung mit den Lieferanten wirtschaftlich gestalten und dabei weit über ihren traditionell eher administrativen Charakter hinauswachsen.

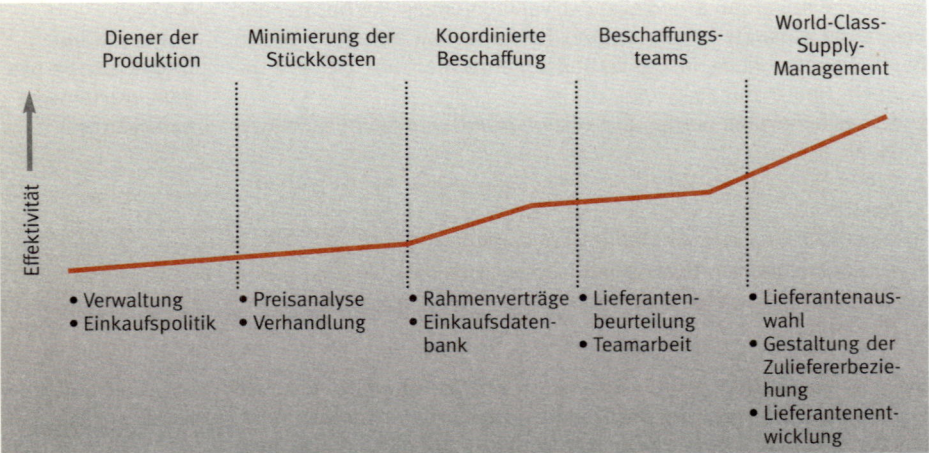

Abb. 4.1: Veränderung der Beschaffungsaktivitäten (in Anlehnung an Keough)

Einkauf als Diener der Produktion

Die tief greifende Veränderung der Beschaffung kann, wie oben dargestellt, anhand von fünf modellhaften Stufen beschrieben werden, für die jeweils ein bestimmtes Aktivitätsfeld charakterisierend ist.

Auf der ersten Stufe kann der Einkauf als **»Diener der Produktion«** beschrieben werden. Der Einkauf beschafft hier die von der Produktion gemeldeten Bedarfe, ohne auf die **Bedarfsspezifikation** und häufig auch nicht auf die Lieferantenwahl besonderen Einfluss nehmen zu können.

Koordinierte Beschaffung

Die Stufe der koordinierten Beschaffung ist insbesondere für Konzerne mit **divisionalen Strukturen** (Profit Center) von Bedeutung, denn hier stellt sich die Frage der zentralen oder der dezentralen Organisation der Beschaffungsfunktion.

Bei einer **räumlichen Zentralisation** der Beschaffungsfunktion in einer Zentralabteilung werden die Bedarfe mehrerer Bedarfsträger (=

Geschäftsbereiche) eines Unternehmensverbundes **zusammengefasst** und en bloc an den Beschaffungsmarkt herangetragen. Hierdurch wird die **Einkaufsmacht** gesteigert, und es werden die Voraussetzungen für eine wirksamere **Beeinflussung** der Beschaffungsmärkte geschaffen.

Zentrale Beschaffung

Eine zentrale Wahrnehmung von Beschaffungsaufgaben muss nicht unbedingt die Schaffung einer Abteilung »Zentraleinkauf« bedeuten. Ein gleichwertiges Ergebnis kann durch eine **logische Zentralisation** erzielt werden. Hierbei wird für Materialgruppen, die gleichermaßen von mehreren Geschäftsbereichen benötigt werden, eine **gemeinsame Beschaffungspolitik** der Geschäftsbereiche entwickelt.

Gemeinsame Beschaffungspolitik

Ausgangspunkt jeder gemeinsamen Beschaffungspolitik ist ein gemeinsames **Materialklassensystem**, das es erlaubt, die **Überschneidungen im Bedarf** überhaupt zu erkennen. Typischerweise wird auf der Grundlage dieser Klassifikation eine **zentrale Datenbank** aufgebaut, in der die klassifizierten Bedarfe aller zu koordinierenden Geschäftsbereiche eingestellt werden. Aus dieser Vorgehensweise resultiert auch die Bezeichnung logische Zentralisation.

Materialklassensystem

Die Erarbeitung einer **gemeinsamen Beschaffungspolitik** für den zusammengefassten Bedarf einer **Materialgruppe** kann organisatorisch unterschiedlich gestaltet werden. Im einfachsten Fall wird der Geschäftsbereich mit dem größten Bedarfsvolumen bzw. mit der größten Material- und Marktkenntnis zum **Leiteinkauf** oder **Rahmenabkommensführer** benannt. Dieser schließt einen **Rahmenvertrag** mit ausgewählten Lieferanten. In diesem Vertrag werden alle **kaufmännischen Konditionen** (Preis, Zahlungsbedingungen, Lieferkonditionen) für das gesamte Bedarfsvolumen vereinbart. Die **Bedarfsträger** bzw. die einzelnen Einkaufsabteilungen können dann beim Lieferanten ihre Bedarfe unter Bezugnahme auf den Rahmenvertrag zu den vereinbarten Konditionen decken. Im SAP R/3®-Umfeld wird der Rahmenvertrag als »**Kontrakt**« bezeichnet.

Rahmenabkommen/Kontrakt als Instrument des Materialgruppenmanagements

Eine solche Vorgehensweise setzt ein hohes Maß an **Transparenz** und eine **technische Harmonisierung** der Bedarfsspezifikationen voraus, eben eine **Koordination der Beschaffung**.

 Wichtig ist, dass der Einkauf hier auch nach innen wirkt und auf die Bedarfsspezifikation standardisierend Einfluss nimmt.

Eine Möglichkeit ist die Bildung einer zentralen Beschaffungsgruppe aus Vertretern aller betroffenen Geschäftsbereiche im Rahmen einer **Projektorganisation**. Diese Beschaffungsgruppe entwickelt gemeinsame Vorstellungen von der zu verfolgenden **Beschaffungspolitik**.

Standardisierung als Voraussetzung koordinierter Beschaffung

Wenn in diesem Team Vertreter der Technik aus den Geschäftsbereichen sind, kann eine Standardisierung der Bedarfe wirksam durchgeführt werden und das Standardisierungsergebnis findet bei den Bedarfsträgern später auch Akzeptanz.

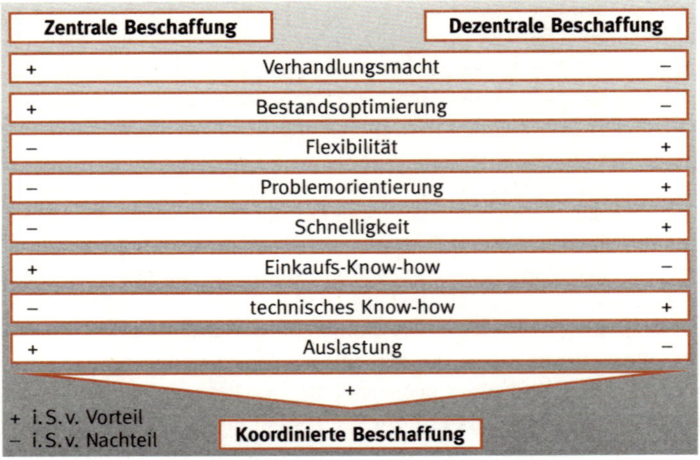

Zentrale Beschaffung		Dezentrale Beschaffung
+	Verhandlungsmacht	−
+	Bestandsoptimierung	−
−	Flexibilität	+
−	Problemorientierung	+
−	Schnelligkeit	+
+	Einkaufs-Know-how	−
−	technisches Know-how	+
+	Auslastung	−

+

+ i.S.v. Vorteil
− i.S.v. Nachteil

Koordinierte Beschaffung

Abb. 4.2: Koordinierte Beschaffung

Multifunktionale Beschaffungsteams

Die vierte Stufe in Abb. 4.1 ist durch die Bildung multifunktionaler Teams gekennzeichnet. **Multifunktionale Beschaffungsteams** setzen sich aus Vertretern verschiedener betrieblicher Funktionsbereiche zusammen.

Aufgabe eines Beschaffungsteams ist es, möglichst frühzeitig – das heißt, bereits während der Produktentwicklung – auf eine **günstige Kosten-/Nutzen-Relation** der Beschaffungsobjekte hinzuwirken.

Aufgaben des Beschaffungsteams

Da alle relevanten Funktionsbereiche im Team vertreten sind, können

* die **Festlegung der Beschaffungsobjekte** (was soll selbst gefertigt werden, was soll von außen zugeliefert werden),
* die **Anforderungen an die Beschaffungsgüter** (welche Qualitätsmerkmale muss das Beschaffungsgut aufweisen),
* die **Produkt- und Fertigungstechnologie** (mit welchen technischen Prinzipien sollen die Funktionsanforderungen realisiert werden),
* die **Auswahl der Lieferanten** sowie die logistische und kaufmännische Gestaltung der Lieferbeziehung

ganzheitlich gestaltet werden.

Die **ganzheitliche** Behandlung der Beschaffungsaufgabe im Team ist der traditionellen, **funktional getrennten**, Bearbeitung der verschiedenen Teilaspekte des Beschaffungsvorgangs **überlegen**, da hierbei alle Gestaltungsaspekte gleichzeitig und gleichrangig zur Geltung kommen.

Vorteile integrativer Beschaffung

Die **intensive Kommunikation** im Team stellt sicher, dass das Know-how aller Bereiche in die Entscheidung eingebracht wird. Im Gegensatz hierzu birgt die **sequenzielle Abarbeitung** funktionaler Teilaufgaben die **Gefahr der Dominanz** frühzeitig beteiligter Bereiche.

Eine noch längerfristige Perspektive und einen noch höheren **Erfolgsbeitrag** kann die Beschaffung erzielen, wenn sie die Lieferantenbasis als eine **Ressource** betrachtet, die wie das »Humankapital« der Mitarbeiter gepflegt und entwickelt werden muss.

Die Beschaffung versteht sich hier als Manager der Lieferantenbeziehung, deren Aufgabe es ist, auf eine erfolgsoptimale Gestaltung der Wertschöpfungskette hinzuwirken. Besondere Bedeutung gewinnt dann die **Lieferantenauswahl**, die unter dem Gesichtspunkt einer langfristigen, vorteilhaften Zusammenarbeit erfolgt. Dementsprechend ist die **Innovationsfähigkeit** eines potenziellen Lieferanten, seine **Kompetenz** in Forschung & Entwicklung, Produktion und Logistik sowie die Qualität seines **Managements** von herausragender Bedeutung.

Einkauf als Management der Lieferantenbeziehung

ZUSAMMENFASSUNG **ÜBUNG**

Die Beschaffungsfunktion in einem Unternehmen lässt sich entsprechend den an sie gestellten Anforderungen auf einer der nachfolgenden fünf Stufen ansiedeln:
- Einkauf als Diener der Produktion
- Minimierung der Beschaffungskosten als Zielsetzung des Einkaufs
- Koordinierte Beschaffung
- Multifunktionale Beschaffungsteams
- Einkauf als Management der Lieferantenbeziehungen

ZUSAMMENFASSUNG **ÜBUNG**

Nr. 44: Skizzieren Sie die wichtigen Gestaltungsfelder des industriellen Einkaufs an der Schnittstelle zum Lieferanten.

Nr. 45: Welche Argumente sprechen für eine zentrale Beschaffung innerhalb eines Unternehmensverbundes?

Nr. 46: Sind zentraler Einkauf und dezentrale Beschaffung unüberwindliche Gegensätze?

4.2
EINKAUF IN DER
INITIALPHASE DES
ENTWICKLUNGS-
PROZESSES

Die **Gestaltungsmöglichkeiten** der Beschaffung sind umso größer, je frühzeitiger sie in die Entwicklung neuer Produkte und damit in die Festlegung zukünftiger Bedarfe einbezogen wird. Die nachfolgende Abbildung zeigt **verschiedene Phasen des Beschaffungsprozesses**. Die größte **Effektivität** wird erreicht, wenn der Einkauf bereits an der Entwicklung der Bedarfsspezifikationen beteiligt ist.

Abb. 4.3: Gestaltungsmöglichkeiten der Beschaffung

Der Einkauf sollte früh-
zeitig in den Entwick-
lungsprozess eingebun-
den werden

Während der **Produktentwicklung** werden wesentliche Festlegungen getroffen, die unter anderem auch den späteren **Handlungsspielraum** der Beschaffung bestimmen. Der größte Teil der Kosten und auch des **Kundennutzens** wird während der Entwicklung und der Konstruktion festgelegt. Es kann daher von überragender Bedeutung für den wirtschaftlichen Erfolg einer Produktinnovation sein, dass die Beschaffung bereits in der Entwicklungsphase ihre **Marktkenntnisse** einbringen kann, um alle Möglichkeiten der Beschaffungsmärkte auszunutzen.

ZUSAMMENFASSUNG **ÜBUNG**

Nr. 47: Welche Gestaltungsmöglichkeiten hat der Einkauf im Rahmen des Produktentwicklungsprozesses?

4.3
BEDARFSPLANUNG
UND BESCHAF-
FUNGSMARKTFOR-
SCHUNG ALS
GRUNDLAGE DER
STRATEGIEENT-
WICKLUNG

Die **Prognose und Planung** zukünftiger Bedarfsmengen ist die Grundlage jeder auf den Beschaffungsmarkt gerichteten Aktivität. Wir unterscheiden hier zwischen einer kurzfristig operativen **Bedarfsermittlung** und einer längerfristig strategischen **Bedarfsplanung**.
   Die Ermittlung des **kurzfristigen operativen Bedarfs** stützt sich auf die operative **Produktionsprogrammplanung**, wobei die Materialbedarfe rechnerisch aus den geplanten Produktionsmengen abgeleitet werden. Der Bedarf kann auch auf der Grundlage der Vergangen-

heitsverbräuche geschätzt werden. Diese Bedarfsermittlung ist eher eine Aufgabe der Produktions- und **Beschaffungslogistik** und erfolgt heute in der Regel computergestützt.

Längerfristig strategisch ergeben sich die Zulieferbedarfe aus den im Entwicklungsprozess getroffenen Entscheidungen über die **Technologie**, über **Eigenfertigung und Fremdbezug** sowie aus den geplanten bzw. prognostizierten **Produktions- und Absatzmengen**. Die Bedarfsplanung für neue Produkte erfolgt bereits während des **Entwicklungsprozesses**.

Strategische Bedarfsplanung

ZUSAMMENFASSUNG **ÜBUNG**

Zentrale Aufgabe der Beschaffung ist es, die Liefermöglichkeiten der Beschaffungsmärkte auf der Grundlage der geplanten Bedarfe zu erkunden. Die Beschaffung nutzt ihre spezifische Kenntnis der Beschaffungsmärkte zur Entwicklung strategischer Versorgungskonzepte und bringt diese Konzepte gegebenenfalls bereits in den Entwicklungsprozess ein.

4.4.1 Grundlagen strategischer Planung in der Beschaffung

Strategisches Handeln in der Beschaffung ist auf strukturelle Veränderungen der **Versorgungssituation** gerichtet. Solche Veränderungen können innerhalb des eigenen Betriebes angestrebt werden, z.B. durch **Vereinheitlichung** der Bedarfe oder verstärkte Verwendung von **Normteilen**. Sie können aber auch auf die Beschaffungsmärkte gerichtet sein, z.B. durch Erhöhung des Importanteils.

Strategisches Handeln ist nicht notwendig durch eine Langfristperspektive gekennzeichnet. Viele Unternehmen arbeiten auf sehr **dynamischen Märkten**, wo sie sich in relativ kurzen Zeiträumen anpassen müssen.

Die **Beschaffungsstrategie** definiert die Entwicklungsziele des Einkaufs und beschreibt Mittel und Wege zur Erreichung dieser Ziele. Sie beinhaltet die folgenden Elemente:
- Aufgabe und **Erfolgsfaktoren** der Beschaffungsfunktion,
- Analyse der strategischen **Ausgangslage**,
- Beschreibung strategischer **Handlungsfelder**,
- Entwicklung und Auswahl strategischer **Handlungsoptionen**,
- **Umsetzung** in strategische Handlungsprogramme (Projekte),
- **Erfolgskontrolle**.

4.4
ENTWICKLUNG VON BESCHAFFUNGSSTRATEGIEN

Die Aufgabe der Beschaffungsfunktion leitet sich aus der übergeordneten Unternehmenszielsetzung bzw. der **Unternehmensstrategie** ab.
Die Beschaffungsstrategie **unterstützt** und **konkretisiert** die Unter-
nehmensziele. Sie sollte – ebenso wie die Unternehmensstrategie –
schriftlich fixiert werden.

Beispiel

Wählt ein Unternehmen als strategische Ausrichtung den Markt für
ökologische Produkte, so kann die Beschaffung ihren Auftrag wohl
kaum in einer unbedingten Minimierung der Beschaffungskosten ohne
Rücksicht auf die ökologische Qualität der beschafften Produkte bzw.
der Herstellung in den vorgelagerten Wertschöpfungsstufen sehen.
Vielmehr wäre es Aufgabe des Einkaufs, auch in der Beschaffung eine
konsequente ökologische Ausrichtung zu suchen, damit das Unternehmen auf seinem Absatzmarkt glaubwürdig auftreten kann. Dementsprechend wären Anforderungen an die Lieferanten zu formulieren. Sie
können dies etwa bei Lebensmitteln beobachten, bei denen nicht nur
die schonende Verarbeitung, sondern auch der kontrollierte und möglicherweise sogar ökologische Anbau der Rohware von herausragender
Bedeutung ist (zum Beispiel auch bei Babynahrung).

Aus der so **formulierten Zielsetzung** bzw. Aufgabe der Beschaffung
leiten sich die **Erfolgsfaktoren des Einkaufs** ab. Diese können etwa
folgende Inhalte haben:
- hohes **Qualitätsniveau**,
- hohe **Versorgungssicherheit**,
- kurze **Lieferzeiten** und hohe **Mengenflexibilität**,
- niedrige **Kapitalbindung**,
- hoher Importanteil zur Unterstützung und Absicherung des **Export-
geschäftes**,
- **umweltgerechte Produktion** in vorgelagerten Wertschöpfungsstufen,
- **Minimierung der Gesamtkosten** der Beschaffung bzw. leistungs-
gerechte Preise in der Beschaffung.

4.4.2 Entwicklung strategischer Handlungsprogramme

Die Beurteilung der strategischen Ausgangssituation ist nach
Bedarfsgüterkategorien und **Beschaffungsmärkten** zu differenzieren.
Voraussetzung hierfür ist eine zweckmäßige **Klassifikation** der Be-
darfsgüter und -leistungen.

Ein Unternehmen der Elektronikbranche wird die benötigten Komponenten (Widerstände, Kondensatoren, Integrierte Schaltkreise, etc.) so zu Gruppen zusammenfassen, dass die einer Gruppe zugeordneten Einzelmaterialien sich aus Sicht der Beschaffung möglichst homogen verhalten, also auf einem einheitlichen Beschaffungsmarkt und eventuell sogar bei den gleichen Lieferanten beschafft werden können.

So werden die benötigten Widerstände unabhängig von ihren jeweiligen Widerstandswerten und sonstigen Merkmalen sicherlich als ein Paket an den Markt herangetragen, unter Umständen können sogar Widerstände, Kondensatoren, Dioden etc. zu einer umfassenden Gruppe »passive Bauelemente« zusammengefasst werden, wenn für diese Komponenten die gleichen Lieferanten in Betracht kommen.

Für jede Materialklasse kann aus der Bestellstatistik direkt eine Reihe von Kennzahlen ermittelt werden, die bereits wertvolle Hinweise für strategische Ansätze gibt, z.B. Einkaufsvolumen (EVO), Zahl der Lieferanten, Zahl der Bestellungen pro Jahr, durchschnittlicher Bestellwert, etc.

Von besonderer Bedeutung ist in diesem Zusammenhang die **ABC-Analyse**, mit deren Hilfe **Schwerpunktmaterialien** für die Strategiebildung herausgearbeitet werden können.

ABC-Analyse

Die **ABC-Analyse** zielt darauf ab, eine Gesamtheit von Einzelpositionen nach ihrer Bedeutung in **drei Klassen** (A, B und C) zu gliedern. Die Bedeutung einer Position schlägt sich in einem **Wert** (z.B. Einkaufsvolumen) nieder, der für jede einzelne Position anzugeben ist.

Mit Hilfe der ABC-Analyse können so die Bedarfe nach ihrem Einfluss auf den Unternehmenserfolg eingestuft werden. Je nach wirtschaftlicher Bedeutung werden sie in der Beschaffung eine **unterschiedliche Behandlung** erfahren.

Insbesondere für die C-Teile kann ein besonderes Beschaffungskonzept formuliert werden. **C-Teile** sind Materialpositionen, die ein **geringes Einkaufsvolumen** haben.

C-Teile haben ein geringes Einkaufsvolumen

Die **Abwicklung** von Beschaffungsvorgängen mit **geringem Bestellwert** bringt in vielen Unternehmen eine große **administrative Belastung** für den Einkauf mit sich. Zielsetzung der Beschaffung muss es daher sein, sich zunächst von den wenig erfolgsträchtigen Abwicklungsaufgaben zu **entlasten** und gleichzeitig eine **wirtschaftliche Versorgung** des Unternehmens mit C-Teilen sicherzustellen.

C-Teile-Konzept

Mit einem C-Teile-Konzept wird daher angestrebt, die Vielfalt geringwertiger Bedarfsgüter durch **standardisierende Maßnahmen** zu reduzieren und den Abwicklungsaufwand für jeden einzelnen Beschaffungsvorgang möglichst gering zu halten.

Bei der Beschaffung der C-Teile kann es sinnvoll sein, zwischen Investitionsgütern, Produktionsmaterial und Dienstleistungen sowie Gemeinkostenmaterial zu unterscheiden.

Geringwertige Investitionsgüter

Bei den **Investitionsgütern**, die in die Kategorie der C-Teile fallen, kann es sich beispielsweise um Messgeräte, Büromaschinen, Gegenstände zur Büroeinrichtung und dergleichen handeln. Diese Bedarfsgruppe ist regelmäßig nicht nur durch ihre Geringwertigkeit, sondern auch durch die Individualität und Unregelmäßigkeit des Bedarfs, die Vielfalt zu beschaffender Varianten sowie durch die **hohe Zahl abzuwickelnder Beschaffungsvorgänge mit geringem Wertvolumen** gekennzeichnet. Geeignete Instrumente zur Verringerung der Vielfalt und zur effizienten Abwicklung dieser Bestellvorgänge sind etwa:

Beschaffungskataloge und Kontrakte

- Erarbeitung einer **geschlossenen Liste** von Artikeln, aus der die Bedarfsträger wie aus einem Katalog auswählen können. Abweichungen von der Liste sind dann besonders zu begründen.
- Durch den **Abschluss von Rahmenverträgen** (auch Kontrakte genannt) mit einem oder mehreren Lieferanten kann das Artikelspektrum vorab definiert und die kaufmännischen Konditionen aller sich auf diesen Rahmenvertrag beziehenden Bestellungen (Abruf, Kontraktbestellung) einmalig vorab fixiert werden. Hierdurch bietet sich zum Beispiel die Möglichkeit, dass der Einkauf eine bestimmte Bedarfsgruppe **nur einmal im Jahr** mit den Lieferanten verhandelt und die Bedarfsträger des Unternehmens auf der Grundlage dieses Rahmenabkommens ihre Bedarfe befriedigen, ohne dass der Einkauf in den **Abrufvorgang** noch involviert ist.

Geringwertiges Produktionsmaterial und Material für Maintenance Repair and Operations (MRO)

Die genannten Instrumente eignen sich im Prinzip auch für **Produktions- und Gemeinkostenmaterial**, darüber hinaus bieten sich für diese Bedarfsarten aber noch spezifische Ansätze. Bezüglich geringwertiger Bedarfe an Produktionsmaterialien werden insbesondere die folgenden Konzepte verfolgt:

Standardisierung

- **Standardisierung**: Bereits in der Konstruktionsphase ist auf eine Verringerung der Teilevielfalt und einen verstärkten Einsatz von genormten Bauteilen zu achten.

Händlerkonzept

- **Händlerkonzept**: Hierbei wird für eine bestimmte Bedarfskategorie (z.B. passive Bauelemente) das **gesamte Bedarfsvolumen von einem Händler** statt von den jeweiligen Herstellern bezogen. Durch die Konzentration des Bedarfs auf einen Lieferanten wird insbesondere die **logistische Abwicklung** erleichtert: Die Zahl der Lieferungen kann durch die **Zusammenfassung** insgesamt verringert werden, und die Zahlung kann gegebenenfalls auf der Grundlage einer monatlichen **Sammelrechnung** erfolgen. Da der Lieferant auf Grund des von ihm vertretenen breiten Artikelspektrums **regelmäßig** anliefern wird (z. B. eine Sammellieferung pro Woche), entfallen auch ansonsten notwendige Lagerbestände zumindest teilweise, da je Bedarfsposition nun auch geringere Mengen wirtschaftlich angeliefert werden können.

- **Funktionseinkauf**: Es werden vormontierte Funktionsbaugruppen und Module an Stelle von Einzelteilen bezogen. Der Lieferant übernimmt dabei zusätzlich auch die Montage und die Beschaffung der Einzelteile und Vormaterialien. Gegenüber dem Abnehmer ist der Lieferant für die einwandfreie Funktion der gelieferten Baugruppe verantwortlich. Diese Vorgehensweise ist zur Reduzierung der Teilevielfalt und der Lieferantenbeziehungen mit geringem Einkaufsvolumen besonders wirksam.

Funktionseinkauf

Für Materialien, die ein **hohes Beschaffungsvolumen** haben, so genannte **A-Teile**, gibt es ebenfalls strategische Überlegungen, die sich an verschiedenen Kriterien ausrichten. Die **technische Komplexität** und die damit einhergehende **Beschaffungsschwierigkeit** ist ein Kriterium, das in Kombination mit dem Beschaffungsvolumen die Aufstellung einer **Portfoliomatrix** ermöglicht.

A-Teile sind Materialien mit hohem Beschaffungsvolumen

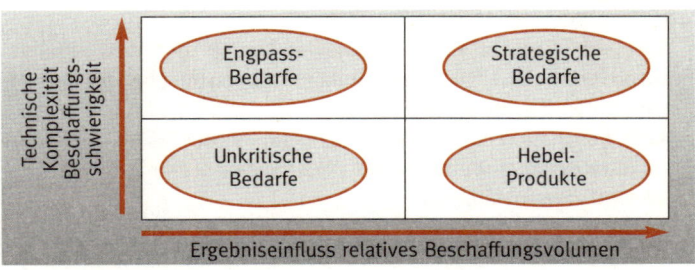

Abb. 4.4: *Einkaufsportfolio*

Exemplarisch wollen wir nachfolgend eine Strategie für **strategische Bedarfe** erläutern. Das sind Materialien mit einem **hohen Beschaffungsvolumen** und gleichzeitig **hoher technischer Komplexität**.

Strategische Bedarfe sind gekennzeichnet durch einen **hohen Ergebniseinfluss** und durch eine **hohe Beschaffungsschwierigkeit**. Die nachhaltige Sicherung einer wirtschaftlichen Versorgung des Unternehmens mit diesen erfolgskritischen Bedarfsgütern ist daher vorrangiges Ziel der Beschaffung. Die Formulierung »wirtschaftliche Versorgung« darf hierbei nicht mit geringen Einstandspreisen gleichgesetzt werden, vielmehr muss auch die Erlösseite in das Kalkül einbezogen werden. Bei der gegebenen hohen Beschaffungsschwierigkeit wird vielfach eine **herausragende Qualität** wichtiger sein als der Preis. Der hohe Ergebniseinfluss erlaubt für diese Bedarfsgüter zudem aufwändigere Beschaffungs-Strategien.

Beispiele für Bedarfe mit strategischer Bedeutung sind etwa elektronische Steuerungen im Maschinenbau oder Gummi-Metall-Verbindungen als Funktionsteile (Papiertransport-Walzen) im Druckmaschinenbau. Die Beispiele zeigen, dass die genannten Bedarfe vielfach einer raschen technischen Veränderung unterliegen, sodass die **Innovationsfähigkeit des Lieferanten** eine große Rolle für die Modernität des eigenen Produktes spielt. Weiterhin müssen die **technische Gestaltung** des Zuliefergutes und die des Produktes, dessen Bestandteil das Zuliefergut wird, oftmals eng aufeinander abgestimmt sein. Hieraus wird bereits ersichtlich, dass hinsichtlich dieser Bedarfe eine intensive **Kommunikation** mit dem Lieferanten geboten ist, wie sie nur bei einer längerfristigen Zusammenarbeit möglich ist.

Die Zielrichtung der für diese Bedarfe zu entwickelnden Beschaffungsstrategie lautet daher: Langfristige Sicherung hochwertiger Versorgung durch technische Zusammenarbeit mit den Lieferanten.

Mögliche Maßnahmen zur Zielerreichung:

1. **Intensive Beschaffungsmarktforschung**: Ziel der Beschaffungsmarktforschung ist es, eine generelle Übersicht über die existierenden Lieferquellen und deren Leistungsfähigkeit zu erlangen. Eine Zusammenarbeit mit einem Lieferanten der Spitzengruppe ist bei strategischen Bedarfen auf Dauer Voraussetzung für die eigene Wettbewerbsfähigkeit.

2. **Bildung eines Beschaffungsteams**: Die Auswahl eines leistungsfähigen Lieferanten allein garantiert möglicherweise noch nicht

den bestmöglichen Beitrag der Beschaffung zum Unternehmenserfolg, vielmehr ist die enge Zusammenarbeit mit dem Lieferanten und die gegenseitige Abstimmung der Geschäftsprozesse aufeinander Voraussetzung für eine **gemeinsame Bestleistung** im Endproduktmarkt. Eine solche, auf die Leistung der gesamten **Wertschöpfungskette** abstellende, Zusammenarbeit setzt die Bildung multifunktionaler Beschaffungsteams voraus.

3. **Intensive Make-or-Buy-Analyse**: Besonders bei strategischen Bedarfen, denen der Rang einer **Kernaktivität** zukommt, ist eine intensive Make-or-Buy-Analyse erforderlich. Insbesondere stellt sich die Frage, ob die **Leistungsfähigkeit** des bestmöglichen Lieferanten hinsichtlich Innovation, Kostensenkung etc. für die eigenen Marktziele ausreicht oder ob darüber hinausgehende eigene Anstrengungen unternommen werden müssen.

Make-or-Buy-Analyse

4. **Langfristige partnerschaftliche Lieferantenbeziehung**: Strategische Ziele, die gemeinsam mit dem Lieferanten angestrebt werden, lassen sich ohne längerfristige Bindung und ein partnerschaftliches Verhältnis nicht verwirklichen. Hierdurch wird der **klassische Wettbewerbseinkauf**, der durch kurze vertragliche Bindungsfristen und häufigen Lieferantenwechsel gekennzeichnet ist, zurückgedrängt.

Partnerschaftliche Lieferantenbeziehung

Zielkostenmanagement

5. **Zielkostenvereinbarung/Kostenanalyse**: Partnerschaften zwischen Abnehmer und Lieferant sind auf den Endproduktmarkt gerichtet, um dort im Wettbewerb zu bestehen. Der intensive Wettbewerb, insbesondere auf den Märkten für Serienprodukte, fordert extrem **anspruchsvolle Zielsetzungen** hinsichtlich Qualität und Preis des Endproduktes, die von den Partnern **gemeinsam** zu erreichen sind. Diese anspruchsvollen Ziele lassen sich aber mit den bisherigen Produkt- und Verfahrenstechniken selten erreichen, meist besteht ein erheblicher **Innovationsbedarf** zusammen mit einer **hohen Kostensenkungserfordernis**.

Gesamtkostenansatz

6. **Gemeinsame Gesamtkostenoptimierung**: In einer partnerschaftlichen Lieferantenbeziehung repräsentiert der vereinbarte Preis für die Zulieferleistung nur einen Teil der **Kosten der Zusammenarbeit**, weitere Kosten entstehen etwa für Lagerbestände, Wareneingangskontrollen, Abwicklungskosten, Verpackungskosten, Kosten zur Bewältigung eventueller Qualitätsmängel der Zulieferprodukte oder -leistungen, etc. Die Bemühungen zur Kostensenkung sind

daher im Rahmen einer Partnerschaftsstrategie auf die **Optimierung der Gesamtkosten** der Zusammenarbeit zu richten.

Standardisierung

7. **Förderung der Standardisierung**: Eine Vereinheitlichung kann auch im Bereich strategischer Bedarfe vorteilhaft sein, wenn dabei der Kundennutzen nicht eingeschränkt zu werden braucht.

Beispiel

Der Einsatz einer einheitlichen programmierbaren Steuerung für mehrere Maschinentypen kann zu einer Verringerung der Kosten für Installation, Instandhaltung, Schulung, Dokumentation, Programmierung, Lagerhaltung von Ersatzteilen führen und durch das höhere Bedarfsvolumen gleichzeitig zu geringeren Einstandspreisen beitragen.
Eventuell muss dafür aber in Kauf genommen werden, dass die Standardsteuerung für die eine oder andere Maschine überdimensioniert ist, d.h., dass nicht die volle Funktionalität der Steuerung benötigt wird.
Dennoch wird eine Standardisierung vielfach vorteilhaft sein.

Strategien für andere Matrixfelder

Entsprechend lassen sich für die anderen Felder der Portfolio-Matrix strategische Ziele und Maßnahmen festlegen. Der dargestellte Versuch einer **Systematisierung beschaffungsstrategischer Grundsituationen** darf allerdings nicht zu der Annahme verleiten, dass diese Überlegungen mechanistisch angewandt werden könnten. Die diskutierten strategischen Einzelmaßnahmen sind vielmehr situationsgerecht auszuwählen und **individuell auszugestalten**.

Die Vielfältigkeit und die Individualität der Beschaffungssituation erfordern ein hohes Maß an Kreativität und fachlicher Kompetenz der Verantwortlichen.

ZUSAMMENFASSUNG **ÜBUNG**

Für die langfristige Sicherung einer hochwertigen Versorgung mit Materialien hoher technischer Komplexität und mit großem Einfluss auf den Unternehmenserfolg ist eine technische Zusammenarbeit mit den Lieferanten anzustreben. Maßnahmen, um diese zu erreichen, sind:
• Intensive Beschaffungsmarktforschung,
• Bildung eines Beschaffungsteams,
• Intensive Make-or-Buy-Analyse,

- Langfristige partnerschaftliche Lieferantenbeziehung,
- Zielkostenvereinbarung/Kostenanalyse,
- gemeinsame Gesamtkostenoptimierung,
- Förderung der Standardisierung

Nr. 48: Welche Bedeutung hat eine vorausschauende Bedarfsplanung für den Einkaufserfolg?

Nr. 49: Die Gestaltungsmöglichkeiten des Einkaufs wachsen normalerweise mit dem Einkaufsvolumen. Inwiefern kann der Einkauf dieses Volumen aktiv beeinflussen?

Nr. 50: Welche Bedeutung messen Sie der Klassifikation der Beschaffungsmaterialien bei?

Nr. 51: Welche Schwierigkeiten könnten sich bei der Erarbeitung und Durchsetzung einer einheitlichen Materialklassifikation ergeben?

Nr. 52: Welche Rolle spielt die ABC-Analyse für strategische Beschaffungsentscheidungen?

Nr. 53: Was ist ein Rahmenvertrag und welche Inhalte können hierin geregelt werden?

Nr. 54: Welche Vorteile bieten interne Beschaffungskataloge?

Es ist im Laufe der vorangegangenen Kapitel mehrfach deutlich geworden, dass ein strategischer Einkauf mit **weniger Lieferanten** zusammenarbeitet, mit diesen aber eine engere Wertschöpfungspartnerschaft oder zumindest eine **Rationalisierungsgemeinschaft** entwickelt.

Natürlich gilt dies nicht für jede Lieferbeziehung, vielmehr wird eine Zusammenarbeit mit besonders leistungsfähigen Firmen gesucht. Es ist daher umso wichtiger, das Leistungspotenzial möglicher Bezugsquellen und aktiver Lieferanten sowie deren laufende **Lieferleistung** zu **beurteilen**, die Lieferanten nach der Form der angestrebten Beziehung zu **gruppieren** und die angestrebte Politik gegenüber den Lieferanten konsequent **umzusetzen**.

Ziel der **potenzialorientierten Lieferantenbeurteilung und -auswahl** ist es, Firmen mit unzureichender Leistungsfähigkeit zu erkennen und sie dann möglichst aus dem Lieferantenstamm zu eliminieren oder erst gar keine Geschäftsbeziehungen mit solchen Firmen

**4.5
ENTWICKLUNG UND
PFLEGE DER
LIEFERANTENBASIS**

Lieferantenbeurteilung

aufzubauen. Bei weniger gravierenden Schwächen und insgesamt gutem Leistungspotenzial sind mit dem Lieferanten **qualifizierende Maßnahmen** zu vereinbaren.

Wichtige **Kriterien** einer zukunftsorientierten **Lieferantenbeurteilung** sind:
- wirtschaftliche Stabilität und Leistungsfähigkeit,
- Qualitätsfähigkeit,
- Forschungs- und Entwicklungspotenzial, Innovationskraft,
- Produktionskompetenz,
- logistische Kompetenz.

Bonität

Die **wirtschaftliche Stabilität** eines Zulieferers hängt von seiner aktuellen und zukünftigen Wettbewerbsfähigkeit auf seinen Absatzmärkten, seinen wichtigsten Partnern und Lieferanten, seiner Kapitalkraft und der Qualität des Managements ab.

Qualität

Qualitätsfähigkeit setzt organisatorische Strukturen und Abläufe voraus, die sicherstellen, dass die Anforderungen des Abnehmers erkannt werden und dass ihnen in allen Bereichen des Unternehmens Rechnung getragen wird. Das Bestehen eines **Qualitätsmanagements** und dessen Konformität mit international genormten Anforderungen (ISO 9000ff.) können durch das **Zertifikat** einer unabhängigen Prüfungsgesellschaft nachgewiesen werden. Darüber hinaus wird der Abnehmer solche Verfahren und Abläufe des Lieferanten, die für eine einwandfreie Qualität der Zulieferungsprodukte und -leistungen besonders wichtig sind, möglicherweise **selbst überprüfen** wollen.

F&E-Kompetenz, Produktion und Logistik

Die Beurteilung der Fähigkeit eines Lieferanten, auch in der Zukunft den Anforderungen des Abnehmers zu genügen bzw. zu dessen Wettbewerbsfähigkeit beizutragen, erstreckt sich insbesondere auf die Bereiche **Forschung und Entwicklung**, Produktion sowie Logistik. Gegenstand der Beurteilung sind das Personal, die Betriebsmittel und die Modernität der Abläufe in diesen Bereichen. So werden im Bereich der Forschung und Entwicklung etwa die relative Höhe des **F&E-Aufwandes**, die Anzahl und die Qualifikation der **Mitarbeiter**, die **IT-Unterstützung** sowie das **Management** von F&E-Projekten beleuchtet. Die F&E-Leistung wird man am Alter und an der Modernität der Hauptumsatzträger des Unternehmens sowie an der durchschnittlichen Dauer abgeschlossener Entwicklungsprojekte beurteilen.

Analoge Überlegungen finden in den Bereichen **Produktion** und **Logistik** Anwendung. In der Logistik wird insbesondere die Fähigkeit zur elektronischen Übermittlung von Daten an Beachtung gewinnen, da der Ware vorauseilende Informationen erhebliche Rationalisierungspotenziale in der Logistik eröffnen.

Bei aktiven Lieferanten ist neben dem **Leistungspotenzial** die laufende **Lieferleistung** zu beurteilen. Grundlage dieser Beurteilung ist jede einzelne Lieferung eines Lieferanten sowie die generelle Zusammenarbeit mit dem Lieferanten, etwa bei Terminverschiebungen oder sonstigen Problemen.

Beurteilung der Lieferleistung

Hinsichtlich der einzelnen Lieferungen kann integrierte Abwicklungssoftware sehr hilfreich sein, da hierbei große Datenmengen zu verarbeiten sind.

ZUSAMMENFASSUNG **ÜBUNG**

Gegenstand der Leistungsbeurteilung des Lieferanten sind:
- Preiswürdigkeit im Vergleich zum Durchschnittsbezugspreis oder zu einem vorgegebenen Marktpreis für ein Bedarfsgut,
- Liefertreue hinsichtlich des vereinbarten Liefertermins und der vereinbarten Liefermenge,
- Lieferflexibilität, das heißt Möglichkeit und Kosten kurzfristiger Änderungen der Bedarfsspezifikation, der Bedarfsmenge oder des Liefertermins,
- Lieferservice, das heißt Erreichbarkeit, Auskunftsfähigkeit und Beratung sowie Lernbereitschaft und die Fähigkeit und Bereitschaft zu kontinuierlicher Verbesserung der Produkte und Abläufe.

Die **Lieferantenbeurteilung** liefert ein differenziertes Bild des Lieferanten und seiner Leistung. Sie ist daher eine geeignete Grundlage, um bestehende Probleme und Schwächen in der Zusammenarbeit aufzuzeigen und Ansatzpunkte für eine gezielte Entwicklung des Lieferanten zu erarbeiten. Entsprechende **Lieferantenentwicklungsprogramme** zielen im Rahmen einer längerfristigen Zusammenarbeit darauf ab, die Leistungsfähigkeit interessanter Lieferanten an die **Anforderungen des Abnehmers** systematisch heranzuführen.

ZUSAMMENFASSUNG **ÜBUNG**

Nr. 55: Welche Gründe könnten den Einkauf dazu veranlassen, die Zahl seiner Lieferanten zu reduzieren?

Nr. 56: Welchen Umfang und welche Zielsetzung kann eine Partnerschaft mit Lieferanten haben?

Nr. 57: Jemand behauptet, Lieferantenpartnerschaften seien schädlich, da sie den Wettbewerb im Beschaffungsmarkt einschränken. Nehmen Sie zu dieser Aussage kritisch Stellung.

Nr. 58: Wie interpretieren Sie die Aussage, es sei Aufgabe des Einkaufs, die Zulieferbasis zu optimieren?

5 PRODUKTIONSPLANUNG UND -STEUERUNG

5.1.1 Konzept und Ziele informationstechnischer Systeme zur Produktionsplanung und -steuerung

Für die operative Steuerung des unternehmensinternen Abwicklungsprozesses werden heute regelmäßig computergestützte **Produktionsplanungs und -steuerungssysteme** (PPS) eingesetzt. PPS-Systeme beschränkten sich ursprünglich auf die **Materialbedarfsplanung**, integrierten bald aber auch die **Kapazitätsplanung** und -belegung.

An Stelle von PPS-Systemen wird häufig auch von **MRP I** bzw. **MRP II** gesprochen.

- MRP (bzw. MRP I) steht als Abkürzung für **Material Requirement Planning** und bezeichnet eine Funktionalität, die sich auf die reine Materialmengenplanung beschränkt.
- MRP II (**Manufacturing Resource Planning**) bezeichnet eine erweiterte Funktionalität, die auch eine Terminierung der Bedarfe umfasst und die Berücksichtigung von Kapazitätsrestriktionen ermöglicht.

Durch die Einbeziehung von **Buchhaltung**, **Kostenplanung** und -kontrolle sowie von **Finanzplanung** und Zahlungsabwicklung in das System wurden PPS-Systeme zunehmend umfassender und damit auch erfolgreicher. Es entstand ein vollständig **integriertes betriebswirtschaftliches Planungs- und Abwicklungssystem** für sämtliche Geschäftsprozesse eines Unternehmens.

→ *Heute wird ein System mit einem solch umfassenden Leistungsumfang als* Enterprise Resource Planning *(ERP) bezeichnet.*

ERP-Systeme gewährleisten ein hohes Maß an **Transparenz** und **Abwicklungseffizienz** im Unternehmen. Gründe hierfür sind vor allem:

- die **zeitnahe Erfassung** von Planungs- und Betriebsdaten an der Quelle ihrer Entstehung sowie
- deren **direkte (»real-time«) Verarbeitung** und zentrale Speicherung in einer **Datenbank**.

Ein ERP-System stellt sicher, dass alle Prozesse im Unternehmen mit einer einheitlichen und **aktuellen Datenbasis** arbeiten können (... work with »one number«). Auf Grund dieser Datenbasis sind die jeweilige aktuelle Verfügbarkeit sämtlicher Ressourcen sowie die zugehörigen Planzahlen für die nahe Zukunft allen Stellen des Unternehmens als **Entscheidungsgrundlage** jederzeit ersichtlich. Die ein-

Enterprise Resource Planning ERP

heitliche Datenbasis gewährleistet die **Integration** aller Anwendungs-
module.

Weil traditionelle ERP-Systeme die Planung betriebsübergreifen-
der Lieferzusammenhänge nur eingeschränkt unterstützen, konnten
sich neue Software-Anbieter etablieren, die unter dem Schlagwort
Advanced Planning and Scheduling (APS) versprechen, diese Lücke
zu schließen.

Beispiel

Bei einem Lieferanten wird sich die Auslieferung einer Bestellung um
drei Tage verzögern, weil eine zentrale Maschine ausgefallen ist.
Während diese Tatsache bei traditioneller Vorgehensweise wahrschein-
lich nur fernmündlich bekannt wird und durch manuelle Umplanung
ohne genaue Kenntnis der Auswirkungen mehr schlecht als recht
bewältigt werden muss, erlaubt ein übergreifendes Planungsmodell
die automatische und unmittelbare Umplanung der Aktivitäten aller
nachfolgenden Stufen bis hin zum Endkunden.
Hierbei können etwa alternative Beschaffungsquellen oder andernorts
verfügbare Bestände, entstehende Zusatzkosten sowie Transport- und
Mengenrestriktionen berücksichtigt werden. Alternative Anpassungs-
strategien können durch Simulation auf ihre Zielwirkung hin überprüft
werden.

Die aus der **Erweiterung des ERP-Ansatzes** um die **betriebsübergrei-**
fende Planung resultierenden Vorteile sind vor allem:

Vorteile betriebsüber-
greifender Planung

- geringere **Bestände** an Roh-, Hilfs- und Betriebsstoffen sowie fertigen und unfertigen Erzeugnissen;
- geringerer Kapazitäts- und damit **Kapitalbedarf** auf Grund besserer Auslastung;
- kürzere **Durchlaufzeiten** und damit ein verbesserter **Cashflow**.

Die **Abfolge aller Aktivitäten** (Geschäftsprozesse), die zur Erbringung
einer Leistung über die Unternehmensgrenzen hinweg erforderlich
sind, wird als Wertschöpfungskette, Zulieferkette oder als **Supply-**
Chain bezeichnet:

Begriff der Supply-Chain

➡ *Unter einer Supply-Chain versteht man die Gesamtheit aller*
Geschäftsprozesse, die über Unternehmensgrenzen hinweg
zur Befriedigung der Nachfrage nach Produkten oder Ser-
viceleistungen erforderlich sind.

Diese **Lieferkette** beginnt im Extremfall mit der Gewinnung von Roh-stoffen und endet frühestens mit der Lieferung an den Endverbrau-cher, eigentlich aber erst mit der **Entsorgung** des Produktes am Ende seines Lebens. Sie erstreckt sich somit im weitesten Sinne »**from-dirt-to-dirt**«.

Prozess- und Kunden-orientierung

Kennzeichnend ist also die **konsequente Prozess- und Kundenori-entierung** der Betrachtung, wobei Einzelprozesse zu einem integrier-ten **Gesamtprozess** verknüpft werden.

Die übergeordneten **Kategorien** der relevanten Geschäftsprozesse sind:

- die **Beschaffung**,
- die **Produktion** sowie
- die **Distribution**.

Fluss von Material, Infor-mation und Wert

Jeder **Geschäftsprozess** kann durch den Fluss von **Informationen, Material und Zahlungsmitteln** beschrieben werden.

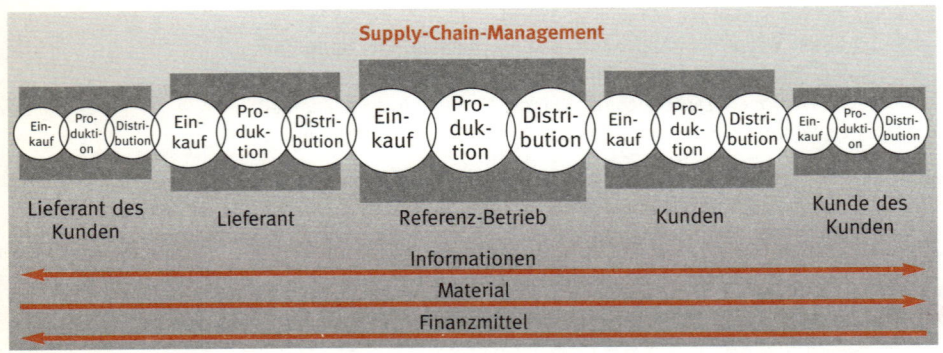

Abb. 5.1: Informations-, Material- und Zahlungsmittelfluss beim Supply-Chain-Manage-ment

Konzept des Supply-Chain-Management (SCM)

Die **operative Planung und Steuerung** des Leistungsprozesses muss heute über die Grenzen eines einzelnen Unternehmens hinausgreifen. Traditionelle Ansätze der Produktionsplanung- und steuerung führen zwar möglicherweise zu einem unternehmensbezogenen (**Sub-)Opti-mum**, sie sind aber nicht in der Lage, die Zulieferkette **gesamtheitlich** zu optimieren. Dieses Phänomen wird in einschlägigen Beiträgen mit dem Stichwort der »**Functional Silos**« angesprochen, was bildhaft veranschaulichen soll, dass vertikale Grenzen – wie in einem Silo – die Übersicht über horizontale Zusammenhänge sowie eine effiziente horizontale Kommunikation behindern.

Der Ansatz des **Supply-Chain-Management** zielt dagegen auf eine ganzheitliche Planung aller Material-, Informations- und Zahlungsflüsse über die Zulieferkette hinweg. Dies bedingt natürlich ein wesentlich höheres Maß an Kooperation zwischen den Gliedern der Supply-Chain sowie ein **übergeordnetes Planungs- und Steuerungssystem**.

ZUSAMMENFASSUNG | **ÜBUNG**

Nr. 59: Worin unterscheidet sich die Zielsetzung des Supply-Chain-Managements von der der Produktionsplanung und -steuerung?
Nr. 60: Worin unterscheidet sich das Konzept des MRP II von dem des MRP?

5.1.2 Funktionen der Produktionsprogrammplanung

Nachfolgende Abbildung veranschaulicht die wichtigsten Module einer klassischen **MRP II-Software**.

Produktionsplanung			**Produktionssteuerung**	
Datenverwaltung				
Programm-Planung	Mengen-Planung	Termin- und Kapazitäts-Planung	Auftragsver-anlassung	Auftrags-überwachung
• Prognose-Rechnung	• Bedarfs-ermittlung	• Durchlauf-terminie-rung	• Belegdruck	Überwachung von
• Grobpla-nung	• Bestands-führung	• Kapazitäts-planung	• Auftrags-freigabe	• Kunden-auftrag
• Liefer-terminbe-stimmung	• Beschaf-fungs-rechnung		• Auftrags-verteilung	• Fertigungs-aufträgen
• Kunden-auftrags-verwaltung				• Kapazitäten
• Vorlauf-steuerung			• Bestell-auftrags-freigabe	• Bestell-auftrags-über-wachung
			• Bestell-schreibung	

PPS der Lieferanten · AUFTRÄGE · AUFTRÄGE · PPS der Abnehmer

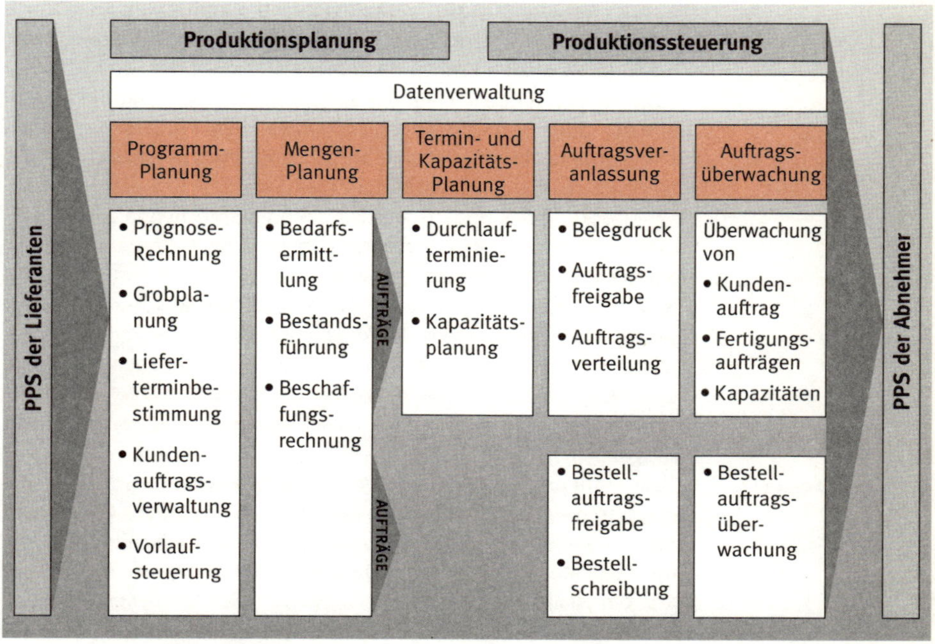

Abb. 5.2: Module einer klassischen MRP II-Software (Quelle: Wildemann)

Eine **einheitliche Datenbasis** ist die Grundlage aller Anwendungslogik. Diese Datenbasis wird heute grundsätzlich mithilfe eines **relationalen Datenbanksystems** verwaltet. Die inhaltliche Strukturierung und Pflege der Daten bleibt allerdings eine zentrale **betriebswirtschaftliche** Aufgabe. Wir werden uns deshalb im weiteren Verlauf intensiver mit der **Strukturierung von Daten** auseinander setzen.

Datenmanagement als betriebswirtschaftliche Aufgabe

Die **Produktionsprogrammplanung** basiert auf dem **Absatzplan**, der sich wiederum auf einen vorhandenen Auftragsbestand oder auf eine entsprechende **Bedarfsprognose** stützt. Soweit die Prognose auf Grund von **Vergangenheitsdaten** erfolgen kann, ist sie direkt eine Funktion der Programmplanung und wird von den Softwaresystemen entsprechend unterstützt. Weitere Aufgaben der Programmplanung sind:
- die Bestimmung von **Lieferterminen**, um den Kunden Lieferzusagen machen zu können,
- die Erfassung und Verwaltung von **Kundenaufträgen** und
- die **Steuerung vorlaufender Aktivitäten**, wie z.B. kundenauftragsspezifische Anpassungsentwicklung.

Materialbedarfsplanung

Die zur Realisation des verkaufsfähigen Produktionsprogramms (= **Primärbedarf**) notwendigen Leistungsinputs sind in einem zweiten Schritt zu planen und zu disponieren.

Bei der **deterministischen Bedarfsplanung** lassen sich die Materialbedarfe durch **Stücklistenauflösung** aus dem Primärbedarf ableiten. Eventuelle verfügbare Lagerbestände müssen berücksichtigt und abgezogen werden (= **Nettobedarfsrechnung**).

Zur Deckung des Bedarfs werden dann entsprechende **Fertigungsaufträge** (für Eigenfertigungskomponenten) bzw. **Bestellaufträge** (für Fremdbezugskomponenten) generiert. Soweit es sich um lagerhaltiges Material handelt, können derartige Aufträge aus der **Bestandsführung** des Lagers heraus direkt erzeugt werden (= verbrauchsgesteuerte Bedarfsermittlung), wenn – etwa nach einer Lagerentnahme – eine vorgegebene Mindestbestandsmenge (= **Meldemenge**) unterschritten wird. Hierbei sind die **Wiederbeschaffungszeiten** zu berücksichtigen.

Kapazitätsbelegung

Die Fertigungsaufträge werden in einem nächsten Schritt in die verfügbaren **Kapazitäten** eingelastet und dabei **zeitlich abgestimmt**. Hieraus ergeben sich Rückwirkungen auf die Bedarfszeitpunkte der Vormaterialien, was wiederum bei der Bestimmung des **Fertigungsstarts** berücksichtigt werden muss. Die Komplexität dieses Problems erfordert u.U. aufwändige **iterative Planungsrechnungen**, auf die später näher eingegangen wird.

Als Ergebnis der Planungsrechnungen erfolgt die **Auftragsveranlassung**, die darin besteht, dass entsprechende **Fertigungsaufträge** ausgedruckt und an die **Fertigungssteuerung** (= Meisterebene) übergeben werden. Bei Fremdbezugsteilen werden **Bestellaufträge** oder **Bestellabrufe** (bei Kontrakten bzw. Rahmenverträgen) erstellt.

Mit dem Zeitpunkt der Veranlassung der Eigenfertigungsaufträge (auch **Auftragsfreigabe** genannt) wird die Kontrolle an dezentrale Fertigungssteuerungssysteme (**Fertigungsleitstände**) übergeben. Bei **Fremdbeschaffungsaufträgen** liegt die Hoheit über den weiteren Ablauf ohnehin beim Lieferanten. Aufgabe der zentralen Produktionsplanung und -steuerung bleibt indessen die **terminliche Überwachung** der Auftragserledigung. Hierbei sind für das Fertigungs- bzw. Beschaffungsmanagement entsprechende Übersichten zu erstellen bzw. bei Problemfällen automatisch **Liefererinnerungen** und **Liefermahnungen** zu generieren.

Auftragsveranlassung

Zentrale Aufgaben bei Fertigungssteuerung

> **ZUSAMMENFASSUNG**   **ÜBUNG**
>
> **Nr. 61**: Nennen Sie Beispiele für Funktionalitäten, die ein ERP-System über die Produktionsplanung und -steuerung hinaus beinhaltet.

Die Informationstechnik unterscheidet üblicherweise zwischen Stamm- und Bewegungsdaten. **Stammdaten** sind beschreibende Angaben über geschäftsrelevante Objekte, die meist über einen längeren Zeitraum hinweg benötigt werden. Mit ihnen wird ein modellhaftes Abbild der den Geschäftsprozessen zu Grunde liegenden Strukturen geschaffen. Beispiele sind Daten zu Werken, Lagerorten, Kunden, Lieferanten, Produkten, Konditionen.

Bewegungsdaten betreffen den Fluss von Waren, Informationen und Werten innerhalb dieser Strukturen. Sie bilden Ereignisse ab und sind nur von temporärem Interesse. Beispiele hierzu sind Daten zu Lieferscheinen, Rechnungen, Umlagerungen, Zahlungseingängen, etc.

5.2
STRUKTURIERUNG DER FERTIGUNGSDATEN

Stamm- und Bewegungsdaten

Stammdaten können in **zwei Gruppen** gegliedert werden:
- Daten mit **beschreibendem Charakter**: Sie haben vorrangig informativen Wert; etwa die Bezeichnung, Größe, Gewicht, etc.
- Daten mit **steuerndem Charakter**: Sie beeinflussen die Prozesse, die mit diesem Material durchgeführt werden können; etwa ein Dispositionsmerkmal, das festlegt, ob ein Material auftragsbezo-

gen zu disponieren oder in Abhängigkeit vom Verbrauch nachzu-
bestellen ist. Eine als Dienstleistung gekennzeichnete Materialart
kann bspw. nicht gelagert oder transportiert werden, etc.

5.2.1 Interne Unternehmensorganisation

In den Stammdaten wird zunächst die interne **Unternehmensstruktur**
modelliert, was etwa bei einem Konzern recht komplex sein kann.

Mandant und Werk

Der Konzern als oberste organisatorische Ebene bildet sich in der
Software als **Mandant** ab, der über eine unabhängige **eigene Datenbasis** verfügt. Das **Werk** ist die organisatorische Einheit, für die eine
eigenständige **Produktionsplanung und -steuerung** durchgeführt und
Stücklisten und Arbeitspläne erstellt werden. Für die einzelnen Werke wird eine eigenständige **Materialbedarfsplanung** durchgeführt.

Ebene der Bestands-
führung

Das Werk ist die relevante Ebene der Produktionsplanung und
-steuerung. Innerhalb eines Werkes sind **Lager und Lagerorte** die für
die PPS relevanten untergeordneten organisatorischen Einheiten. Auf
dieser Ebene können **Materialzu- und abgänge** verbucht werden und
auf dieser Ebene werden Bestände geführt.

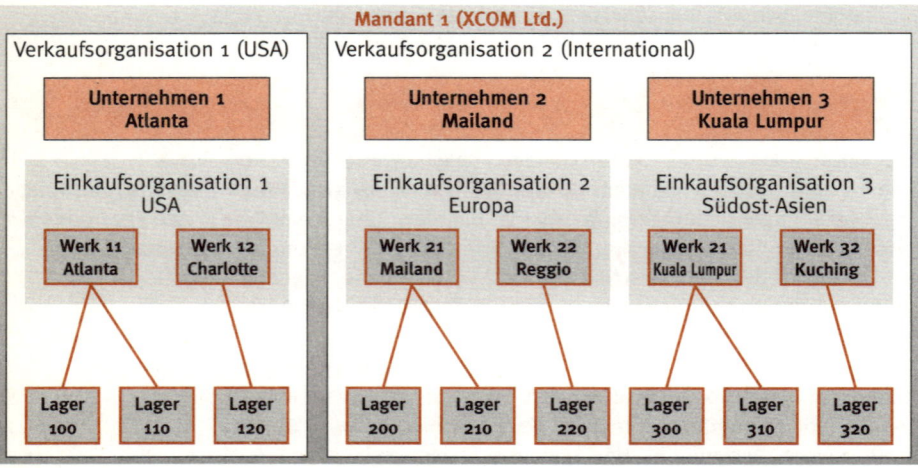

Abb. 5.3: Die R/3®-Unternehmensstruktur für ein Modellunternehmen (nach SAP AG)

Differenzierung der Dis-
positionsbereiche

Werke und Lagerorte reichen als organisatorische Gebilde für eine
differenzierte Planung der Produktion heute vielfach nicht mehr aus.
Durch die **Segmentierung der Fertigung** werden innerhalb eines Werkes eigenständige Planungsbereiche geschaffen, die wiederum mehrere Lagerorte umfassen können. SAP R/3® ist ab Release 4.5 in der

Lage, auch solche Strukturen (sie werden hier als **Dispositionsbereiche** bezeichnet) abzubilden.

Die Produktionsplanung und -steuerung muss stets auf diese organisatorischen Unternehmenseinheiten Bezug nehmen. So ist ein **Fertigungsauftrag** eindeutig einem Werk oder einem Dispositionsbereich zuzuordnen und die zur Produktion benötigten Vormaterialien sind in einem Lagerort dieses Werkes bereitzustellen.

Bezüge in der Produktionsplanung

ZUSAMMENFASSUNG **ÜBUNG**

Nr. 62: Welche Einheiten der Aufbauorganisation des Unternehmens können für die Produktionsplanung und -steuerung bedeutsam sein?

5.2.2 Kunden- und Lieferantendaten

Wesentliche Angaben zu den Geschäftspartnern werden in **Kunden- bzw. Lieferantenstammdaten** gespeichert. Auch hier gilt das Prinzip, dass jede Angabe nur **ein einziges Mal** im System hinterlegt werden darf. Dadurch wird eine zentrale Pflege dieser Daten erforderlich. Jeder Geschäftspartner ist über eine eindeutige **Ident-Nummer** identifizierbar: die Kontonummer in der Buchhaltung (Debitoren bzw. Kreditorenbuchhaltung) ist somit identisch mit der Lieferantennummer, die die Materialwirtschaft benutzt, bzw. mit der Kundennummer im Vertrieb. Es muss eindeutig geregelt sein, wer neue Stammsätze anlegen darf und welche Segmente der häufig sehr umfangreichen Informationen von welcher Stelle zu pflegen sind.

Pflege der Kunden- und Lieferantenstammdaten

Wesentliche **Inhalte** der Stammdaten sind hier (neben dem Namen des Geschäftspartners): Die **Adressen, Bankverbindungen, Kommunikationsnummern**, etc. Weiterhin sind zahlreiche Merkmale zu pflegen, die die **Zusammenarbeit** mit dem Geschäftspartner steuern. Dies betrifft etwa vereinbarte **Konditionen** (z.B. Rabatte, Zahlungsziel, Lieferkonditionen), die **Zahlungsabwicklung** (Rechnungsempfänger und Form der Rechnungsübermittlung, etwa Zentralregulierung mit elektronischer Übermittlung per EDI) sowie die **logistische Abwicklung** des physischen Leistungsaustausches (etwa Zeiten für die Warenannahme).

Datenfelder

Kunden und Lieferantenstammdaten sind zudem Grundlage für die **Klassifikation** der Geschäftspartner, etwa im Rahmen einer Kunden-/Lieferanten-ABC-Analyse oder unter sonstigen Aspekten.

Kunden- und Produktdaten stehen zueinander ebenso in **Beziehung** wie Lieferanten- und Materialstammdaten. So wird ein einzel-

Kunden-/Produkt- bzw. Lieferanten-/Material-Informationen	ner Kunde möglicherweise bestimmte individuelle Merkmale verlangen und ein Lieferant wird nur ein begrenztes Materialsortiment anbieten. Solche **Beziehungsinformationen** haben ebenfalls den Charakter von Stammdaten. Sie sind für die **Planung des Produktionsprogramms, die Pflege der Kundenbeziehung** oder für die **Lieferantenauswahl** und den **Leistungsvergleich zwischen Lieferanten** von besonderer Bedeutung. Dementsprechend sehen ERP-Systeme entsprechende Datenstrukturen vor.
Beziehungsinformationen haben den Charakter von Stammdaten	

ZUSAMMENFASSUNG   **ÜBUNG**

Nr. 63: Worin unterscheiden sich Stammdaten und Bewegungsdaten? Nennen Sie Beispiele aus dem Bereich der Produktionsplanung.

Nr. 64: Für welche Zwecke wird das in besonderen Datenstrukturen gespeicherte Beziehungswissen zwischen Produkt und Kunde bzw. Material und Lieferant benötigt?

5.2.3 Strukturierung der Artikeldaten

Material und Erzeugnisse	Als **Materialien** werden i.d.R. alle Objekte bezeichnet, die als Vormaterial, Halbfabrikate oder Fertigerzeugnisse Verwendung finden. Im Gegensatz zum landläufigen Sprachgebrauch gehören auch **Dienstleistungen** zum Material. Die zur Verwaltung der Materialien erforderlichen Informationen werden im **Materialstammsatz** abgelegt und nach geeigneten Kriterien geordnet.
Dienstleistungen gehören auch zum Material	
Differenzierung der Stammdaten nach Art und Branche	Wichtige übergeordnete Unterscheidungskriterien sind die Merkmale **Materialart** und **Branche**. Je nach Art des Materials können unterschiedliche Operationen mit dem Material durchgeführt werden und je nach Branche (Chemie, Maschinenbau, Anlagenbau, Pharmazie) müssen unterschiedliche (branchenübliche) Informationen erfassbar und entsprechende **Operationen** durchführbar sein.

Jeder Materialstammsatz – und damit auch gleichzeitig jedes Material – muss anhand einer Nummer eindeutig identifizierbar sein.

Materialart	Besonderheiten
...	...
DIEN	Dienstleistungen, die erbracht oder eingekauft, nicht aber gelagert oder transportiert werden können.

ERSA	Ersatzteile, die gekauft und gelagert werden können, für die aber keine Verkaufsdaten erfasst werden können.
FERT	Fertigerzeugnisse, sie werden vom Unternehmen selbst hergestellt. Dementsprechend können sie verkauft, nicht aber eingekauft werden.
FHMI	Fertigungshilfsmittel sind etwa Werkzeuge, Vorrichtungen, Messmittel; sie können eingekauft und gelagert, nicht aber verkauft werden.
...	...
KMAT	Konfigurierbare Materialien: sie können in mehreren Varianten (etwa Farben) auftreten.
...	...
WETT	Wettbewerbsprodukte, für die Grunddaten erfasst werden können, die auch die Ident-Nummer des Wettbewerbers umfassen. Logistische Operationen können hierauf nicht erfolgen.

Tab. 5.1: Standardmaterialarten im SAP R/3®-System (nach SAP AG)

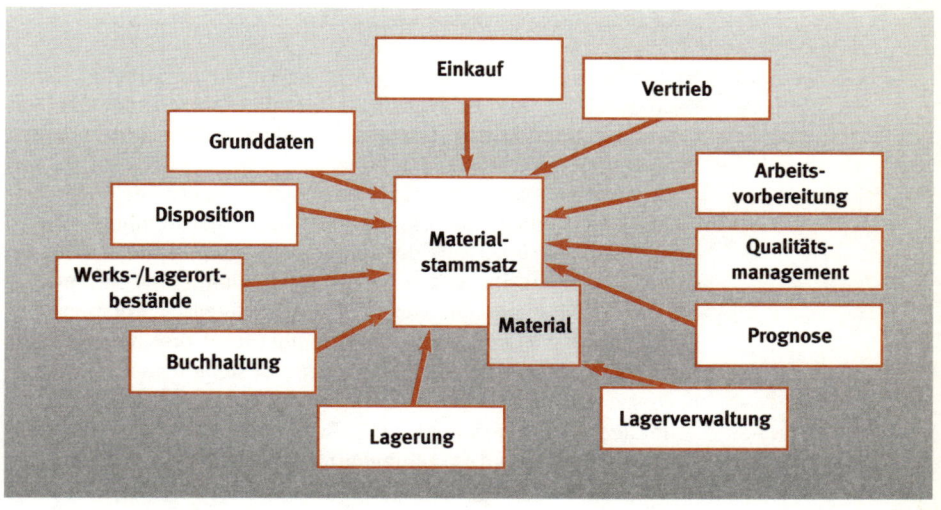

Abb. 5.4: Zugriff auf Materialstammdaten (nach SAP AG)

5.2.4 Abbildung der Erzeugnisstruktur

Jedes verkaufsfähige Erzeugnis setzt sich aus verschiedenen Komponenten zusammen. Diese **Komponenten** müssen für die Produktion bereitgestellt werden. Man spricht in diesem Zusammenhang von

Erzeugniskomponenten

Produkten oder Erzeugnissen, (Bau-)Komponenten, Baugruppen, Bauteilen, Werkstoffen, Inhaltsstoffen, etc.

Produkte sind als Ergebnis eines Fertigungsprozesses der Ausgangspunkt der Analyse. Die **stoffliche Zusammensetzung** dieser Erzeugnisse ist für die **Materiallogistik** bedeutsam, da die erforderlichen Komponenten bereitgestellt (disponiert) werden müssen. Ihre Zusammensetzung interessiert hierbei aber auch nur bis zu dem Punkt, zu dem die **Disposition** reichen soll.

Beispiel

Im Rahmen der Computerfertigung wird die innere Struktur eines Festplattenlaufwerks für die Disposition kaum interessant sein, wenn dieses Laufwerk am Markt von verschiedenen Herstellern in ausreichender Menge bezogen werden kann. Hingegen kann die Zusammensetzung des Motherboards dann von Bedeutung sein, wenn der Hersteller dieses selbst fertigt oder aber Engpässe in der Komponentenversorgung des externen Lieferanten die Massenfertigung der Computer beeinträchtigen könnten.

Umfang der Erzeugnisauflösung

Ist nur die eigene Fertigung Gegenstand der Planungsüberlegungen, dann wird i.d.R. nur die analytische Zusammensetzung der **Eigenfertigungskomponenten** interessieren, die der **Fremdbezugskomponenten** dagegen nicht.

Im Rahmen eines betriebsübergreifenden **Supply-Chain-Managements** ist im Prinzip die Zusammensetzung aller Komponenten zu betrachten, die innerhalb der betrachteten Supply-Chain gefertigt werden. Andererseits wird man aus **Aufwandsgründen** die Analyse nur dann weiter vertiefen, wenn die zu betrachtenden Komponenten wirtschaftlich ins Gewicht fallen – etwa auf Grund ihres hohen Wertes oder Volumens oder aber auf Grund eines bestehenden Versorgungsrisikos.

Begriffliche Differenzierung unterschiedlicher Erzeugniskomponenten

In der Montagefertigung (z.B. Automobil- oder Maschinenbau) werden die diskreten (= **zählbaren**) Bestandteile von Erzeugnissen als **Module** oder **Baugruppen** bezeichnet, wenn sie selbst komplexe Erzeugnisse vorgelagerter Fertigungsprozesse sind. Elementare Komponenten heißen **Bauteile**.

Handelt es sich nicht um zählbare Komponenten, sondern um **unendlich teilbare** Stoffmengen (etwa Draht, Sand), die nach Gewicht, Länge etc. quantifiziert werden, so spricht man i.d.R. von **Werk-, Roh- oder Inhaltsstoffen**.

Die **Struktur eines Erzeugnisses** kann auf verschiedene Weise beschrieben werden, etwa in grafischer Form als **Erzeugnisbaum** oder **Gonzintograph** bzw. in tabellarischer Form als **Baukastenstückliste, Strukturstückliste, Mengenübersichtsstückliste oder Teileverwendungsnachweis**.

5.2.5 Darstellungformen der Erzeugnisstruktur

Sämtliche Darstellungsformen werden heute aus Tabellen **relationaler Datenbanken** abgeleitet. Wir werden darum später die Tabellenlogik näher betrachten. Da die informationstechnischen Basistechniken mehr oder weniger immer gleich sind, wird je nach Branche allgemein nur von **Stücklisten- oder Rezepturverwaltung** gesprochen, wenn es um die Abbildung von Erzeugnisstrukturen geht.

Abbildung von Erzeugnisstrukturen in relationale Datenbanken

Hier steht natürlich die **Struktur von Produkten** im Vordergrund. Stücklisten finden aber auch in anderen Bereichen der betrieblichen Planung Anwendung:

Anwendungsbereiche

- So werden Stücklisten und die entsprechenden Softwaremodule benutzt, um die Komponenten der im betrieblichen Einsatz befindlichen **Maschinen und Anlagen** (etwa in einer Brauerei oder Raffinerie) zu dokumentieren, was für die Instandhaltungsplanung und die Ersatzteilversorgung zweckmäßig sein kann.
- Mit Stücklisten beschreibt man auch die Zusammensetzung umfangreicher **Dokumente**, etwa in der Entwicklung. Formale Ähnlichkeiten zwischen einer Gliederung und einer Stückliste werden hier unmittelbar ersichtlich.

Den **Materialstamm** haben wir bereits als Beispiel einer **Liste** sämtlicher Komponenten kennen gelernt. Er beinhaltet alle Erzeugnisse und Komponenten, die im Rahmen der Materiallogistik verwaltet werden sollen. Die eindeutige Nummer, die eine **Materialart** identifiziert, wird als **Ident-Nummer** bzw. im Sprachgebrauch relationaler Datenbanken als **Primärschlüssel** bezeichnet.

Materialstamm

Id-Nr.	Bezeichnung	Dimension
36110	Spanplatte 3cm dick	qm
36111	Stahlrohr (25x25x2 cm)	m
36112	Umleimer (3 cm)	m
36113	Holzschrauben 6 mm	Stck
36114	Rohrkappen	Stck
36115	Schweißdraht	Rollen
36116	Schutzgas	Flaschen
36117	Furnier	qm

36118	Tischplatte (200x80x3 cm)	Stck
36119	Tischgestell (200x80x67 cm)	Stck
36120	Klarlack	Liter
36121	Zapponlack	Liter
36122	Seminartisch (200x80x70 cm)	Stck
36123	Couchtisch (80x80x40 cm)	Stck
36124	Tischgestell (80x80x37 cm	Stck
36125	Tischplatte (80x80x3 cm)	Stck

Tab.5.2: Materialstammdaten für die Produktion von Tischen

Neben dieser Tabelle der Materialien wird lediglich eine weitere Tabelle benötigt, die die strukturellen Beziehungen (**Relationen**) zwischen den Materialien abbildet. Diese Tabelle besteht im einfachsten Fall aus lediglich 3 Spalten folgenden Inhalts:

Strukturtabelle

- der Spalte **Oberteil-Nummer** (OTL), die die Ident-Nummern der Erzeugnisse aufnimmt, deren Zusammensetzung beschrieben werden soll;
- der Spalte **Unterteil-Nummer** (UTL), die die Ident-Nummern der Komponenten aufnimmt, die zur Herstellung der jeweils durch die Oberteil-Nummer identifizierten Erzeugnisse erforderlich sind;
- die **Mengenspalte**, die die Zahl der Mengeneinheiten der Komponenten aufnimmt, die zur Herstellung einer Einheit des jeweiligen Erzeugnisses erforderlich sind.

OTL	UTL	Menge
36119	36114	4
36119	36111	8,08
36124	36114	4
36124	36114	4,08
36118	36110	1,6
36118	36112	5,6
36125	36110	0,64
36125	36112	3,2
36122	36118	1
36122	36119	1
36123	36124	1
36123	36125	1
36118	36117	3,2
36125	36117	1,28

Tab. 5.3: Strukturtabelle

Als Oberteil-Nummer oder Unterteil-Nummer kommen nur die Nummern solcher Materialien in Betracht, die in der **Materialtabelle** bereits enthalten sind. Zwischen den beiden Tabellen besteht somit eine Abhängigkeit (**Referenzbeziehung**), die als **Fremdschlüsselbeziehung** bezeichnet wird. Die Ident-Nummern in der Strukturtabelle werden als **Fremdschlüssel** bezeichnet, da sie zuerst (als Primärschlüssel) in die Materialtabelle eingetragen werden müssen. Da dieser sachlogische Zusammenhang bei der Errichtung einer Datenbank festgeschrieben wird, kann das **Datenbankmanagementsystem** (DBMS) im Betrieb automatisch sicherstellen, dass keine unbekannte Materialnummer in die Strukturtabelle eingetragen werden kann. Die Tatsache, dass eine Datenbank einen solchen Referenzfehler nicht enthält, wird auch als **referenzielle Integrität** der Datenbank bezeichnet.

Referenzielle Integrität

Jede Kombination von Ober- und Unterteil-Nummer darf nur ein einziges Mal vorkommen, denn sonst könnten widersprüchliche Mengenangaben in die Tabelle eingetragen werden. Dies wird dadurch sichergestellt, dass die Kombination aus beiden Nummern als ein **(komplexer) Primärschlüssel** der Strukturtabelle definiert wird. Da ein Primärschlüssel immer nur ein einziges Mal eingetragen werden kann – das stellt wiederum das Datenbankmanagementsystem automatisch sicher – kann für jede Kombination von Ober- und Unterteil-Nummer immer nur genau eine Mengenangabe eingetragen werden und die Angaben bleiben insofern widerspruchsfrei.

Widerspruchsfreiheit

Nicht schützen kann das DBMS davor, dass unsinnige Kombinationen in die Strukturtabelle eingetragen werden. Etwa, indem wir ein Tischgestell für einen Seminartisch mit einer Tischplatte für einen Couchtisch kombinieren.

In der Beispieltabelle 2 fällt auf, dass Materialien enthalten sind, die zur Herstellung unserer Tische erforderlich zu sein scheinen, aber dennoch nicht in der Strukturtabelle auftauchen: Schrauben, Lack, Schweißdraht und Schutzgas. Es ist unsere Entscheidung, ob wir die Bedarfsmengen für diese Kleinmaterialien in die Strukturtabelle einpflegen wollen oder nicht.

Begrenzung programmgesteuerter Bedarfsplanung

Dies würde nur dann zweckmäßig sein, wenn wir die Bereitstellung der Materialien von der geplanten Tischproduktion abhängig machen wollten, also eine **deterministische Bedarfsplanung** hierfür vorsehen wollten. Für Schrauben und Schweißdraht wird dies aber kaum jemand tun wollen. Derartige Materialien werden in der Regel in ausreichender Menge bevorratet und bei Erreichen eines Mindestbestandes kurzfristig nachbestellt.

Gründe für die begrenz-
te Abbildung der Erzeug-
nisstruktur

Dies ist zweckmäßig, weil es sich um **geringwertiges** und **kleinvolu-
miges Material** handelt, das mit sehr kurzer Lieferzeit nachbestellt
werden kann.

 *Der Aufwand für die Ermittlung der genauen Verbrauchsmen-
gen und die Pflege der Strukturtabelle sind deshalb nicht
gerechtfertigt.*

Der **Aufwand** wäre auch recht groß, da diese **Standardmaterialien** in
eine Vielzahl von Produkten eingehen. Außerdem dürfte der **Verbrauch je Periode** aus diesem Grunde auch recht **gleichmäßig** und
damit gut **prognostizierbar** sein, wenn das Beschäftigungsniveau
insgesamt relativ konstant bleibt.

Die Daten in einer Relationalen Datenbank lassen sich leicht in
andere Darstellungsformen übertragen, die für den Menschen leichter aufzunehmen oder für eine spezifische Fragestellung besser

geeignet sind. Gebräuchliche **tabellarische Übersichten**, die wir nachfolgend behandeln, sind **Baukastenstückliste, Strukturstückliste,
Mengenübersichtsstückliste sowie Teileverwendungsnachweis**.

Die **Baukastenstückliste** zeigt alle Materialien, die **direkt** in ein Erzeugnis (Endprodukt oder Baugruppe) eingehen. Aus der Datenbank
kann diese Liste durch eine einfache **Selektionsabfrage** erzeugt werden:

Beispiel

*Selektiere aus der Strukturtabelle alle Zeilen, in denen die Oberteil-
nummer gleich 36122 ist.*

Das Ergebnis dieser Selektion erzeugt die folgende Liste:

OTL	UTL	Menge
36122	36118	1
36122	36119	1

Die Liste zeigt, dass ein Seminartisch aus einem Tischgestell und einer
Tischplatte besteht (die Schrauben hatten wir beim Aufbau der Daten-
bank vernachlässigt). Analoge Abfragen für die Tischplatte und das
Tischgestell ergeben folgende Baukastenstücklisten.

OTL	UTL	Menge
36118	36110	1,6
36118	36112	5,6
36118	36117	3,2

Die Tischplatte besteht aus 1,6 qm Spanplatte; 5,6 m Umleimer und
3,2 qm Furnier.

Leim und sonstige Verbrauchsmaterialien wurden vernachlässigt.

OTL	UTL	Menge
36119	36114	4
36119	36111	8,08

Das Tischgestell schließlich setzt sich aus 8,08 m Quadratrohr und 4 Rohrkappen (Füßen) zusammen. Schweißdraht, Schutzgas zum Schweißen, Lack und ähnliche Verbrauchsmaterialien hatten wir in die Strukturliste nicht eingepflegt.

Da die erzeugten Listen **keine Texte** aufweisen, ist die Interpretation vielleicht etwas mühselig. Dieser Schönheitfehler ließe sich aber leicht durch einen Zugriff auf die **Materialstammdaten** beseitigen, was man bei der Programmierung einer komplexeren Anwendungslösung auch berücksichtigen würde. Uns kommt es aber zunächst darauf an, zu zeigen, wie einfach die Baukastenstückliste erzeugt werden kann.

Die **einstufige Baukastenstückliste** ist kompakt und übersichtlich und bezieht sich auf eine einzige Erzeugniseinheit. Diese Darstellungsform bietet sich deshalb als **Grundlage zur Pflege der Strukturtabelle** an. Sie beschreibt ein Objekt, das der Mensch sich direkt vorstellen kann. Vielfach wird einer Baukastenstückliste auch direkt ein Arbeitsprozess (Arbeitsplan) zuzuordnen sein, der die Eingangsmaterialien zum Erzeugnis kombiniert. Weitere Arbeitsunterlagen wie Zeichnung, Prüfpläne, Vorrichtungen etc. können ebenfalls mit der Baukastenstückliste verknüpft werden.

Die **Strukturstückliste** zeigt, welche Materialien direkt oder indirekt zur Herstellung einer einzigen Einheit eines Produktes benötigt werden.

Texte sind aus der Materialliste zu übernehmen

Arbeiten mit Baukastenstücklisten

Strukturstückliste

Beispiel

In unserem sehr einfachen Fall sieht die Strukturstückliste des Seminartisches 36122 wie folgt aus:

Stufe	OTL	UTL	Menge
1	36122	36118	1
1	36122	36119	1
..2	36118	36110	1,6
..2	36118	36112	5,6
..2	36118	36117	3,2
..2	36119	36114	4
..2	36119	36111	8,08

Zur Erzeugung dieser Liste aus der Datenbank bedarf es schon einer kleinen Programmschleife, die verbal wie folgt beschrieben werden kann:

1. Selektiere aus der Strukturtabelle alle Zeilen, in denen das betrachtete Erzeugnis 36122 als Oberteil-Nummer erscheint, und kopiere diese Zeilen in eine Hilfsliste. Kennzeichne die der Hilfsliste zugeführten Zeilen als der Stufe 1 zugehörig.
2. Lies schrittweise die Zeilen der Hilfsliste und selektiere aus der Strukturtabelle alle Zeilen, in denen die Unterteil-Nummer aus der Hilfslistenzeile als Oberteil-Nummer eingetragen ist. Erweitere die Hilfsliste um die selektierten Zeilen. Kennzeichne die der Hilfsliste zugeführten Zeilen als der Stufe $i + 1$ angehörig, wenn die Stufe der betrachteten Zeile der Hilfsliste gleich i ist.
3. Beende den Vorgang, wenn die letzte Zeile der Hilfsliste erreicht ist und die Materialnummer dieser Zeile in der Strukturtabelle nicht als Oberteil-Nummer auftaucht.
4. Gib die Hilfsliste als Strukturstückliste aus.

Verwendung der Strukturstückliste

Der Vorteil der Strukturstückliste liegt darin, dass sie die komplette hierarchische Struktur eines Produktes darstellt. Da diese Liste aber im praktischen Fall extrem umfangreich werden kann, ist dies in der Regel wenig hilfreich.

Mengenübersichtsstückliste

Die **Mengenübersichtsstückliste** zeigt für ein Erzeugnis, aus welchen Komponenten und Werkstoffen es sich auf der **untersten Ebene** zusammensetzt.

Die Baugruppen der Zwischenebenen, die ihrerseits aus anderen Komponenten zusammengesetzt sind, werden aufgelöst und tauchen in der Mengenübersichtsstückliste gar nicht auf.

Beispiel

Id-Nr.	Menge
36110	1,6
36112	5,6
36117	3,2
36114	4
36111	8,08

Unser Seminartisch setzt sich dementsprechend aus fünf verschiedenen Teilen bzw. Werkstoffen zusammen.

Die **flache Struktur** der Mengenübersichtsstückliste erlaubt einen **schnellen Überblick** über die je Einheit eines Erzeugnisses benötigten Materialien und ist deshalb eine geeignete Grundlage für eine **überschlägige Bedarfsanalyse**.

Nutzen und Grenzen der Mengenübersichtsstückliste

Die verdichtete Darstellung der Erzeugniszusammensetzung **verdeckt** allerdings **die innere hierarchische Struktur des Produktes**. Sie erlaubt daher weder die Berücksichtigung vorhandener Baugruppenbestände bei der Bedarfsplanung noch die Betrachtung der zeitlichen Erstreckung der Produktion und die daraus folgende zeitliche Verteilung des Bedarfs.

Der **Teileverwendungsnachweis** kann aus der zuvor dargestellten Strukturtabelle durch eine einfache Datenbankabfrage erzeugt werden.

Teileverwendungsnachweis

Beispiel

Selektiere alle Zeilen, in denen die Identnummer 36111 als Unterteil-Nummer eingetragen ist.
Das Ergebniss dieser Abfrage besteht in unserem Fall aus lediglich zwei Zeilen.

OTL	UTL	Menge
36119	36111	8,08
36124	36111	4,08

Die Ident-Nummer 36111 bezeichnet das Quadratrohr, aus dem das Gestell des Seminartisches wie auch das des Couchtisches gefertigt ist.

Die Liste zeigt somit **sämtliche Verwendungen** eines Materials. Dies kann im Falle einer **Preiserhöhung** oder **fehlender Verfügbarkeit** eine wichtige Information sein.

Nutzen des Teileverwendungsnachweises

Beispiel

Der japanische Lieferant eines elektronischen Bauteils teilt uns mit, dass er die Fertigungslinie für dieses Bauteil stillzulegen gedenkt. Er gibt uns letztmalig die Gelegenheit, eine Bestellung zu platzieren, um unseren gesamten zukünftigen Bedarf (all-time-need) zu decken. Eine spätere Herstellung dieses Bauteils ist, wenn überhaupt, nur zu einem Vielfachen der Kosten der Serienfertigung möglich.

Wir können zusammenfassend feststellen: Die vielfältigen Darstellungsformen der Erzeugnisstruktur, wie sie für unterschiedliche Fragestellungen benötigt werden, lassen sich alle aus einer Abbildung der Erzeugnisstruktur in zwei Tabellen einer relationalen Datenbank herleiten.

Die Flexibilität der modernen Datenbanktechnik hat die Entscheidung für alternative Darstellungsformen, die in der vor- und frühinformationstechnischen Zeit von erheblicher organisatorischer Bedeutung war, weitgehend überflüssig gemacht.

Variantenstücklisten

Eine besondere Herausforderung stellt die Abbildung **variantenreicher Erzeugnisse** in Stücklistenstrukturen dar. So kann ein Automodell in zahlreichen Merkmalen an die Wünsche des Kunden oder an landesspezifische Erfordernisse angepasst werden. Die Zahl möglicher und praktisch auch verkaufter **Kombinationen** von Farbe, Innenausstattung, Motorisierung, Getriebeart sowie Extras wie Schiebedach, Klimaanlage, Anhängerkupplung etc. kann in die zigtausende gehen.

Jede **Variante** in einer eigenen Stückliste komplett abzubilden ist praktisch unmöglich. Tausende von Teilen, die über alle Varianten hinweg gleich sind (so genannte **Gleichteile**) müssten in die Strukturtabellen aller Varianten eingepflegt und bei Änderungen angepasst oder ausgetauscht werden. Die enorme **Datenredundanz**, die sich dadurch ergäbe, müsste unweigerlich zu **inkonsistenten Datenbeständen** und damit zu **chaotischen Zuständen** führen.

Variantenstücklisten fassen die Stücklisten ähnlicher Objekte (Varianten) mit einem hohen Anteil **identischer** Bestandteile (Gleichteile) in einer Liste zusammen. Hierbei sind verschiedene Strategien möglich.

Gleichteilestücklisten

- **Gleichteilestücklisten** bilden zunächst diejenigen direkten Bestandteile eines Objekts ab, die über alle Varianten hinweg gleich sind. Dieses so definierte **fiktive** (und unvollständige) Erzeugnis erhält eine **eigene Ident-Nummer**. Für jede Variante wird sodann eine weitere **Ergänzungsstückliste** erstellt, in der die Gleichteile **summarisch** mit der Ident-Nummer des fiktiven Erzeugnisses repräsentiert sind. Dies geschieht auf der **Ebene der Baukastenstücklisten**.

Grenzen

Diese Technik wird sich in der Anwendung als problematisch erweisen, wenn **neue Varianten weniger Gleichteile** besitzen als

alle bisherigen Varianten, denn dann müssten die Gleichteile-
stückliste und die Ergänzungsstücklisten sämtlicher Varianten
überarbeitet werden.

- **Plus-/Minus-Stücklisten** lösen das soeben angesprochene Problem. Hierbei wird zunächst ein **Basiserzeugnis** definiert und für
dieses eine Basisstückliste angelegt. Für jede vom Basiserzeugnis
abweichende Variante wird eine Plus-Minus-Stückliste erstellt, die
an erster Stelle die Ident-Nummer des Basiserzeugnisses enthält
und darüber hinaus für jede wegfallende oder hinzukommende
Komponente einen weiteren Eintrag – jeweils mit negativem Vorzeichen (**Minusteil**) oder positivem (**Plusteil**) Vorzeichen des Men-
genkoeffizienten.
Bei **Substitution** einer Komponente durch eine andere (bspw.
Schaltgetriebe gegen Automatikgetriebe) sind **zwei Einträge** in die
Plus-/Minus-Stückliste erforderlich: eine mit negativem Mengen-
koeffizienten für die wegfallende und eine mit positivem Vorzeichen für die ersetzende Komponente.

Plus-/Minus-Stücklisten

- Moderne Informationstechnologie erlaubt auch bei der Handha-
bung von Varianten die Anwendung leistungsfähigerer Strategien.
So werden die Stücklisten für Produktvarianten heute vielfach mit
so genannten **Konfiguratoren** erzeugt.
Grundlage ist eine **Maximalstückliste**, die für ein Produkt die Komponenten sämtlicher geplanter Varianten enthält. Für das Produkt
werden Merkmale definiert, deren Ausprägungungen im Konfigu-
rationsprozess festzulegen sind: So kann etwa das Merkmal
»Getriebeart« bei Konfiguration einer konkreten Produktvariante
mit dem Merkmalswerten »Schaltgetriebe« oder »Automatikgetriebe« konfiguriert werden.

Konfiguratorlösung

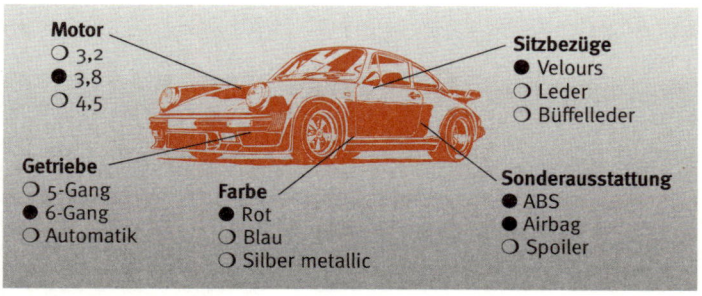

Abb. 5.5: Varianten eines Autos

Die Kombination von Merkmalen kann zudem **regelbasiert** einge-schränkt werden, damit bspw. ein Automatikgetriebe nur in Ver-bindung mit einer starken Motorisierung möglich ist. Als Ergebnis des Konfigurationsprozesses wird eine Stückliste generiert, die aber nur **temporäre Gültigkeit** besitzt – z. B., bis der Auftrag abge-wickelt ist – danach kann sie gelöscht werden.

Eignung der Kofiguratorlösung

Die **Konfiguratorlösung** eignet sich insbesondere für den Fall, dass die Fertigung des Erzeugnisses **kundenauftragsgesteuert** erfolgt. Soll eine prognosegestützte Lagerfertigung für häufig vorkom-mende Varianten erfolgen, so sind die Stücklisten dieser Variante längerfristig zu speichern und die Variante als **Lagerteil** zu defi-nieren. Zur Planung der Produktions- und Bedarfsmengen ist dann entweder direkt eine **Bedarfsprognose** für dieses Erzeugnis zu erstellen oder es ist ein Prozentsatz zu definieren, der den **Anteil** dieser Varianten an der **Gesamtzproduktionsmenge** des Produktes angibt.

ZUSAMMENFASSUNG **ÜBUNG**

Variantenstücklisten fassen die Stücklisten ähnlicher Objekte mit einem hohen Anteil identischer Bestandteile in einer Liste zusam-men. Hierbei kann man folgendermaßen vorgehen:

Gleichteilestücklisten bilden zunächst die Bestandteile eines Objekts ab, die über alle Varianten hinweg gleich sind. Dieses so definierte fiktive (und unvollständige) Erzeugnis erhält eine eigene Ident-Nummer. Für jede Variante wird sodann eine weitere Ergän-zungsstückliste erstellt, in der die Gleichteile summarisch mit der Ident-Nummer des fiktiven Erzeugnisses repräsentiert sind. Dies geschieht auf der Ebene der Baukastenstücklisten.

Weitere Möglichkeiten sind Plus-/ Minus-Stücklisten oder Konfi-guratoren.

ZUSAMMENFASSUNG **ÜBUNG**

Nr. 65: Zu welchem Zweck werden bei der Anlage von Material-stammdaten verschiedene Materialarten unterschieden?

Nr. 66: Wie kann aus einer Erzeugnisstrukturtabelle ein Teilever-wendungsnachweis abgeleitet werden?

Nr. 67: Diskutieren Sie alternative Vorgehensweisen bei der Abbil-dung der Strukturen variantenreicher Erzeugnisse.

5.2.6 Strukturierung der Prozessdaten

Die Beschreibung des **Prozessablaufs** zur Herstellung eines (Teil-)Produktes – etwa eines Zahnrades – oder zur Erbringung einer Leistung wird als **Arbeitsplan** bezeichnet.

Arbeitsplan

 Der Arbeitsplan beschreibt die verschiedenen Teilvorgänge (Arbeitsgänge) und ihre Abfolge, die der Herstellungsprozess umfasst, ordnet jeweils die benötigten Ressourcen zu und quantifiziert deren Inanspruchnahme.

Ressourcen können Arbeitsplätze oder Maschinen, Personal, Vorrichtungen und Werkzeuge, Mess- und Prüfmittel sowie Zeichnungen oder NC-Programme u. a. m. sein. Die den Vorgängen (Arbeitsgängen) zugeordneten Daten sind etwa:

Ressourcen in der Arbeitsplanung

- **Vorgabezeiten** für die Inanspruchnahme menschlicher und maschineller Ressourcen,
- geplante **Wartezeiten** und **Transportzeiten** beim Übergang von einem Arbeitsgang zum nächsten.

Vorgänge können wiederum in **Untervorgänge** gegliedert werden: So kann ein Montagevorgang aus den Teilvorgängen »Einrichten des Arbeitsplatzes«, »mechanische Montage«, »Elektromontage« und »Qualitätsprüfung« bestehen. Jeder dieser **Teilvorgänge** kann **unterschiedliche Ressourcen** in Anspruch nehmen oder mit **unterschiedlichen Lohnsätzen** bewertet werden.

Vorgangsstrukturierung

Arbeitspläne schaffen somit die Voraussetzungen für die **Planung des zeitlichen Ablaufs** (Terminierung) des Fertigungsprozesses sowie für die Ermittlung und Einplanung des **Kapazitätsbedarfs** bzgl. der Ressourcen. Weiterhin schaffen sie in Verbindung mit den Stücklisten die Basis für die **Kalkulation** der Produktkosten, denn jedes Einsatzmaterial und jede Ressourceneinheit (z. B. Maschinenstunde) kann mit einem Kostensatz bewertet werden.

Bedeutung der Arbeitsplanung

In diesem Abschnitt wird der traditionelle Prozess der Produktionsplanung und -steuerung dargestellt.

Dieser Prozess wird häufig auch als **MRP II** (Manufacturing Resource Planning) oder als **Push-System** bezeichnet (von engl. to push = schieben). Durch diese Bezeichnung soll deutlich werden, dass das planbasiert bereitgestellte Einsatzmaterial die Produktion schiebt: Damit neue Fertigungsaufträge bearbeitet werden können und das bereitgestellte Material aus den Werkstätten verschwindet,

5.3
OPERATIVE PLANUNG DES INTERNEN LEISTUNGSPROZESSES

MRP als Push-System der Fertigungssteuerung

müssen die alten Aufträge erst abgearbeitet werden – das Material **schiebt**.

Jede Planung ist mit **Unsicherheit** behaftet und deshalb werden bei der Produktionsmengen- und -terminplanung häufig **Sicherheitsaufschläge** eingeplant. Geplante Mengen werden um einen gewissen Prozentsatz erhöht, weil die hergestellten Mengen oder die Qualität der Fertigprodukte nicht sicher sind; **geplante Starttermine** für die Produktion werden vorverlegt, da man nicht weiß, wie lange die Fertigung exakt dauern wird.

Unsicherheit im Planungsprozess

Ein besonderes Problem ergibt sich dann daraus, dass sich die **Sicherheitsaufschläge** mehrerer aufeinander folgender Planungsstufen zu einer nicht mehr sinnvollen Höhe **kumulieren**. Im Ergebnis kann sich die Produktion damit sowohl, was Produktionsmenge als auch -zeitpunkt anbelangt, sehr weit von den **geplanten Verkaufsmengen** entfernen. Schnelle Veränderungen im Markt können die **hohen Bestände** auf allen Stufen der Produktion im Extremfall wertlos werden lassen. Trotz hoher Bestände kann die Kundennachfrage dann möglicherweise nicht bedient werden.

Mehrfache Sicherheitsaufschläge

Die Stichworte »**Just-In-Time**« und »**Lean Production**« stehen für alternative Strategien, die diese Problematik im Rahmen von **Pull-Strategien** auflösen (von engl. to pull = ziehen). Im Folgenden werden wir auch die Voraussetzungen und Methoden dieser alternativen Pullstrategien erörtern.

Lean Production

Die nachfolgende Abbildung stellt den Ablauf der klassischen Materialbedarfsplanung (MRP I) überblickartig dar.

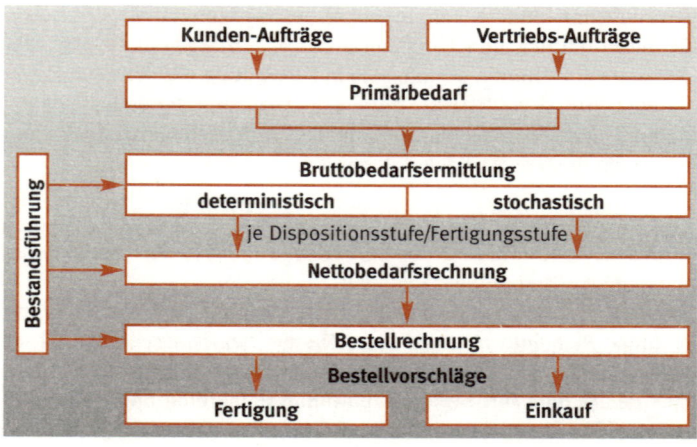

Abb. 5.6: Ablauf der klassischen Materialbedarfsplanung

5.3.1 Prognoserechnung und deterministische Bedarfsplanung

5.3.1.1 Primärbedarfsplanung

Der **Primärbedarf** ist der Bedarf an verkaufsfähigen Erzeugnissen zur Befriedigung der **Marktnachfrage**.

Begriff des Primärbedarfs

Zum Primärbedarf gehören nicht nur Endprodukte, sondern auch Komponenten, die bspw. als Ersatzteile verkauft werden. Aufgabe der **Absatz- und Produktionsgrobplanung** ist es, den Primärbedarf unter Berücksichtigung eventuell bestehender Engpässe zu planen.

Die Primärbedarfsplanung erfolgt häufig in der Form einer so genannten **rollierenden Planung**: Der Bedarf wird im Wochen- oder Monatsrhythmus (= Planungsperiode) für einen Planungshorizont von 0,5 bis 2 Jahren vorausgeplant. **Planungsperiode und Planungshorizont** hängen insbesondere von der durchschnittlichen **Fertigungsdurchlaufzeit** ab: Bei einer **kurzzyklischen Fertigung** mit einer Fertigungsdurchlaufzeit von wenigen Tagen oder Wochen wird eine Planung im Wochenrhythmus und ein kurzer Planungshorizont sinnvoll sein, während bei einer **längeren Durchlaufzeit** von bspw. 6 bis 8 Monaten eine Planung in monatlichem Rhythmus und ein Planungshorizont von 12 bis 24 Monaten zweckmäßig ist.

Systematik der Primärbedarfsplanung

Planungsrhythmen

Bereits in diesem frühen Stadium der Produktionsplanung ist ein **grober Abgleich** des Primärbedarfs mit den **verfügbaren Ressourcen** und Kapazitäten vorzunehmen. Ressourcen sind Maschinenkapazitäten, Personalbestand, Materialverfügbarkeiten, etc. Der Kapazitätsabgleich erfolgt in diesem Stadium pauschal über aggregierte Kapazitätsgruppen.

Ressourcenabgleich

Beispiel

Der Kapazitätbedarf in der Gießerei könnte etwa grob in Tonnen abgeschätzt und mit der durchschnittlichen monatlichen Tonnenleistung dieser Kapazitätsgruppe abgeglichen werden. Detailliertere Abgleiche mit den Einzelkapazitäten der Gießerei – wie Formerei, Abguss und Putzerei – erfolgen dann zeitnah zur Fertigung mit Bezug auf technisch exakt beschriebene Arbeitsgänge.

Beim **Kapazitätsabgleich** ist der **zeitliche Vorlauf**, den die Fertigung benötigt, zu beachten. So muss etwa im Sondermaschinenbau mit der Fertigung von für eine Maschine benötigten Gussteilen mehrere Wochen vor dem Fertigstellungstermin der Maschine begonnen werden. Um dies beim Kapazitätsabgleich zu berücksichtigen, werden oftmals spezifische **Kapazitätsbelastungsprofile** verwendet, die für

Beim Kapazitätsabgleich muss der zeitliche Vorlauf für die Fertigung beachtet werden

ein Primärbedarfsgut nicht nur das Volumen der benötigten Kapazität einer Einheit, sondern auch den zeitlichen Vorlauf, mit dem diese Kapazitäten belastet werden, angeben.

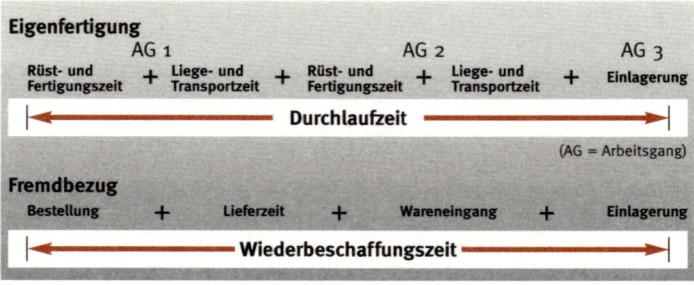

Abb. 5.7: Durchlaufzeit/Wiederbeschaffungszeit

**Planung der Vorlauf-
zeiten**

Die **Planung** dieser **Vorlaufzeiten** ist **nicht unproblematisch**. Je länger der Fertigungsdurchlauf im Durchschnitt dauert, desto mehr kann die Durchlaufzeit eines einzelnen Auftrages vom **Durchschnitt** abweichen. Dies kann vielfältige Ursachen haben: Maschinenstörungen verzögern den Arbeitsfortschritt, andere Aufträge werden vorgezogen, Qualitätsmängel erfordern zeitaufwendige Nacharbeit, etc. Zu viele **Störungen** wirken auf den Fertigungsprozess ein, als dass ein exakter zeitlicher Ablauf vorgegeben werden könnte. Diese **Ungenauigkeit** in der Planung erhöht wiederum die **Abweichungen** der Vorlaufzeiten. Die Planung mit festen Vorlaufzeiten ist deshalb eine **Schwachstelle** in der üblichen Planungssystematik.

Viele Störungen

Lieferzeitproblematik

Soweit die von den Kunden akzeptierte **Lieferzeit** länger ist als die **Fertigungsdurchlaufzeit**, kann der Primärbedarf unter Umständen aus bereits vorliegenden **Kundenaufträgen** hergeleitet werden. Ein **Prognoseproblem** besteht dann nicht. Allerdings reicht die am Markt durchsetzbare Lieferzeit auch bei kundenindividuellen Produkten häufig nur zur Durchführung der Endmontage aus, während Standardbaugruppen und -komponenten insbesondere aus Zeitgründen **kundenanonym vorgefertigt** werden müssen. Konsumgüter und die meisten Standardgüter werden ohnehin nicht nach Kundenauftrag gefertigt. Der Primärbedarf muss dann mittels **Prognoserechnung** ermittelt werden.

**Prognoserechnung nur
mit aggregierten Daten**

Ausgangsdaten für die Primärbedarfsprognose sind **Abgangsmengen der Vergangenheit** (Absatzdaten/Einkaufsmengen/Warenausgabemengen/Bestellmengen), Daten von **Marktforschungsinstituten** oder **Vertriebsprognosen**. Typischerweise beziehen sich die dabei verwendeten Datenreihen auf ein relativ **hohes Aggregationsniveau**: Produktkategorie, Marke, Periode (Woche oder Monat) oder Verkaufsgebiet. Nur bei aggregierten Daten gleichen sich **statistische Fluktuation** und **Ungenauigkeiten der Basisdaten** durch **Mittelwertbildung** aus, was eine **Trendextrapolation** erst ermöglicht. Detailliertere statistische Prognosen – etwa je Artikel und Kunde – scheitern an **fehlender statistischer Masse** und der damit einhergehenden **strukturellen Instabilität** der Zeitreihen.

Detailliertere statistische Prognosen scheitern

Auf der Grundlage **aggregierter Verkaufszahlen** sowie geplanter **Marketingaktivitäten** wird eine **Verkaufsprognose** erstellt. Für die weitere Planung ist eine **Disaggregation** der Prognosedaten auf einzelne Varianten des Sortiments erforderlich – etwa Schuhgrößensortierung, Farbsortimente etc. Hierbei wird auf feste Verteilungsschlüssel, historische %-Anteile oder vorhandene Planwerte zurückgegriffen. Die aus solchen Prognosen abgeleiteten Fertigungsaufträge werden oft als »**Vertriebsaufträge**« bezeichnet, da der Vertrieb sowohl für die Prognose als auch für die daraus abgeleiteten Auftragsmengen verantwortlich ist.

Auf der Grundlage aggregierter Verkaufszahlen und Marketingaktivitäten wird eine Verkaufsprognose erstellt

Die Prognose auf Grund von Vergangenheitsdaten erfolgt meist mittels einschlägiger Standardmodelle der **Mittelwertbildung** (gleitender Mittelwert, exponentielle Glättung) in Abhängigkeit von der **Zeitreihencharakteristik** (konstanter Verlauf, Trend, Saisonkomponente).

Prognosemodelle

Die Ergebnisse von Zeitreihenprognosen bilden die **Bedarfsstruktur der Vergangenheit** ab und können **zukünftige Veränderungen** auf Grund von Werbemaßnahmen, **Sonderaktionen** oder Produktänderungen – die komplexere Überlegungen erforderlich machen – naturgemäß noch nicht beinhalten.

Berücksichtigung von Sondereinflüssen

Derartige Ereignisse sind in den betroffenen Perioden durch manuell zu erfassende absolute oder **prozentuale Auf- und Abschläge** von den Prognosewerten zu berücksichtigen.

Bereits zum Zeitpunkt der **Primärbedarfs(grob)planung** ist es sinnvoll, die voraussichtlich realisierbaren Verkaufsmengen mit den **Fertigungs- und Beschaffungskapazitäten** zu vergleichen. Zu diesem Zweck wird bereits auf aggregierter Ebene die voraussichtliche **Beanspruchung möglicher Engpässe** ermittelt und mit den verfügbaren Ressourcen abgeglichen.

Frühzeitiger Kapazitätsabgleich

ZUSAMMENFASSUNG　　**ÜBUNG**

Die Primärbedarfsplanung legt die für den Markt zu fertigenden Mengen an Erzeugnissen und Komponenten fest. Grundlage dafür sind die Daten der Vergangenheit und Prognosen für die Zukunft. Bereits zu diesem Planungszeitpunkt sollte ein grober Kapazitätsabgleich stattfinden.

5.3.1.2 Bestandsplanung

Festlegung der Dispositionsstrategie

Bevor wir über die Planung des Produktionsprogramms nachdenken, müssen wir geeignete **Dispositionsstrategien** festlegen.

 Unter einer Dispositionsstrategie *versteht man die grundsätzliche Vorgehensweise bei der Vorratshaltung und der terminlichen Materialbereitstellung.*

Notwendigkeit einer Bevorratung

Soweit die vom Markt **akzeptierte Lieferzeit** die Fertigungsdurchlaufszeit (bei Eigenfertigung) bzw. die Wiederbeschaffungszeit (bei Fremdbezug) übersteigt, besteht im Prinzip keine Notwendigkeit zu einer Bevorratung. Ist dies nicht der Fall, dann kann eine **kürzere Lieferzeit** unter unveränderten Rahmenbedingungen nur dadurch ermöglicht werden, dass das Endprodukt oder zumindest Standardbaugruppen und -komponenten **bevorratet** werden.

Festlegung der Bevorratungsebene

Hierbei ist zunächst über die so genannte **Bevorratungsebene** zu entscheiden. Damit ist die Entscheidung gemeint, ob fertige Endprodukte, mehr oder weniger komplexe Baugruppen oder aber nur Standardbauteile unabhängig vom Kundenbedarf auf Lager **vorproduziert** werden sollen. Diese Entscheidung hat **Konsequenzen für mehrere Ziele** gleichzeitig: die Lieferzeit, den Kundenservicegrad und die Höhe der Lagerbestände und damit der Umlaufkapitalbindung in der Fertigung.

Bevorratung von Endprodukten

Zwar geringe Lieferzeit, aber hohe Lagerbestandswerte

Werden **Endprodukte** bevorratet, so kann zwar der Kundenbedarf nahezu ohne Lieferzeit bedient werden, allerdings nur durch Inkaufnahme relativ **hoher Lagerbestandswerte**, denn Endprodukte haben je Einheit einen höheren Wert als Komponenten. Wird nicht nur ein einziges Enderzeugnis angeboten, sondern eine Mehrzahl von Produkten in möglicherweise zahlreichen Varianten, so verschärft sich das Problem: Entweder, es wird von jeder Variante ein ausreichender Lagerbestand vorgehalten oder es kommt unweigerlich zu der Situation, dass eine Kundenanfrage aus dem Lagerbestand nicht bedient werden kann.

Problemverschärfung bei Variantenfertigung

Je zahlreicher die **Varianten** sind, desto eher werden **Fehlmengen** auftreten und desto **niedriger** wird der **Servicegrad** des Lagers sein, gemessen am Anteil der vom Lager unmittelbar bedienten Kundenaufträge. Verteilt sich der Bedarf auf zahlreiche Varianten, so wird zudem das **Verhältnis aus durchschnittlichem Periodenbedarf und** dem zur Aufrechterhaltung eines angemessenen Servicegrades erforderlichen **Lagerbestand** allein aus statistischen Gründen ungünstiger. Die Bevorratung von Endprodukten ist deshalb tendenziell mit hohen Lagerbestandswerten und geringen Servicegraden verbunden.

Eine **Lösung** des Problems kann darin bestehen, dass die **Bevorratungsebene** in der logistischen Kette weiter **nach hinten** verlagert wird: Werden statt der Endprodukte die Baugruppen und -komponenten bevorratet, aus denen die Produkte in der Endmontage zusammengebaut werden, so muss zwar eine **gewisse Lieferzeit** am Markt durchgesetzt werden, dafür können aber **individuelle Kundenwünsche** sicherer und **mit weniger Lagerbestand** erfüllt werden. Die Bevorratung von relativ wenigen Standardbaukomponenten erlaubt im Rahmen von Baukastensystemen die Produktion einer großen Zahl **individueller Produktvarianten**.

Bevorratung von Standardkomponenten

Auch wenn von den Endproduktvarianten jeweils nur eine geringe Stückzahl gefertigt wird, kann die **Produktionsmenge der Standardkomponenten**, die normalerweise in mehrere der Endproduktvarianten eingehen, ein wirtschaftliches Volumen erreichen. Der Bedarf an Standardkomponenten wird deshalb in der Zeit konstanter verlaufen und ein höheres Volumen aufweisen, als dies bei einer einzelnen Endproduktvariante der Fall sein kann. Das **Verhältnis von Lagerbestand zum durchschnittlichen Periodenbedarf** ist dadurch tendenziell günstiger und der **Servicegrad** des Lagers kann gleichzeitig **höher** sein.

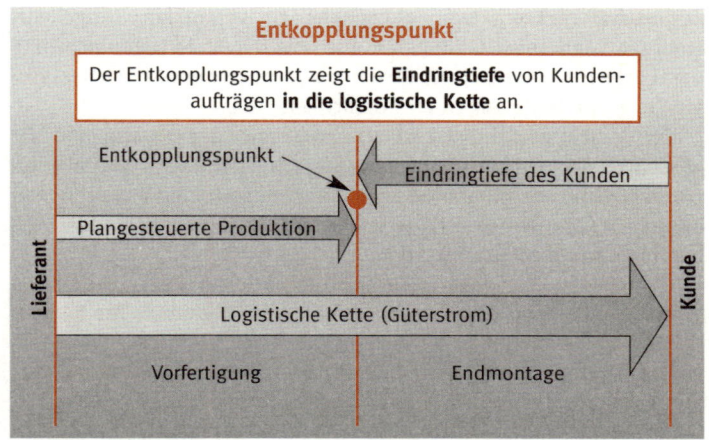

Abb. 5.8: Entkopplungspunkt

Entkopplungspunkt	Die Ebene der Bevorratung wird häufig auch als **Entkopplungspunkt** bezeichnet, da die vorgelagerte Fertigung durch die Bestandsführung vom Kundenauftrag entkoppelt wird.

- **Rechts** vom Entkopplungspunkt erfolgt die Fertigung ausschließlich **kundenauftragsgesteuert**, eine (kundenunabhängige) Lagerhaltung findet hier nicht mehr statt.
- **Links** vom Entkopplungspunkt wird **kundenanonym** auf der Grundlage prognostizierter Bedarfe produziert. Die Bedarfsmengen unterschiedlicher Kundenaufträge an **Standardkomponenten** können dann zu einem einzigen internen Fertigungsauftrag zusammengefasst werden. Hierdurch wird die gesamte **Fertigungssteuerung weniger komplex** und die **Fertigungsstückzahlen** (Losgrößen) erreichen tendenziell ein **höheres Volumen**.

Je weiter die Bevorratungsebene nach hinten wandert, desto länger werden die Lieferzeiten

Wird die **Bevorratungsebene** noch weiter nach hinten zu den Einzelteilen und Rohstoffen verschoben, so **sinkt** zwar der **Lagerbestandwert** weiter ab, gleichzeitig **verlängert** sich aber auch die **Lieferzeit** gegenüber dem Kunden.

Über die bisher skizzierten Überlegungen hinaus ist weiterhin über das zu wählende **Verfahren der Bedarfsermittlung** zu entscheiden sowie über die Dispositionsparameter der zu bevorratenden Komponenten, insbesondere über die **Höhe der Sicherheitsbestände und die gewünschten Lagerreichweiten**.

Planung der Lagerreichweite

Die **Lagerreichweite** wird ermittelt als Quotient aus dem aktuellen Lagerbestand und dem voraussichtlichen durchschnittlichen Lagerabgang je Periode. **Die Lagerreichweite muss größer sein als die Wiederbeschaffungszeit**, um Fehlmengen zu vermeiden. Umgekehrt stellt die Wiederbeschaffungszeit auch die minimale Lagerreichweite dar. Entsprechend kann der Bestand errechnet werden, der zur **Vermeidung von Fehlmengen** erforderlich ist.

Wiederbeschaffungszeit = minimale Lagerreichweite

Da der voraussichtliche durchschnittliche Lagerabgang und die geschätzte Wiederbeschaffungszeit mit Unsicherheiten behaftet sind, ist **zusätzlich** ein **Sicherheitsbestand** vorzuhalten, der Abweichungen ausgleicht. Die Bemessung der Höhe des Sicherheitsbestandes soll hier nicht weiter erörtert werden.

Planung des Sicherheitsbestandes

Die Summe aus dem Sicherheitsbestand und dem geschätzten Verbrauch während der Wiederbeschaffungszeit wird als **Meldemenge** bzw. als **Bestellpunkt** bezeichnet. Bei Erreichen dieser Bestandsgrenze ist eine Nachfertigung oder eine Nachbestellung auszulösen.

Bestellpunktrechnung

 *Meldemenge = Sicherheitsbestand + Verbrauch je Periode x Wiederbeschaffungzeit*

Bei einem Lagerbestand von 750 Einheiten und einem durchschnittlichen Verbrauch von 120 Einheiten je Woche reicht der Bestand für die kommenden 5 Wochen aus, wenn ein Sicherheitsbestand von 150 Einheiten berücksichtigt wird. Bei einer Wiederbeschaffungszeit von 2 Wochen besteht keine Fehlmengengefahr.

Die Meldemenge errechnet sich aus dem Sicherheitsbestand von 150 Einheiten plus dem voraussichtlichen Verbrauch während der Wiederbeschaffungszeit (2 Wochen mal 120 Einheiten/Woche). In diesem Beispiel beträgt die Meldemenge also 390 Einheiten.

Eine Nachbestellung ist erforderlich, wenn die Meldemenge erreicht oder unterschritten wird.

Als Verfahren der Bedarfsermittlung kommen grundsätzlich die deterministische und die stochastische (oder verbrauchsgesteuerte) Bedarfsermittlung in Betracht. Bei der deterministischen Bedarfsermittlung werden die Bedarfe an Komponenten und Teilen durch Stücklistenauflösung aus dem Primärbedarf abgeleitet. Die stochastische Bedarfsermittlung beruht auf einer statistischen Prognose auf der Grundlage von Vergangenheitsverbräuchen.

Wahl des Bedarfsermittlungsverfahrens

Die deterministische Bedarfsplanung muss nicht unbedingt genauer sein als die Bedarfsprognose aus Vergangheitsverbräuchen, da der Primärbedarf selbst Ergebnis einer stochastischen Prognose oder einer vagen und subjektiven Markteinschätzung sein kann. Selbst wenn die Stücklisten die Produktstruktur exakt widerspiegeln (was keineswegs unproblematisch ist), überträgt sich die Unsicherheit des Primärbedarfs im Zuge der Bedarfsrechnung auch auf die abgeleiteten Sekundärbedarfe. Zudem verzerren ungenaue Vorlaufzeiten möglicherweise die zeitliche Struktur des Bedarfs.

Deterministische Bedarfsplanung nicht unbedingt genauer

Ein geringe Vorhersagegenauigkeit erfordert hohe Sicherheitsbestände, insbesondere, wenn sie mit einer langen Lieferzeit kombiniert ist. Eine lange Lieferzeit bedingt zudem entsprechend hohe Lagerreichweiten und damit hohe Lagerbestände. Die daraus resultierenden Kapitalbindungskosten sind speziell bei hochwertigen Bedarfen wirtschaftlich nachteilig. Maßnahmen zur Verkürzung der Wiederbeschaffungszeit haben seit Beginn der 80er Jahre zur Just-In-Time-Bewegung geführt. In den Fällen, in denen eine Bevorratung wirtschaftlich geboten ist, sind Sicherheitsbestand und Lagerreichweite, in Abhängigkeit von der Vorhersagegenauigkeit und der Wiederbeschaffungszeit, festzulegen.

ZUSAMMENFASSUNG **ÜBUNG**

Nr. 68: Wovon hängt prinzipiell die Höhe des Sicherheitsbestandes ab?

Nr. 69: Erörtern Sie Begriff und Berechnung der Meldemenge.

Nr. 70: Unter welchen Umständen ist eine Bevorratung von Produkten oder Komponenten erforderlich bzw. sinnvoll?

5.3.1.3 Sekundärbedarfsrechnung

Sekundärbedarf

Aus dem Primärbedarf können unter Berücksichtigung der **Stücklistenstruktur** und eventueller frei verfügbarer Lagerbestände die abhängigen Materialbedarfe, die zur Herstellung des Primärbedarfs erforderlich sind, abgeleitet werden. Die Bezeichnung »**Sekundärbedarf**« stellt auf eben diesen Sachverhalt ab:

→ *Der Komponentenbedarf leitet sich aus dem Primärbedarf sekundär ab.*

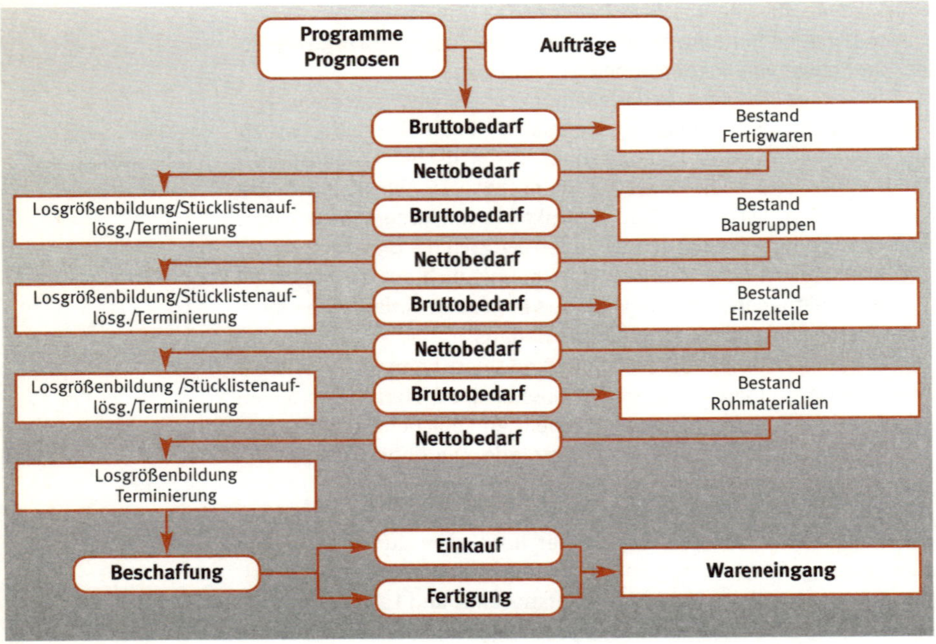

Abb. 5.9: Stufenweise Ermittlung des Sekundärbedarfs

Bei der Ermittlung geht man stufenweise vor, indem jeweils die Sekundärbedarfe ermittelt werden, die direkt zur Herstellung des übergeordneten Bedarfs benötigt werden. Erinnern wir uns an das Beispiel bei der Darstellung der Stücklisten:

Auf der obersten Stufe (1) wird angegeben, aus welchen Komponenten der Seminartisch 36122 direkt zusammengesetzt ist. Die Vorlaufzeit gibt an, wie viele Betriebskalendertage (BKT) vor dem für die Seminartische geplanten Fertigstellungstermin die Komponenten bereitgestellt werden müssen. Bezüglich des Tischgestells und der Tischplatte beträgt die Vorlaufzeit einen Betriebskalendertag. Zur Herstellung der Tischplatte müssen die Komponenten dagegen mit einem Vorlauf von fünf BKT verfügbar sein. Dies könnte etwa darin begründet sein, dass die Tischplatte nach dem Aufkleben des Furniers und des Umleimers erst austrocknen muss, bevor sie weiter verarbeitet werden kann. Zur Fertigung eines Primärbedarfs von 120 Seminartischen werden dementsprechend 120 Tischplatten und 120 Tischgestelle benötigt.

Stufe	OTL	OTLText	UTL	UTLText	Menge	Vorlauf
1	36122	Seminartisch	36118	Tischplatte	1	1 BKT
1	36122	Seminartisch	36119	Tischgestell	1	1 BKT
..2	36118	Tischplatte	36110	Spanplatte	1,6	5 BKT
..2	36118	Tischplatte	36112	Umleimer	5,6	5 BKT
..2	36118	Tischplatte	36117	Furnier	3,2	5 BKT
..2	36119	Tischgestell	36114	Rohrkappen	4	1 BKT
..2	36119	Tischgestell	36111	Stahlrohr	8,08	1 BKT

Von diesen Bedarfsmengen kann ein eventuell vorhandener frei verfügbarer Lagerbestand an Tischgestellen und -platten abgezogen werden.

Dieser Vorgang wird als **Nettobedarfsrechnung** bezeichnet.

Nettobedarfsrechnung

	Bruttobedarfsmenge
−	frei verfügbarer Bestand
=	Nettobedarfsmenge

Die Berücksichtigung des frei verfügbaren Bestandes setzt eine **differenzierte Bestandsführung** voraus, die zwischen verschiedenen **Bestandsarten** unterscheidet:

Buchmäßiger Lagerbestand
−   Sicherheitsbestand
−   Vormerkbestand
+   <u>Auftragsbestand</u>
=   frei verfügbarer Bestand

Ermittlung des frei verfügbaren Bestandes

Vom **Lagerbestand** ist der **Sicherheitsbestand** abzuziehen, der zum Ausgleich von Störungen gehalten wird und dementsprechend nicht verplant werden darf. Ebenfalls abzuziehen ist der **Vormerkbestand**, bei dem es sich um Mengen handelt, die bereits für andere Aufträge reserviert wurden. Schon bestellte, aber dem Lager noch nicht zugegangene Mengen werden hinzugerechnet, wenn sie bis zum Bedarfszeitpunkt eintreffen werden. Als Ergebnis errechnet sich der **frei verfügbare Bestand**, der der Nettobedarfsrechnung zu Grunde gelegt wird.

Berücksichtigung von Vorlaufzeiten

Bei der Berücksichtigung des **Auftragsbestandes** wird deutlich, dass hier die **Vorlaufzeit** zu beachten ist, denn es dürfen nur diejenigen Mengen eingerechnet werden, die spätestens einen Tag (= Vorlaufzeitverschiebung) vor dem Bedarfszeitpunkt der Seminartische verfügbar sein werden.

Beispiel

Unterstellen wir einen frei verfügbaren Bestand von 30 Tischplatten und 25 Tischgestellen, so verbleibt ein Nettobedarf von 90 Tischplatten und 95 Gestellen. Bei der weiteren Auflösung des Bedarfes gehen wir nun von diesen Werten aus. Auf der folgenden Ebene errechnet sich dann für die einzelnen Komponenten der Bruttobedarf wie folgt:

36112	Umleimer	90 x 5,6	= 504 m
36117	Furnier	90 x 3,2	= 288 qm
36114	Rohrkappen	95 x 4	= 380 Stück
36111	Stahlrohr	95 x 8,08	= 767,6 m

Es ist zu beachten, dass diese Mengen 6 Tage vor dem Bedarfszeitpunkt für die Seminartische bereitgestellt werden müssen. Soweit von den Komponenten zu diesem Zeitpunkt frei verfügbare Lagerbestände existieren, können sie in Abzug gebracht werden. Soweit einzelne Komponenten selbst verkauft werden – etwa als Ersatzteile – so sind diese Mengen zusätzlich zu berücksichtigen.

Es ist deutlich geworden, dass die Sekundärbedarfe **exakt** (d.h. deterministisch) aus dem Produktionsprogramm abgeleitet werden.

Das Verfahren heißt deshalb auch **programmgesteuerte Bedarfsermittlung**. Weiterhin wurde deutlich, welche Bedeutung die **Vorlaufzeitverschiebung** und die **differenzierte Bestandsführung** bei der Nettobedarfsrechnung haben. Das Verfahren kann zudem nur dann funktionieren, wenn jede Lagerbewegung **zeitnah** erfasst und **Bestandsreservierungen** vorgenommen werden.

Voraussetzungen programmgesteuerter Bedarfsermittlung

 *Der hiermit verbundene **Aufwand** rechtfertigt sich nur bei wichtigen Materialpositionen.*

ZUSAMMENFASSUNG ÜBUNG

Die Nettobedarfsrechnung errechnet aus dem Bruttobedarf durch Abzug des frei verfügbaren Bestandes zunächst den Nettobedarf. Der frei verfügbare Bestand ergibt sich aus dem Lagerbestand durch Abzug von Sicherheits-, Vormerk- und Auftragsbestand. Beim Auftragsbestand muss die Vorlaufzeit berücksichtigt werden. Diese Vorgehensweise heißt programmgesteuerte (Netto-)Bedarfsermittlung.

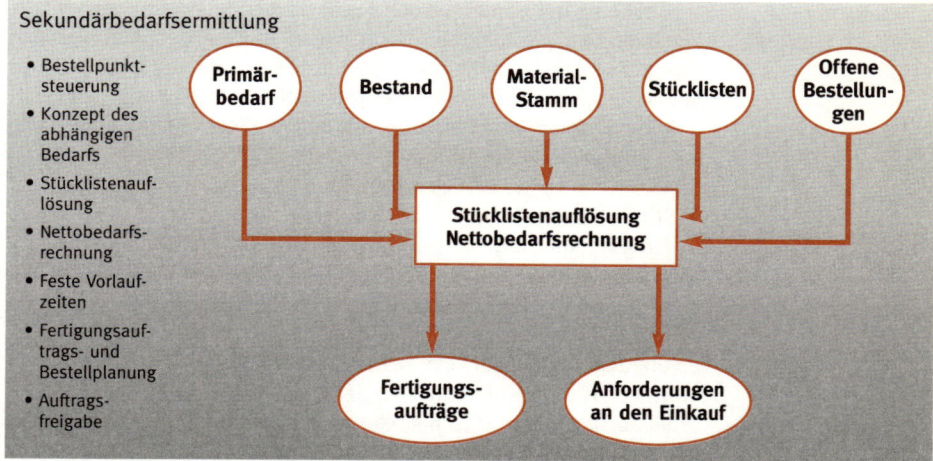

Abb. 5.10: Sekundärbedarfsermittlung

ZUSAMMENFASSUNG **ÜBUNG**

Nr. 71: Was verstehen Sie unter Primärbedarf und was unter Sekundärbedarf?

Nr. 72: Auf welche Informationsquellen kann sich die Ermittlung des Primärbedarfs stützen?

Nr. 73: Was verstehen Sie unter einer Planungsperiode und was unter einem Planungshorizont?

Nr. 74: Aus welchen Bestandteilen setzt sich die Durchlaufzeit bzw. die Wiederbeschaffungszeit zusammen?

Nr. 75: Inwieweit hängt der Prognosehorizont der Primärbedarfs-planung von der Fertigungsdurchlaufzeit ab?

Nr. 76: Zeigen Sie beispielhaft, dass der Primärbedarf über verschiedene Hierarchieebenen hinweg aggregiert werden kann.

5.3.2 Verbrauchsgesteuerte Materialbedarfsplanung

Gründe für die Anwendung verbrauchs-gesteuerter Verfahren

Wir haben gesehen, dass **nicht alle Materialpositionen** über eine **Stücklistenauflösung** geplant werden. Insbesondere bei **geringwertigen Norm- und Standardteilen**, die für nahezu alle Aufträge und Produkte (Schrauben, Klebstoffe, Widerstände etc.) oder als Betriebsstoffe in den betrieblichen Leistungsprozessen benötigt werden (Schmierstoffe, Treibstoffe, Putzwolle etc.) ist eine **programmgesteuerte Bedarfsplanung zu aufwändig** oder nicht sachgerecht.

Bei geringwertigen Standardteilen ist die programmgesteuerte Bedarfsplanung oft zu aufwändig

Häufig ist der **Bedarfsverlauf** für derartige Materialien auch relativ **konstant** und gleichmäßig. Denn, wenn die meisten Aufträge und Leistungsprozesse mehr oder weniger den gleichen Bedarf an diesen Materialien haben, wirken sich strukturelle Verschiebungen im Produktionsprogramm auf den Gesamtbedarf dieser Materialien kaum aus. Lediglich **Veränderungen** des **Beschäftigungsniveaus** führen dann auch zu einer **Niveauverschiebung** bzw. zu trendförmigen und saisonalen **Veränderungen** des Bedarfs.

Methoden

Für die Ermittlung des Periodenbedarfs eignen sich dann die gleichen **statistischen Verfahren,** die auch bei der Primärbedarfsplanung angewendet werden können. Sie werden dann lediglich direkt auf die Zeitreihen der Vergangenheitsverbräuche der betrachteten Materialpositionen angewandt. Ein Bezug zum Primärbedarf ist dabei nicht erforderlich. In Verbindung mit der **Bestandsplanung** ergeben sich schließlich die zur Sicherstellung der Versorgung erforderlichen **Bedarfsmengen**.

Push-Strategie

Die dargestellte Vorgehensweise ist eine so genannte **Push-Strategie**: Die voraussichtlichen Bedarfe werden auf der Grundlage einer **Prognose** zukunftsbezogen disponiert und bereitgestellt, bevor ein tatsächlicher Verbrauch stattgefunden hat. Das Material **schiebt** sozusagen die Fertigung an. Dies gilt auch für die programmgesteuerte Bedarfsermittlung, die sich ja indirekt auf zukünftige (i. d. R. prognostizierte) Primärbedarfe stützt. Die Problematik, die hierin liegt, werden wir im nächsten Abschnitt besprechen und daran anschließend alternative **Pull-Strategien** der Materialversorgung vorstellen.

 Betriebsstoffe und geringwerte Norm- und Standardteile mit gleichmäßigem Bedarfsverlauf werden stochastisch disponiert.

5.3.3 Bestellmengenrechnung

Die ermittelten Bedarfe können in der Regel nicht in jeder beliebigen Menge wirtschaftlich beschafft oder produziert werden. So genannte **Rüstkosten**, **auflagefixe/losfixe** oder **bestellfixe Kosten** würden bei Herstellung oder Bestellung nur weniger Einheiten die Stückkosten nach oben treiben. Auch ein wirtschaftlicher Transport setzt häufig **Mindestmengen** voraus.

Notwendigkeit einer Bestellmengenrechnung

Beispiel

Ein Unternehmen möchte Maschinenkomponenten von einem in China ansässigen Lieferanten kaufen. Die Bedarfsrechnung hat eine Menge von 300 Stück pro Monat für das nächste Jahr ermittelt. Der Lieferant teilt mit, dass er für die Einrichtung der Maschinen und sonstige vorbereitende Tätigkeiten je Bestellung 1.200 US$ berechnet. Zusätzlich kostet jede Einheit 22 US$. Weitere mengenunabhängige Kosten fallen für die Qualitätsprüfung vor der Verschiffung an, die durch eine Prüfungsgesellschaft vor Ort vorgenommen wird (400 US$). Die Spedition teilt mit, dass mindestens ein ganzer Container zu verschiffen ist, in den 3000 Einheiten hineinpassen. Der Containertransport kostet 1.000 US$. Die Kosten der Bestellabwicklung im eigenen Hause betragen etwa 200 US$. Die Teile sind nach Eingang in Europa zunächst bei einer Spedition einzulagern, von wo aus sie dann bedarfssynchron abgerufen werden können. Je Lagereinheit berechnet die Spedition Lagerkosten von 1 US$ pro Jahr.

Das Beispiel macht deutlich, dass die Festlegung der Bestellmenge ein eigenständiges **betriebswirtschaftliches Problem** ist, das unter Berücksichtigung von auflagefixen Kosten, Lagerkosten und Lagerdauer sowie verschiedener Mengenrestriktionen zu beurteilen ist. Praktische Fragestellungen können dabei sehr **komplex** werden.

Die so genannte **klassische Losgrößenformel** (Andlersche Formel) beschränkt sich auf die Betrachtung der grundsätzlichen Problematik

Komplexität des Problems in der Praxis

Grundsätzliche modellhafte Lösung

und wägt lediglich die **bestell- bzw. auflagefixen Kosten** gegen die **mengenabhängigen Kosten** der Lagerhaltung ab. Die folgende Legende erläutert die verwendeten Abkürzungen und gibt in Klammern die Werte aus dem obigen Beispiel an.

x_{opt} = optimale Losgröße (wird gesucht)

M = Jahresbedarfsmenge (3600 Einheiten)

P = Einstandspreis bzw. Herstellkosten je Einheit (22 US$)

Lhs = Lagerhaltungskostensatz
(Bruchteil des Bestandswertes) (1/22 US$)

BK = Auflagefixe bzw. bestellfixe Kosten (2.800 US$)

Gesamtkostenfunktion

Die **entscheidungsrelevanten Gesamtkosten** in Abhängigkeit von der Bestellmenge GK(x) setzen sich unter diesen Voraussetzungen zusammen

- aus den Kosten für die wiederholte Bestellung bzw. Auflage von Losen sowie
- aus den Lagerkosten der Periode, soweit sie von der Lagermenge abhängen.

$$K(x) = BK \cdot \frac{M}{x} + P \cdot Lhs$$

Andler-Formel

Die **optimale Losgröße** (oder Bestellmenge) errechnet sich als **Minimum dieser Gesamtkostenfunktion**. Mit Hilfe der Differenzialrechnung lässt sich die Formel für die optimale Losgröße leicht herleiten, sie lautet:

$$x_{opt} = \sqrt{\frac{2BK \cdot M}{p \cdot Lhs}}$$

Beispielrechnung

Die **Zahl der Lose** errechnet sich als Quotient aus der Jahresbedarfsmenge M und der gesuchten optimalen Losgröße x_{opt}; die jährlichen Lagerkosten ergeben sich aus dem durchschnittlichen Bestandswert multipliziert mit dem Lagerhaltungskostensatz. Für die Werte aus unserem Beispiel ergibt sich eine optimale Bestellmenge von

$$x_{opt} = \sqrt{\frac{2 \cdot 2800 \cdot 3600}{22 \cdot \frac{1}{22}}} = 4490 \text{ Einheiten}$$

Restriktionen bei der Anwendung

Am Ergebnis wird deutlich, dass die errechnete Losgröße nicht ohne weiteres realisiert werden kann. Die **Transportrestriktion** des Beispiels (3000 Einheiten je Container) erfordert weitere Entscheidungen:

- Sollen im Laufe des Jahres zwei Container bestellt werden, die nur zu 3/4 ausgenutzt werden?
- Oder soll der erste Container gänzlich gefüllt werden und für die zweite Bestellung eine Zuladung gesucht werden?
- Oder soll überhaupt nur ein voller Container bestellt werden und dafür die Produktionsmenge reduziert werden?

Die **isolierte Betrachtung** der Losgrößenproblematik wird der **Komplexität** des Problems und der **Verbundenheit** verschiedener Entscheidungen nicht gerecht. Die Kostenbetrachtung kann somit nur eine **erste Näherungslösung** liefern.

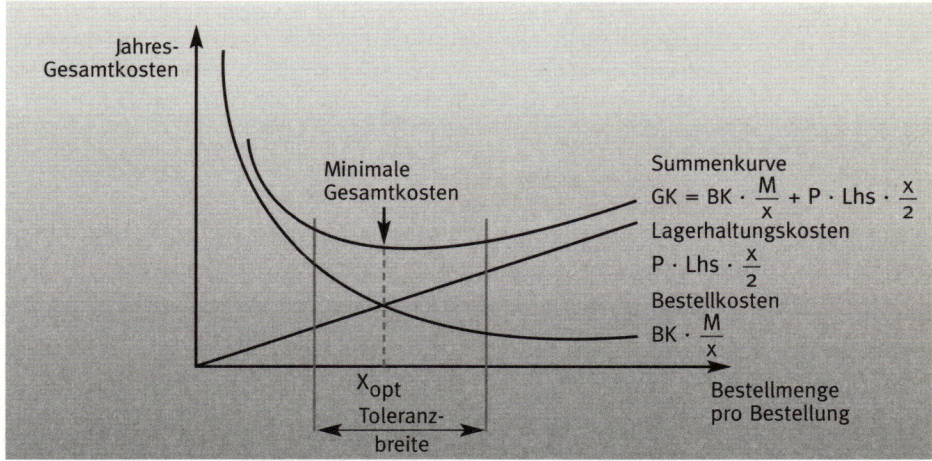

Abb. 5.11: Grafische Ermittlung der optimalen Losgröße

Praktische Relevanz

Diese **Näherungslösung** kann für die Praxis dennoch recht **brauchbar** sein, da die Kurve der entscheidungsrelevanten Gesamtkosten im Bereich des Optimums **sehr flach** verläuft. In einem relativ **weiten Intervall** um das Optimum herum verursachen abweichende Losgrößenentscheidungen deshalb keine wesentlichen Kostennachteile.

Auch die Tatsache, dass die **impliziten Annahmen**
- Unabhängigkeit der Entscheidung
- konstante und bekannte Bedarfsmenge
- keine Mindest- oder Höchstmengen
- mengenunabhängige, konstante Preise/Kosten für das Beschaffungsgut und die Lagerkosten

- Lieferzeit ist Null
- keine Fehlmengenproblematik
- kontinuierlicher Lagerabgang

der Modellrechnung **häufig realitätsfern** sind, wird hierdurch etwas erträglicher.

Grundmodell als Anknüpfungspunkt für differenziertere Verfahren

Die gesamte **Modellüberlegung** beschränkt sich auf die **Kostenbetrachtung**; Risikoaspekte, Probleme bei der Bedarfsprognose, terminliche Überlegungen und Aspekte der Qualität und der logistischen Verbundenheit der Entscheidung schlagen sich in dieser Analyse nicht nieder. Dennoch liefert die klassische wirschafliche Losgröße das **Grundmodell** für zahlreiche differenziertere Verfahren der Losgrößenrechnung, die hier nicht näher erörtert werden sollen.

In der Praxis werden derartige Überlegungen häufig nur **fallweise** angestellt und dabei eine bis auf weiteres **feste Losgröße** definiert, die neben den Kostenzusammenhängen weitere **logistische Aspekte** berücksichtigt. Hierbei fließen Erfahrung und Intuition des Disponenten ein.

ZUSAMMENFASSUNG **ÜBUNG**

Die Andlersche Formel liefert trotz der einschränkenden Modellannahmen eine brauchbare Näherungslösung für die optimale Losgröße, weil die Kurve im Bereich des Optimums flach verläuft. Bei der Anwendung der optimalen Losgröße muss allerdings berücksichtigt werden, dass für ihre Ermittlung nur Kostenaspekte berücksichtigt werden.

ZUSAMMENFASSUNG **ÜBUNG**

Nr. 77: Welchen Unterschied macht es, ob Sie den Bedarf für eine Komponente deterministisch aus einem unsicher prognostizierten Primärbedarf oder stochastisch auf Grund von Vergangenheitsverbräuchen ermitteln?

Nr. 78: Wie errechnet sich der frei verfügbare Lagerbestand?

Nr. 79: Worin besteht die Problematik fest geplanter Vorlaufzeiten bei der programmgesteuerten Sekundärbedarfsermittlung?

Nr. 80: Aus welchen Gründen ist nach der Nettobedarfsrechnung noch eine Bestellmengenrechnung erforderlich?

Nr. 81: Welche Faktoren könne die Höhe der Bestellmenge bzw. der Fertigungslosgröße beeinflussen?

5.3.4 Kapazitäts- bzw. Terminplanung

Die nachfolgende Übersicht ordnet die Kapazitäts- und Terminplanung in den **Gesamtzusammenhang** der Produktionsplanung und -steuerung ein.

Kapazitäts- und Terminplanung im Kontext des MRP II

Bereits bei der Primärbedarfsplanung erfolgte ein **grober Kapazitätsabgleich**, sodass im Rahmen der **Feinplanung** hierauf aufgebaut werden kann.

Die auf dem Primärprogramm aufbauende Materialbedarfsplanung hat zunächst **keine Kapazitätsgrenzen** berücksichtigt. Dies erfolgt in dem nachfolgend dargestellten **getrennten Schritt** der Kapazitäts- und Terminplanung. Falls sich hierbei **Kapazitätsengpässe** ergeben, muss die **Materialbedarfsplanung** in der Folge hieran **angepasst** werden. Die **Planung** erfolgt also **iterativ**, wobei bei jeder Iteration auf die Ergebnisse des vorausgehenden Iterationsschrittes aufgesetzt wird.

Planung erfolgt iterativ

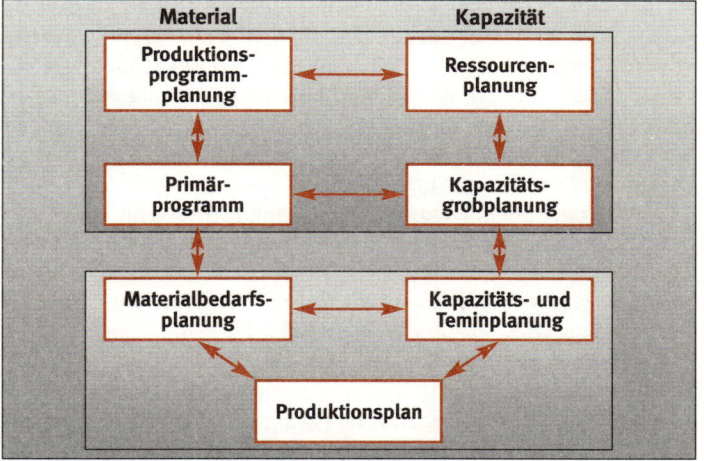

Abb. 5.12: Iterative Material- und Kapazitätsbedarfsplanung

5.3.4.1 Durchlaufterminierung

Die **Durchlaufterminierung** ist die **erste Stufe** der Kapazitäts- und Terminplanung. Auch hierbei werden noch **keine Kapazitätsgrenzen** berücksichtigt, d.h., man geht im Prinzip von **unendlichen** Kapazitäten aus. Zweck der Rechnung ist die Ermittlung der **spätesten Start- bzw. frühesten Endtermine** für die Abwicklung der Fertigungsaufträge.

Durchlaufterminierung

Die **zeitliche Struktur** der Auftragsabwicklung ergibt sich aus den **Arbeitsplänen** sowie aus getrennt geplanten **Übergangszeiten**.

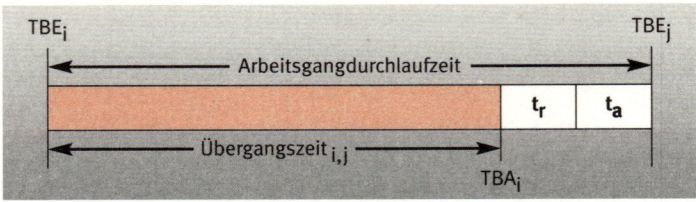

Abb. 5.13: Zeitliche Struktur der Auftragsabwicklung

<table>
<tr><td>Komponenten der
Durchlaufzeit</td><td>Die **Durchlaufzeit** für einen Arbeitsgang, d.h. für einen Bearbeitungsschritt in der Fertigung, ergibt sich aus der Summe von **Übergangszeit**, **Rüstzeit** (t_r) und **Ausführungszeit** (t_a). Sie definiert die Zeitspanne zwischen dem Endzeitpunkt des vorangehenden Arbeitsganges i (TBE_i) bis zum Ende des betrachteten Arbeitsganges j (TBE_j).
Rüstzeit und Ausführungszeit ergeben sich aus dem Arbeitsplan in Verbindung mit der Auftragsmenge. Während die Rüstzeit unabhängig von der Auftragsmenge ist, errechnet sich die Ausführungszeit als Produkt aus der Auftragsmenge und der Bearbeitungszeit je Einheit.</td></tr>
</table>

Die **Durchlaufzeit** für einen Arbeitsgang, d.h. für einen Bearbeitungsschritt in der Fertigung, ergibt sich aus der Summe von **Übergangszeit**, **Rüstzeit** (t_r) und **Ausführungszeit** (t_a). Sie definiert die Zeitspanne zwischen dem Endzeitpunkt des vorangehenden Arbeitsganges i (TBE_i) bis zum Ende des betrachteten Arbeitsganges j (TBE_j). **Rüstzeit und Ausführungszeit** ergeben sich aus dem Arbeitsplan in Verbindung mit der Auftragsmenge. Während die Rüstzeit unabhängig von der Auftragsmenge ist, errechnet sich die Ausführungszeit als Produkt aus der Auftragsmenge und der Bearbeitungszeit je Einheit.

Die **Übergangszeit** ist die Zeitspanne von der Beendigung des vorangehenden Arbeitsganges i (TBE_i) bis zum Beginn des Arbeitsganges j (TBA_j). Die Übergangszeiten werden häufig in einer eigenen Datenstruktur – der Übergangsmatrix – abgelegt.
Bestandteile der Übergangszeit sind:

- **Warten nach Bearbeitung** in Arbeitsgang i: Diese Zeit ergibt sich dadurch, dass normalerweise das gesamte Los erst abgearbeitet werden muss, bevor ein Transport des Materials zum nächsten Arbeitsgang erfolgen kann und aus der Tatsache, dass es dann noch eine Weile dauern wird, bis der Transport zum nächsten Arbeitsgang beginnt.
- **Transportzeit**
- **Warten vor Bearbeitung** in Arbeitsgang j: Diese Zeit hängt maßgeblich von der Zahl der Aufträge, die sich vor dem Arbeitsgang j in der Warteschlange befinden, und dem darin enthaltenen Arbeitsvolumen ab. Diese Wartezeit unterliegt häufig einer besonders starken **Fluktuation**, da Warteschlangen von zahlreichen **Zufälligkeiten** beeinflusst werden können. So können Störungen im Arbeitsgang zu einer Verlängerung der Warteschlange führen oder eine ungünstige Reihenfolgeentscheidung kann den Bearbeitungsbeginn eines Auftrags hinauszögern.

Trotz der **Unsicherheit der Übergangszeiten** wird im Rahmen der Produktionsplanung und -steuerung mit festen **Arbeitsgangdurchlauf-**

zeiten geplant. Dass dies zu erheblicher **Ungenauigkeit** bei der Terminplanung führen muss, ist jedem klar, der etwa regelmäßig am Freitag Nachmittag mit dem Auto von Frankfurt nach Nürnberg fährt.

Ausgehend vom **frühesten Startzeitpunkt** (im Zweifel der dem Planungslauf folgende Betriebskalendertag) erfolgt eine **Vorwärtsterminierung**, um den frühesten Fertigstellungszeitpunkt zu ermitteln. Geht man umgekehrt vom **spätesten Fertigstellungszeitpunkt** (dem Wunschtermin des Kunden) aus, erhält man als Ergebnis der **Rückwärtsterminierung** den spätesten Startzeitpunkt des Auftrags.

Vorwärts- und Rückwärtsterminierung

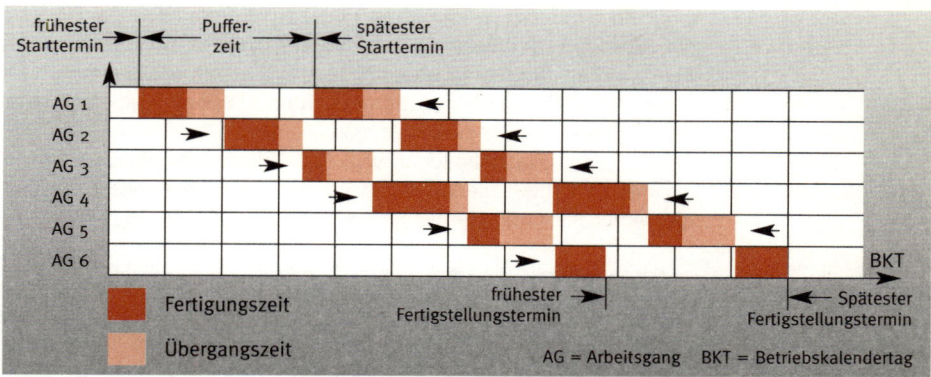

Abb. 5.14: Beispiel für Vorwärts- und Rückwärtsterminierung

Die Abbildung zeigt beispielhaft die **Terminierungsrechnung** für einen Auftrag, der sechs Arbeitsgänge in der gegebenen Reihenfolge durchlaufen muss. Ausgehend vom frühesten Startzeitpunkt wird der Auftrag unter Berücksichtigung der festen geplanten Fertigungs- und Übergangszeiten nacheinander in die Arbeitsgänge eingelastet. Als Ergebnis dieser **Vorwärtsterminierung** ergibt sich der frühestmögliche **Fertigstellungstermin** je Arbeitsgang und am Ende der für den gesamten Auftrag.

Beispielhafte Terminierungsrechnung

Ausgehend vom spätesten Fertigstellungstermin erfolgt in umgekehrter Reihenfolge die **Rückwärtsterminierung**. Hierbei errechnen sich die spätesten **Starttermine** für jeden Arbeitsgang sowie für den gesamten Auftrag.

Je Arbeitsgang wird zudem eine **Pufferzeit** ermittelt, die jeweils zwischen dem frühesten und dem spätesten Starttermin liegt. Im Rahmen dieser Pufferzeit kann der Bearbeitungsstart eines Arbeitsganges verschoben werden, ohne den spätesten Fertigstellungstermin zu gefährden.

Pufferzeit, um bei kleinen Verschiebungen den Fertigstellungstermin nicht zu gefährden

5.3.4.2 Kapazitätssteuerung

Berücksichtigung von
Kapazitätsengpässen

Im Rahmen der **Kapazitätsanpassung** findet erstmalig eine explizite Berücksichtigung der Begrenztheit von Kapazitäten statt.

Auftragseinlastung

Zahlreiche Aufträge, die im Rahmen der Durchlaufterminierung einem Arbeitsgang mit frühestem und spätestem Starttermin zugeordnet wurden, **konkurrieren** möglicherweise um die Nutzung **unzureichender Kapazität**. Dies wird dadurch transparent gemacht, dass für jede Kapazitätseinheit ein Belastungskonto mit relativ kleinem **Zeitraster** (z. B. ein Betriebskalendertag) geführt wird. Die zu bearbeitenden Aufträge werden in das Belastungskonto nach Maßgabe einer **Prioritätsregel** eingelastet. Eine solche Prioritätsregel ist etwa die **KOZ-Regel** (Kürzeste Operationszeit). Danach wird von den für den gleichen Betriebskalendertag zur Einlastung anstehenden Aufträgen zunächst derjenige berücksichtigt, dessen Rüst- und Ausführungszeit am geringsten ist, usw.

Belastungsprofil

Die nachfolgende Abbildung zeigt eine **Belastungsprofil**, das die Normalkapazität sowie die aus der Planung resultierende Belastung über die Betriebskalendertage (BKT) hinweg im Vergleich sichtbar macht.

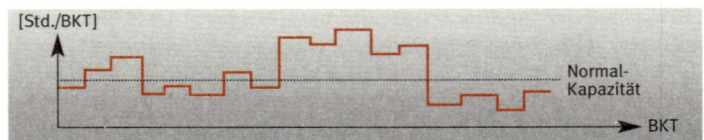

Abb. 5.15: Kapazitätsbelastung einer Einheit

Kurzfristige Überbelastungen einer Kapazitätseinheit können ggf. durch Verschieben innerhalb der Pufferzeiten **ausgeglichen** werden. Bestehen allerdings **gravierendere Diskrepanzen** zwischen der verfügbaren Kapazität und dem Belastungsvolumen, so reicht eine einfache Verschiebung nicht mehr aus. Dann sind **Maßnahmen** zu ergreifen, die entweder die **Kapazität erweitern** oder aber durch Auslagerung von Arbeitsgängen die **Belastung senken**:

Anpassungsmaßnahmen

- Einsatz zusätzlicher Maschinen und zusätzlichen Personals
- Verlängerung der Betriebszeit (Überstunden, Zusatzschichten)
- Auswärtsvergabe von Arbeitsgängen in Lohnfertigung (verlängerte Werkbank)
- Nutzung von Ausweichmaschinen

Fristigkeit von Anpassungsmaßnahmen

Die **Fristigkeit** solcher Anpassungsmaßnahmen ist je nach Ausgestaltung sehr **unterschiedlich**. So ist der Einsatz **zusätzlicher Maschinen** und zusätzlichen **Personals** nur **mittelfristig** möglich; **Überstunden** und operative **Auswärtsvergabe** können dagegen durchaus **kurzfristiger** Natur sein.

Die Kapazitäts- und die Terminplanung finden in aufeinander folgenden Schritten statt. Die Durchlaufterminierung ermittelt ohne Berücksichtigung von Kapazitätsgrenzen die frühestmöglichen Fertigstellungstermine (Vorwärtsterminierung) oder die spätestmöglichen Starttermine (Rückwärtsterminierung).

Bei der Kapazitätssteuerung wird das Belastungsprofil jeder Kapazitätseinheit ermittelt. Bei Überlastung kann durch verschiedene Maßnahmen Abhilfe geschaffen werden.

Nr. 82: Wann werden im Rahmen des MRP II-Konzeptes erstmalig Kapazitätsrestiktionen berücksichtigt?

Nr. 83: Welche Faktoren beeinflussen die Länge der Übergangszeiten von einem Arbeitsgang zum nächsten?

Nr. 84: Welche Maßnahmen sind zum Ausgleich von Kapazitätsangebot und Kapazitätsbedarf geeignet?

5.3.5 Grenzen und Probleme traditioneller ERP-Systeme

Die zentrale Produktionsplanung und -steuerung ist auf die **interne Sicht** des Betriebes beschränkt. Engpässe, die außerhalb des Betriebes liegen, insbesondere **Störereignisse** und **Engpässe** bei den Lieferanten sowie **Transportengpässe** oder **kundenseitige Restriktionen**, gehen **nicht** unmittelbar in das **Planungssystem** ein.

PPS ist nur innerbetrieblich fokussiert

Die Planung erfolgt **zentral** und die einzelnen Planungsschritte werden **nacheinander** durchgeführt. Ein **ganzheitliches Optimum** kann wegen der Rückwirkungen zwischen den einzelnen Planungsstufen deshalb **nicht** immer erreicht werden. Störungen und sonstige Veränderungen in dem durch **Unsicherheit** geprägten Auftrags- und Kapazitätsnetzwerk schlagen sich nicht unmittelbar im zentralen Planungsmodell nieder. Darunter kann die **Realitätsnähe** der Planung leiden.

Zentrale Sukzessivplanung

Trotz aller moderner Informations- und Kommunikationstechnik orientiert sich die Planungssystematik noch immer am **Stapelbetrieb** der Datenverarbeitung. Die komplexen Eingangsdaten werden in

Batchorientiert

einem geschlossenen Planungslauf durchgerechnet und damit ein neuer Planungsstand generiert. Die heute geforderte **Agilität** des Unternehmens, das heißt die Fähigkeit, unmittelbar auf Veränderungen des Kundenbedarfs, auf Engpässe und Chancen in den Beschaffungsmärkten sowie auf Störungen des logistischen Ablaufs zu reagieren, kann damit nur unzureichend sichergestellt werden.

Unbefriedigend **hohe Bestände** an fertigen und unfertigen Erzeugnissen sind die Folge dieser **Schwachstellen** des MRP II-Ansatzes. Diese Problematik wurde mit Beginn der 80er Jahre zunehmend als schmerzhaft empfunden, da die Märkte immer **kürzere Lieferzeiten** und **Innovationszyklen** verlangten.

5.4
PULL-SYSTEME DER
FERTIGUNGSSTEUE-
RUNG

Die bisher dargestellten Systeme der Fertigungssteuerung bauen auf dem Grundkonzept des **MRP II** auf und finden ihr Anwendungsgebiet insbesondere in der **Werkstatt- und Gruppenfertigung**.

Das **Pull-System**, das wir in diesem Kapitel vorstellen, orientiert sich am Gedanken von **Just-In-Time** (JIT). Dieses Konzept strebt die möglichst **lagerlose bedarfssynchrone Bereitstellung** von Vormaterialien an. Die Sicht ist hierbei auch nicht allein auf die innerbetrieblichen Abläufe beschränkt, vielmehr werden alle Stufen der (überbetrieblichen) **logistischen Kette** in die Betrachtung einbezogen.

Voraussetzungen
des JIT

Voraussetzung von Just-In-Time ist eine Restrukturierung des Produktionsprozesses mit den Zielen:

- Reduzierung von **Rüstzeiten**
- möglichst geringe Losgrößen mit dem Ideal der **Losgröße »1«**
- **Harmonisierung** des Bedarfsverlaufs in der Zeit
- gerichteter und **klarer Materialfluss**, etwa durch Fertigungssegmentierung.

Die **Restrukturierung des Fertigungsprozesses** gelingt insbesondere durch den Einsatz moderner, flexibel automatisierter, **Fertigungstechnik**, setzt aber auch eine Flexibilisierung der personellen Ressourcen voraus.

> *Ziel des Just-In-Time ist letztlich eine Abstimmung aller Stufen der Wertschöpfungskette auf den Bedarf des Endkunden im Markt. JIT verkörpert damit die Kundenorientierung in der Logistik.*

In den vorausgegangenen Überlegungen ist bereits deutlich geworden, dass kurze Durchlaufzeiten und geringe Lagerbestände zwingende Voraussetzungen hierfür sind. Geringe Lagerbestände machen ein Fertigungssystem aber sensibel für Störungen aller Art. Da Probleme nicht mehr durch Lagerbestände gepuffert werden können, schlägt sich jede Störung mit nur geringer Verzögerung in Fehlmengen und Maschinenstillständen nieder.

Sensibilität von JIT-Systemen

Neben der guten Vorhersehbarkeit und einem möglichst harmonischen, gleichmäßigen Bedarfsverlauf sind die Fehlerfreiheit der angelieferten Vormaterialien, d.h. die qualitative Stabilität aller Prozesse, die nahezu hundertprozentige Verfügbarkeit der Anlagen sowie kurze und störungsfreie Transportwege Vorausetzungen einer Just-In-TimeFertigung.

Qualität als Voraussetzung des JIT

Das nachfolgend dargestellte Kanban-System ist nicht identisch mit dem Just-In-Time, aber es verkörpert dieses Prinzip idealtypisch.

Grundgedanke dieses Systems ist das Supermarktprinzip. Der Verbraucher entnimmt selbst die benötigte Ware aus dem Regal und löst damit mehr oder weniger unmittelbar ein Nachfüllen der Regallücke aus. Weil nur begrenzt Regalfläche vorhanden ist, wird nur die entstandene Lücke aufgefüllt. Die Nachlieferung stützt sich damit nicht auf eine Verbrauchsprognose, vielmehr zieht der Verbrauch (hier der Kauf durch den Kunden) die Nachlieferung nach sich (Pull-Prinzip).

Kanban als Realisierung des Pull-Prinzips

Die Entwicklung dieses Grundgedankens zu einem geschlossenen Produktionssteuerungssystem erfolgte durch den japanischen Automobilhersteller Toyota. Da Materialbegleitkarten (Pendelkarten) im Rahmen dieses Systems eine zentrale Rolle spielen, hat das japanische Wort für Schild bzw. Karte – nämlich Kanban – dem System seinen Namen gegeben.

Pendelkarten (jap. Kanban) spielen eine zentrale Rolle

Die Verwirklichung des Prinzips hängt natürlich nicht von der Verwendung physischer Pendelkarten ab, diese werden immer häufiger durch elektronische Signale ersetzt (elektronischer Kanban). Voraussetzung des Kanban-Systems ist lediglich eine eindeutige Identifizierung jeder Ladeeinheit und eine begrenzte Zahl im Umlauf befindlicher Ladeeinheiten.

Karten werden immer häufiger durch elektronische Signale ersetzt

 Grundlage des Steuerungskonzeptes ist eine in selbststeuernde Bereiche (Regelkreise) gegliederte variantenreiche Massenfertigung von Standardkomponenten.

Da die Flexibilität der Fertigungskapazitäten wirtschaftlich und technisch stets begrenzt ist, erfordert das Kanban-Konzept einen relativ kontinuierlichen und nur geringfügig schwankenden Bedarfsverlauf.

Produktstrukturkriterien in der Kanban-Anwendung			Auftragskriterien der Kanban-Anwendung		
Produktstruktur			**Auftragsstruktur**		
gut geeignet	geeignet	ungeeignet	gut geeignet	geeignet	ungeeignet
Standardprodukte mit großer Wiederholhäufigkeit von Teilen in allen Produktstufen	Variantenerstellung mit Hilfe eines modular aufgebauten Baukastensystems	spezifische Einzelfertigung über mehrere Produktstufen	Massenfertigung mit großer Wiederholhäufigkeit der Aufträge • Automobile • Kameras • Elektrogeräte	Serienfertigung mit Varianten und schwankenden Auftragsstückzahlen • Landmaschinen • Haushaltsgeräte • Universal-Werkzeugmaschinen	Einzelfertigung mit großer Variantenhäufigkeit • Spezialmaschinen • Anlagen • Schiffe

Wiederholhäufigkeit von Teilen

Stetigkeit von Auftragseingang und -zusammensetzung

Abb. 5.16: Produkt- und Auftragsstrukturkriterien der Kanban-Anwendung

Funktionsweise der Kanban-Steuerung

Materialien werden ausschließlich in **standardisierten Behältern** mit festgelegtem Fassungsvermögen transportiert und bereitgestellt. Jeder volle Behälter wird von einem **Datenträger** – eben einem Kanban – begleitet, der Art, Menge sowie die Herkunft (Quelle) und den Verbrauchsort (Senke) des Materials enthält. Diese Behälter werden in der Teilefertigung direkt befüllt, zum Verbrauchsort transportiert und dort entleert. Der Kanban wird bei Anbruch eines neuen Behälters **zur Quelle zurückgeführt** und löst dort eine **Nachlieferung** bzw. Nachfertigung aus.

→ *Ohne entsprechenden Kanban darf die Produktion (Quelle) das betreffende Teil nicht fertigen.*

Zahl der Kanbans beschränkt Pufferbestand

Durch die **begrenzte Anzahl** der Kanbans ist zwischen der Teilefertigung und dem Verbrauch nur ein **begrenzter Materialbestand** möglich. Erst durch den Verbrauch einer Behältereinheit wird ein Kanban »frei« und dadurch eine Nachlieferung bzw. Nachfertigung möglich: **Nur was verbraucht wurde, wird gefertigt.**

Eine nach dem Kanban-Prinzip gesteuerte Fertigung ist also **keine bestandslose Fertigung**. Vielmehr ist ein **Pufferbestand** erforderlich. Er überbrückt die **Wiederbeschaffungszeit** zwischen dem Anbruch eines Behälters, durch den ein Kanban frei wird, und dem Zeitpunkt, zu dem die hierdurch signalisierte Verbrauchsmenge nachgefertigt werden kann.

Die **Anzahl** der zum reibungslosen Funktionieren des Systems erforderlichen Kanbans errechnet sich analog zur Ermittlung des Sicherheitsabstandes bei der Bestelldisposition im Lager. Bezeichnet

Ermittlung der Anzahl benötigter Kanbans

X_D : den **durchschnittlichen Periodenbedarf** des betrachteten Materials
WBZ: die **Wiederbeschaffungszeit** zur Nachlieferung des Materials
S_F: einen **Sicherheitsfaktor** zur Berücksichtigung der Schwankung des Bedarfs
X_S: die **Standardmenge** je Behälter

so errechnet sich die Zahl der benötigten Kanbans n gemäß:

$$n = \frac{X_D \cdot WBZ \cdot (1 + S_f)}{X_S}$$

Die **Anzahl** n der benötigten Kanbans berechnet sich also als Quotient aus dem **durchschnittlichen Bedarf** während der Wiederbeschaffungszeit (multipliziert mit einem Sicherheitsfaktor) und der **Standardmenge** je Behälter.

Da zur Ermittlung der Kanban-Anzahl die Kenntnis des durchschnittlichen Periodenbedarfs erforderlich ist, stützt sich ein Kanban-System immer auf eine (grobe) **Produktionsprogrammplanung**. Bevor wir uns der näheren Betrachtung des Steuerungsablaufs zuwenden, lernen Sie einige **grundlegende Prinzipien der Kanban-Steuerung** kennen:

Prinzipien der Kanban-Steuerung

- Jede **Verbrauchstelle** (Senke) muss die benötigten Materialien von einem Pufferlager abholen bzw. die **Abholung veranlassen**, falls ein eigenständiges Transportsystem existiert. Dies steht im Gegensatz zur sonst üblichen Bringpflicht, danach werden die planmäßig fertiggestellten Teile von der Fertigungsstelle weitergeleitet. Das Bringprinzip (»Das Material schiebt!«) führt tendenziell zu hohen Beständen zwischen den (nicht exakt abstimmbaren) Fertigungsstufen.

Holpflicht

- Eine Verbrauchsstelle (Senke) darf nicht mehr Materialien entnehmen, als benötigt werden. Salopp formuliert: **keine »schwarzen« Bestände**.

Keine unkontrollierte Lagerung

- Eine **Lieferstelle** (Quelle) darf nur nach **Maßgabe** der ihr zugeleiteten **Kanban-Karten** produzieren.
- Es dürfen nur **fehlerfreie** Teile weitergeleitet werden.

Die Anwendung des Kanban-Prinzips führt zu einer **Produktivitätserhöhung** durch Reduzierung von Rüstzeiten, gleichmäßiger Kapazitätsauslastung und Freisetzung von Rationalisierungspotenzialen.

Werden die Kanban-Prinzipien befolgt, so erfolgt die Fertigungssteuerung durch **Selbstregulierung.** Insbesondere ergibt sich aus dem Prinzip »keine unkontrollierte Lagerung«, dass die benötigten Artikel **zur richtigen Zeit** (Just-In-Time) gefertigt werden. Aus dem Prinzip »keine Vorratsproduktion« folgt eine **Bestandsminimierung**, denn es wird nicht mehr gefertigt, als gebraucht wird.

Wenn nach Maßgabe der zugeleiteten Kanban-Karten gefertigt wird und nur fehlerfreie Teile weitergeleitet werden, ist die **Lieferbereitschaft gewährleistet**. Dies setzt allerdings auch eine **100%ige Einsatzbereitschaft der Anlagen** durch vorbeugende Wartung und Instandhaltung (**Total Productive Maintenance**) voraus.

Bei der Realisation einer Kanban-Steuerung können wir **zwei Ausgestaltungsformen** unterscheiden:
- **Ein-Karten-Systeme** verwenden nur **eine Karte**, die **eine Quelle** und eine Senke direkt verkoppelt.
- **Zwei-Karten-Systeme** verwenden einen Produktionskanban zur Steuerung des Materialflusses zwischen der Quelle und einem Pufferlager und einen Transportkanban zur Versorgung der Senke aus dem Pufferlager.

Den prinzipiellen Steuerungsablauf eines **Ein-Karten-Kanban-Systems** finden Sie in der folgenden Abbildung dargestellt. Es findet Anwendung in Just-In-Time-Systemen, bei denen die Senke ohne Zwischenlagerung direkt aus der Fertigung der Quelle versorgt wird (**Direktkette**).

1. Ein Mitarbeiter der Senke (z.B. Montage) hat einen Behälter **geleert**, den er zur Quelle **zurückschickt**. Der den Behälter begleitende Kanban wird entnommen und in den dafür vorgesehenen Kanban-Briefkasten (**Auftragsbox**) gestellt. Alternativ könnte durch einen **Barcodeleser** die Nummer des Kanbans gescannt und im Computersystem der **Status** des Behälters von »voll« auf »leer« gesetzt werden. Danach bricht er einen **neuen** vollen Behälter an.
2. Der **Kanban-Briefkasten** wird regelmäßig geleert und die darin enthaltenen Kanbans werden an die auf der jeweiligen Karte

angegebene Quelle (Lieferant, interne Fertigungsstelle) weitergeleitet. Sie haben für die **Quelle** die Funktion eines Fertigungs- bzw.
Lieferauftrages. In informationstechnisch unterstützten Systemen
wird die gescannte Verbrauchsinformation auf **elektronischem
Wege** in einen entsprechenden Fertigungs- bzw. Nachlieferungs-
auftrag für die Quelle umgesetzt.

Abb. 5.17: Kanban-Regelkreis im Ein-Karten-System

3. Die **Quelle produziert** die mit dem Kanban angeforderten Teile in
der definierten Standardmenge und veranlasst den Abtransport in
den vorgesehenen Standardbehältern mit genau festgelegtem
Inhalt je Behältereinheit zur Senke. In konventionellen Systemen
werden die den Auftrag auslösenden Kanbans den gefüllten
Behältern beigefügt.
In informationstechnisch unterstützten Systemen wird in der
Regel ein **neuer Kanban ausgedruckt**, der an den Behälter ange-
bracht wird, oder es wird die Nummer eines fest am Behälter
angebrachten Kanbans eingescannt, wodurch der **Status** im DV-
System von leer auf voll gesetzt wird.

Das **Zwei-Karten-System** findet Anwendung, wenn die Senke nicht
direkt aus der Fertigung, sondern aus einem Zwischenlager versorgt
wird (**einstufige Lagerkette**). Man unterscheidet in diesem Fall einen
Transport-Kanban und einen **Produktions-Kanban**.

Zwei-Karten-Kanban-
System

Es existieren somit zwei verbundene, aber qualitativ **unterschiedliche Regelkreise**.

Das Zwei-Karten-System hat **zunächst den gleichen Ablauf** wie das
Ein-Karten-System. Im Unterschied dazu handhabt der Mitarbeiter
der **Senke** jedoch lediglich den **Transport-Kanban**.

1. Die Information der Transport-Kanbans der entleerten Behälter
wird entweder durch Entnahme der Karten oder durch Einscannen
der Kanban-Nummern erfasst. Der **Status** der Behälter wechselt
damit von »voll« auf »leer«. Die leeren Behälter werden in geeigneter Weise zurückgeführt. Hierdurch wird ein Transportauftrag

zur **Nachlieferung** der verbrauchten Mengen aus dem **Lager** ausgelöst.

Abb. 5.18: Kanban-Regelkreis im Zwei-Karten-System

2. Im **Lager** wird eine entsprechende Zahl voller Behälter für den Weitertransport ausgelagert. Die den Behältern beigefügten **Produktions-Kanbans** werden entnommen und als Nachfertigungsauftrag zur **Quelle** weitergeleitet. In informationstechnisch unterstützten Systemen reicht es wiederum, die Nummer der Produktions-Kanbans zu scannen, wodurch der Status des Behälters auf »ausgelagert« verändert wird und gleichzeitig ein Nachfertigungsauftrag ausgelöst wird.

Notwendigkeit qualifizierter Mitarbeiter

Trotz der Einfachheit der erörterten Steuerungskonzepte funktioniert das Kanban-Prinzip in der Praxis nur mit **gut ausgebildeten und motivierten Mitarbeitern**, die sich ihrer **Verantwortung** für einen reibungslosen Materialfluss bewusst sind. Die Bereitschaft zur Übernahme dieser Verantwortung kann keineswegs als selbstverständlich angesehen werden.

Die erforderliche **Flexibilität** der Fertigungssysteme erfordert auch von den Mitarbeitern eine **umfassende Einsatzfähigkeit**, sodass eventuelle Engpässe in der Mitarbeiterverfügbarkeit ausgeglichen werden können. Die Quelle wird nicht selten die Organisationsform einer **Fertigungsinsel** oder eines Fertigungssegments haben. Dementsprechend gelten die dort gemachten Ausführungen zur Mitarbeiterentwicklung analog auch hier.

Zusammenfassende Beurteilung

Die Kanban-Steuerung setzt das **Hol-Prinzip** in der Fertigung am deutlichsten um. Kanban ist damit ein wichtiger Baustein einer **kundenorientiertem Produktionslogistik**. Dabei handelt es sich insbesondere um die logistischen Beziehungen zwischen Lieferanten und Hersteller. Damit sind wir wieder beim Ausgangspunkt des **Supply-Chain-Management-Konzeptes**. Natürlich kann Kanban auch im Rahmen der innerbetrieblichen Fertigungssteuerung eingesetzt werden.

Zusammenfassend hier noch einmal die zentralen **Kanban-Regeln**:

- Es wird **nur produziert**, wenn ein **Kanban** vorliegt.
- Gefertigte Produkte werden ausschließlich in **Standardbehältern** transportiert.
- Es werden stets **komplette Mengen** abgeliefert (keine Teilmengenablieferung).

Vorteile des Kanban-Systems sind insbesondere in den folgenden Punkten zusehen:

- Die **Produktion** erfolgt nur **auf Grund** wirklich eingetretenen **Bedarfs**. Eine längerfristige Prognose ist deshalb nicht mehr erforderlich und eine mangelnde Vorhersehbarkeit von Bedarfen spielt keine Rolle mehr.
- Durch **zeitnahe Fertigung** kann sich die Produktion qualitativ und quantitativ am Kundenbedarf orientieren und erreicht deshalb eine **höhere Flexibilität** und einen **höheren Servicegrad**.
- Pufferbestände sind nur in geringem Umfang erforderlich und die **Bestandsstruktur entspricht** stärker der **Bedarfsstruktur**.
- **Fertigungsdurchlaufzeiten** sind **kürzer** und der Materialfluss besser und transparenter.
- Da Kanban flexible Fertigungskapazitäten voraussetzt, sind die **Losgrößen kleiner** als bei konventioneller Fertigungssteuerung.
- Kanban verwirklicht das Prinzip der Selbststeuerung mit kurzen und transparenten Regelkreisen. Es verstärkt damit die **dezentrale Verantwortung vor Ort**.
- Die geringeren Durchlaufzeiten bringen einen **verbesserten Cashflow** mit sich. Da 100% **verwendbare Qualität** Voraussetzung eines Kanban-Systems ist, trägt es zur Vermeidung von Verschwendung (Überschussmengen, Ausschuss, Nacharbeit, Lagerbestände, Wartezeiten, Maschinenstillstand, etc.) bei.
- Die **produzierte Menge** ist gleich der **abgesetzten Menge**.

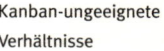

Das **Kanban-Konzept** eignet sich **nicht** für Verhältnisse, die geprägt sind durch:

- einen **stochastischen Bedarfsverlauf** oder stark schwankenden Auftragseingang, der auch nicht geglättet werden kann;
- häufige Notwendigkeit **kurzfristiger Umplanungen**;
- **Unmöglichkeit** der Einhaltung der **Kanban-Regeln**;
- **unzureichendes Qualitätsniveau** etwa auf Grund mangelnder technischer Beherrschung des Fertigungsprozesses;
- fertigungstechnisch **noch nicht ausgereifte Produkte** mit der Konsequenz noch notwendiger Änderungen am Produktkonzept.

Die **Wirkungen**, die mit dem Kanban-Konzept verbunden sind, lassen sich in den folgenden Punkten zusammenfassen:

- **Kundenorientierung** durch Pull-Prinzip;
- Verringerung der Planungs- und -steuerungskomplexität durch das **Prinzip selbststeuernder Regelkreise**;
- **Offenlegung von Problemen** und Verschwendung, da diese nicht durch hohe Bestände verdeckt werden;
- **Differenzierung der Fertigungssteuerung** zwischen Materialien mit unterschiedlichen Bedarfscharakteristiken;
- **Einbindung der Mitarbeiter** in die dezentrale Steuerung und Problemlösung im Sinne einer kontinuierlichen Verbesserung;
- intensive **informatorische Vernetzung** der Supply-Chain.

ZUSAMMENFASSUNG **ÜBUNG**

Die Kanban-Steuerung folgt den Prinzipien:
- Gliederung in selbststeuernde Bereiche
- Holpflicht anstatt Bringpflicht
- Keine unkontrollierte Lagerung
- Keine Vorratsproduktion
- Null-Fehler-Produktion

Je nachdem, ob Verbrauchsstelle und Lieferstelle direkt oder über ein Pufferlager verbunden sind, unterscheidet man Ein-Karten und Zwei-Karten-Systeme.

In der nachfolgenden Tabelle sind die Unterschiede zwischen dem Bring- und dem Holprinzip nochmals zusammengefasst:

	Push (Bringprinzip)	Pull (Holprinzip)
Primärprogramm	• Primärbedarfsdisposition • Liefertermine • Wochenbedarf	• Primärbedarfsdisposition • Verbrauchsgesteuert • Tagesbedarf
Sekundärprogramm	• MRP-Durchlaufplanung • wirtschaftliche Losgröße	• fixierte Pläne/Lose • definierte Abläufe • Selbststeuerung • Bestandspuffer
Fertigungssteuerung	• Auftragsfreigabe • Eilaufträge • Um-/Neuplanungen	• Visuelle Signale • First in / First out • Stetiger Materialfluss
Materialbereitstellung	• bei Auftragswechsel	• bei Verbrauch aus dem Puffer • verbrauchsgesteuert

Ausstoß	• schwankend	• bedarfsgesteuert
Messgrößen	• Kapazitätsauslastung	• Losgrößen (ideal = 1)
	• Fertigungsrückstand	• Lieferservicegrad
	• Umschlagshäufigkeit	• Durchlaufzeiten

Tab. 5.4: Push versus Pull

ZUSAMMENFASSUNG   ÜBUNG

Nr. 85: Was hat das Kanban-Konzept mit der Warenwirtschaft eines Supermarktes gemein?

Nr. 86: Welche Voraussetzungen hinsichtlich Produkt- und Auftrags-struktur stellt das Kanban-System?

Nr. 87: Der tägliche Bedarf eines Teiles beträgt 100 Einheiten und die Wiederbeschaffungszeit 3 Tage. Zum Ausgleich von Zufällig-keit wird ein Sicherheitszuschlag von 20% für nötig gehalten. Die verwendeten Standardbehälter fassen 30 Einheiten. Wie viele Kanbans sollen in Umlauf gegeben werden?

Nr. 88: Beschreiben Sie den Ablauf beim Kanban-Zwei-Karten-System mit ihren eigenen Worten. Worin unterscheidet sich dies vom Ein-Karten-System?

Nr. 89: Unter welchen Bedingungen ist das Zwei-Karten-System der Kanban-Steuerung sinnvoll einsetzbar?

5.5 ERWEITERUNGEN DES SCM-ANSATZES

Wir haben uns bereits einleitend kurz mit dem Konzept des **Supply-Chain-Managements** (SCM) auseinander gesetzt. Wir hatten gesehen, dass es dabei um die gesamtheitliche Gestaltung von mehrstufigen Wertschöpfungsketten geht. Dies schließt längerfristig strategische wie operative Aspekte der **Kooperation in der Wertschöpfungskette** ein.

SCM als Ausdruck der Netzwerkkoordination

Wir haben weiter oben bereits gesehen, dass die **Transaktionskos-tentheorie** alternative Formen der Koordination arbeitsteiliger wirt-schaftlicher Aktivitäten unterscheidet und die Wahl zwischen **alterna-tiven Koordinationsformen** zu erklären sucht.

In der **Hierarchie** erfolgt die Abstimmung verteilter Aktivitäten durch Weisungen und Regeln einer zentralen Autorität, also durch **Management-Entscheidungen**.

Märkte koordinieren sich durch Wettbewerb und Preisbildungs-mechanismen und lassen damit mehr Raum für Kreativität und Eigen-verantwortung der Wirtschaftssubjekte.

Die **Netzwerk-Koordination** schließlich setzt auf eher kooperative als kompetitive Abstimmungsmechanismen. Sie ist durch die **gegenseitige wirtschaftliche Abhängigkeit** rechtlich selbstständiger Unternehmen gekennzeichnet, die ihre individuellen, aber koordinierten strategischen Ziele im Rahmen einer längerfristig angelegten **Kooperation auf der Basis gegenseitigen Vertrauens** gemeinsam verfolgen.

Diese **hybride Koordinationsform** kann eine Vielzahl von Ausgestaltungsformen in einem Kontinuum zwischen Markt und Hierarchie annehmen. Ihr kommt durch **Outsourcing** und **Konzentration auf Kernkompetenzen** heute eine besondere Bedeutung zu.

Ursachen für eine
verstärkte Kooperation

Die Zusammenarbeit in **Lieferketten und -netzwerken** hat generell an Bedeutung gewonnen. Ursache dieser Entwicklung ist die zunehmende **Komplexität** von Produkten und Prozessen, zu deren Bewältigung eine stärker ausdifferenzierte **Arbeitsteilung** erforderlich ist. Moderne Informations- und Transporttechnologien verschärfen diese Entwicklung, indem sie gleichzeitig eine **Globalisierung** der Arbeitsteilung ermöglichen. Dies kommt im **Outsourcing** betrieblicher Teilleistungen und in einer Konzentration auf Kernkompetenzen zum Ausdruck. Die stärkere globale Arbeitsteilung erfordert aber eine **intensivere Koordination**, die in vielen Fällen nicht über reine Marktmechanismen, sondern durch eine vertiefte Kooperation von **Netzwerkpartnern** in Produktentwicklung und logistischer Abwicklung erfolgen kann.

Informations-
asymmetrien in der
Zulieferkette

Die heute etablierten **ERP-Systeme** haben insbesondere die innerbetrieblichen Hierarchien elektronisch unterstützt, wodurch die internen Abstimmungsmechanismen effektiver und effizienter gestaltet werden konnten. Auch in großen Konzernunternehmen wurde so eine weit gehende **informationstechnische Integration** der organisatorischen Strukturen und Abläufe möglich – wenn dies auch in vielen Fällen längst noch nicht gelebte Realität ist.

Der netzwerkartigen, unternehmensübergreifenden Zusammenarbeit entlang der Wertschöpfungskette fehlt aber diese Unterstützung heute in den meisten Fällen noch. Statt mit den gleichen Plandaten zu arbeiten (»**to work with one number**«), herrscht eine verzerrte Informationsweitergabe in der Wertschöpfungskette vor. Die hieraus entstehende Problematik wird als **Peitscheneffekt** (engl. bullwhip effect) bezeichnet. Zur Erläuterung sei ein kurzes Szenario skizziert:

Beispiel

Ein Automobilhersteller sieht sich mit einem leichten Anstieg der Nachfrage nach werksseitig eingebauten Autoradios konfrontiert. Die Radios werden nur in geringem Umfang bevorratet, sodass der Bestand plötzlich niedriger als gewöhnlich ist. Nach einigem Zögern, währenddessen vorsichtshalber keine Nachbestellungen für Autoradios ausgelöst wurden, vermutet der Hersteller einen anhaltenden trendförmigen Anstieg der Nachfrage. Da der Pufferbestand zu diesem Zeitpunkt deutlich unter dem Soll liegt, wird nun eine überproportional hohe Nachbestellung ausgelöst, die einerseits den Bestand wieder auffüllen soll und zudem die erwartete höhere Nachfrage bedienen soll.

Der Radiohersteller verhält sich analog und so verfährt auch dessen Lieferant für bestückte Leiterplatten und schließlich auch dessen Lieferant für Leiterplatten. Der ursprünglich nur sanfte Nachfrageanstieg hat sich auf diesem Wege mit zeitlicher Verzögerung zu einer enormen Bedarfsausweitung verstärkt. In dem Augenblick, wo sich der Leiterplattenhersteller auf eine Kapazitätserhöhung eingestellt haben mag, bricht die Nachfrage zusammen, da sich der Trend im Zielmarkt doch als nur kurzlebig erwiesen hat und vom Ende der logistischen Kette keinerlei Bestellungen mehr kommen.

Ursache dieses Peitscheneffekts ist eine verzögerte und verzerrte Signalweitergabe, wie bei dem Kinderspiel »Stille Post«. Technisch wird von so genannten Informationsasymmetrien gesprochen, da der Abnehmer jeweils über genauere und aktuellere Informationen verfügt als der Lieferant. Diese Unsicherheit wird der Lieferant normalerweise durch eine erhöhte Bevorratung auszugleichen suchen.

Die integrierte Automatisierung betrieblicher Planungs- und -steuerungsaufgaben mittels ERP-Software hat sich zunächst auf den engeren betrieblichen Bereich beschränkt. Selbst innerhalb von Konzernen standen diese Automatisierungsinseln isoliert nebeneinander, mehr noch aber zwischen den Geschäftspartnern innerhalb einer Wertschöpfungskette. Eine gewisse Vereinheitlichung wurde erst durch die dominante Marktstellung einzelner Softwareanbieter (namentlich die SAP AG) erzielt, womit eine einheitliche technologische Basis für eine betriebsübergreifende Integration der Planungssysteme – zumindest innerhalb von Konzernverbünden – geschaffen wurde.

> Standardsoftware liefert einheitliche technologische Basis

Eine einheitliche technische Basis ist aber längst nicht gleichbedeutend mit einer integrierten Informationsverarbeitung. Selbst wenn die Syntax, d.h. die formale Struktur der Daten zweier Wertschöpfungspartner, durch den Einsatz gleicher Softwarewerkzeuge identisch ist, muss die Semantik, d.h. das Verständnis von Inhalt und Wesen der abgespeicherten Infomationen, nicht die gleiche sein.

> Notwendigkeit überbetrieblicher Kommunikationsstandards

- Der Abnehmer identifiziert ein Material mit einer internen Nummer, die dem Lieferanten dieses Teils unbekannt ist;
- während das Produkt für den Abnehmer eine fremdbeschaffte Standardkomponente ist, mag es für den Lieferanten als kundenindividuelle Variante erscheinen, die nicht als Lagermaterial definiert ist;
- während der Abnehmer die Mengen in Stück rechnet, mag der Lieferant in Kartons zu 6 Einheiten rechnen, etc.

Eine automatische **Zusammenführung** der Planungsdaten beider Partner, ohne manuellen menschlichen Eingriff, setzt zunächst die Erarbeitung eines gemeinsamen **inhaltlichen Verständnisses** voraus.

Elektronischer Datenaustausch

Eine direkte elektronische Verknüpfung isolierter MRP II-Systeminseln brachten erst die Konzepte des **Elektronischen Datenaustausches** (EDI = Electronic Data Interchange). Hierbei werden standardisierte **Nachrichten** in einem einheitlichen elektronischen Austauschformat zwischen **heterogenen ERP-Systemen** von Geschäftspartnern ausgetauscht. Es werden Dateien erzeugt, die meist über ein gesichertes elektronisches Briefkastensystem übertragen werden.

Diese Technik der Datenübertragung macht erst Sinn, wenn eine **kritische Masse** an Nachrichten anfällt. EDI eignet sich somit für den Nachrichtenaustausch zwischen Lieferanten und Herstellern von Massengütern (z.B Autoindustrie) sowie für die großen Einzelhandelsketten mit tausenden von Transaktionen. Eine elektronische Abwicklung von **Einzelgeschäften** kann mit den inzwischen als traditionell zu bezeichnenden Konzepten des EDI **nicht wirtschaftlich** unterstützt werden.

Vorteile elektronischen Datenaustauschs

Die **Vorteile** des elektronischen Austauschs sind:
- Ausdruck, Kuvertierung, Unterschrift und physischer Versand entfallen mit nicht unerheblichen **Rationalisierungseffekten**;
- die Übertragung erfolgt **wesentlich schneller** innerhalb von Minuten anstatt von Tagen;
- der Aufwand für die erneute **Erfassung der Daten** beim Empfänger entfällt;
- **Fehler** bei der manuellen Datenerfassung von Papierdokumenten und daraus entstehende Probleme und Ineffizienzen **entfallen**;
- der schnellere und sichere Datenaustausch ermöglicht einen **erhöhten Kapitalumschlag** durch niedrigere Bestände und größere Planungssicherheit auf Grund aktueller Daten.

Der Aufbau eines EDI zwischen zwei Partnern setzt eine **vertragliche Vereinbarung** voraus, die die rechtlichen und steuerlichen Aspekte des Datenaustausches regelt. Weiterhin ist i.d.R. ein so genanntes **Value Added Network** (VAN) erforderlich, das die abgesicherte Übertragung der EDI-Dateien gewährleistet. In Deutschland wird hierfür vielfach der Telebox-Service der Telekom benutzt, alternative VAN sind GEIS, IBM etc.

Wichtige Funktionen dieser VAN sind, die eindeutige **Identifikation** des Absenders und des Empfängers, die Sicherstellung der **Vertraulichkeit** der Übertragung, die Unterstützung der **zeitlichen Entkopplung** von Versand und Empfang sowie die **revisionsfähige Dokumentation** der erfolgten Übertragung (Einschreiben!). Ein E-Mail kann diese Erfordernisse bisher noch nicht befriedigend gewährleisten.

Der hohe Aufwand, der mit **traditionellem EDI** verbunden ist, hat mittelständische Firmen in vielen Fällen von dieser Technologie ausgeschlossen. Bei großen Handelshäusern stellen sie aber 80% der Lieferanten. Damit wird deutlich, dass EDI eine **vollständige Integration** längerer Wertschöpfungsketten **faktisch nicht** zu leisten vermag.

Hinzu kommt, dass mit einem elektronischen Austausch von Geschäftsdokumenten die Abläufe zwar beschleunigt, in ihrer **betriebswirtschaftlichen Logik** aber nicht verändert werden. Dies betrifft insbesondere die **Planungssystematik**. Zwar wird der Informationsaustausch an der Schnittstelle zwischen zwei Partnern standardisiert, beschleunigt und automatisiert; die Partner arbeiten aber weiterhin mit einem Planungsmodell, dessen betriebswirtschaftlicher Horizont an den Grenzen ihres Unternehmens endet. Damit fehlt noch immer eine gemeinsame modellhafte Vorstellung von der Struktur der Wertschöpfungskette und die angesprochenen **Informationsasymmetrien** bleiben bestehen.

Supply-Chain-Management erfordert deshalb an erster Stelle eine unternehmensübergreifende **modellhafte Abbildung** des Wertschöpfungsprozesses, in dessen Rahmen alle relevanten Geschäftsprozesse eindeutig beschrieben und mit dessen Hilfe ein einheitliches inhaltliches Verständnis der Abläufe zwischen den Netzwerkpartnern erzielt wird.

Ein solches Modell bildet die Grundlage für ein unternehmensübergreifendes informatonstechnisches Anwendungssystem, das mit den Inselsystemen der Einzelunternehmen **kommuniziert**. Ein solches System stellt allen Beteiligten aktuelle Informationen, etwa über Abverkäufe im Zielmarkt oder über Restriktionen bei Liefer- und

Transportkapazitäten, zur Verfügung und stellt Planungsalgorithmen zur Verfügung, die eine simultane Planung der vernetzten Wertschöpfungsaktivitäten ermöglichen.

Zum Abschluss des Themas Produktionsmanagement stellen wir in der nachfolgenden Tabelle nochmals die Unterschiede zwischen PPS- und SCM-Systemen heraus.

Kriterium	PPS-System	SCM-System
Zeitvorgaben	Starre Zeitstandards je Fertigungsschritt	Dynamische Ermittlung in Abhängigkeit von Materialfluss und Maschinenauslastung
Auftragsreihenfolge	Orientiert sich am Liefertermin	Festlegung nach Liefertermin und Ressourcen-Verfügbarkeit
Aktualität der Planungsgrundlage	Neue Aufträge werden i.d.R. auf Grund eines bereits obsoleten Planungsszenarios eingeplant	Aktuelles Szenario durch speicherresidentes Supply-Chain-Modell
Berücksichtigung von Restriktionen	Stücklistenauflösung i.d.R. ohne Berücksichtigung von Engpässen (Terminierung gegen unendliche Kapazitäten)	Modellabhängige Berücksichtigung beliebiger Restriktionen. (Maschinen, Personal, Transport, Gewinn etc.)
Optimierung	Optimierung erst auf Leitstandsebene und nur innerhalb des vom PPS-System vorgegebenen (suboptimalen) Rahmens	Optimierung auf strategischer, taktischer und operativer Ebene nach unterschiedlichen Zielen

Tab. 5.5: Vergleich von PPS- und SCM-Systemen (in enger Anlehnung an Wildemann)

SERVICETEIL

Lösungen zu den Übungen

Nr. 1 (S. 14): Sofern die durch den Transformationsprozess erzielte Leistung nicht nur als »innerbetriebliche Leistung« erfolgt, sondern auch als eigenständige Leistung am Markt angeboten wird (z. B. Transportleistungen), errechnet sich der geschaffene Wert als Differenz aus dem Erlös der erbrachten Leistung und den dafür entstehenden Kosten.

Handelt es sich allerdings um keine marktgängige Leistung, kann den Kosten auch kein Erlös gegenübergestellt werden. Damit wird die Ermittlung des geschaffenen Wertes schwierig und hängt von subjektiven Bewertungen ab.

Nr. 2 (S. 22): Dieses Beispiel enthält nahezu sämtliche Formen der Verschwendung durch:
1. Fehler am Produkt beim Einbau fehlerhafter Teile.
2. Bereitstellung nicht benötigter Leistungskapazitäten, d. h., es wird mehr Lagerplatz belegt als unbedingt nötig.
3. Überhöhte Bestände.
4. Kontrolle und Veranlassung der Rücksendung.
5. Rücktransport.

Nr. 3 (S. 25): Den Taylorismus kennzeichnet eine extreme Arbeitsteilung sowie die Trennung von planender Tätigkeit (Management) und ausführender Tätigkeit. Er analysiert die Arbeitstätigkeit erstmalig mit wissenschaftlichen Methoden.

Nr. 4 (S. 25): Die Human-Relations-Bewegung hatte erkannt, dass der Taylorismus den Menschen allzu mechanistisch betrachtet und Motivationsaspekte vernachlässigt hatte. Sie wollte den tayloristischen Ansatz insofern verfeinern und erweitern, ohne ihn aber gänzlich zu verwerfen. Die Human-Relations-Bewegung steht also komplementär zum Taylorismus.

Nr. 5 (S. 25): Die Zieldimensionen sind Qualität (Wertschöpfung), Kosten (Effizienz), Zeit (Duchlaufzeiten, Flexibilität, Termintreue). Zum Zwecke der operativen Produktionssteuerung sind die Ziele weiter zu konkretisieren: Kundenzufriedenheit, Fehlerfreiheit, die Auslastung vorhandener Kapazitäten, niedrige Herstellkosten, kurze Durchlaufzeiten und hohe Termintreue. Während früher die Ziele Kapazitätsauslastung und niedrige Kosten meist als vorrangig angesehen wurden, stehen heute Kundenzufriedenheit, kurze Durchlaufzeiten (= Lieferflexibilität) und Termintreue im Vordergrund.

Nr. 6 (S. 25): Ein konsequentes Qualitätsmanagement eliminiert fehlerbedingte Verschwendung in produktiven Systemen. Tendenziell steigen die Erlöse auf Grund kundengerechter und fehlerfreier Produkte; die Fehlerkosten (Prüfkosten, Ausschuss, Nacharbeit etc.) sinken und insgesamt stabilere Prozesse erlauben die Verringerung der Kapitalbindung in Beständen und Reservekapazitäten. Alle diese Effekte erhöhen die Rentabilität. Rentabilitätsmindernd wirken höchstens die zusätzlichen Aufwendungen für vorbeugende Qualitätssicherung. Erfahrungsgemäß werden diese Aufwendungen aber durch die geringeren Fehlerkosten überkompensiert, sodass ein positiver Nettoeffekt auf die Rentabilität verbleibt.

Nr. 7 (S. 30): Aus Kundensicht ist der geschaffene Wert gleich dem empfangenen Nutzen. Dieser ist nur schwer quantifizierbar und nicht unbedingt gleich dem für die Leistung zu zahlenden Preis.

Aus Sicht des Produzenten ist der zusätzliche Wert gleich der Wertschöpfung. Diese errechnet sich als Differenz zwischen dem Umsatzerlös und den eingesetzten Vorleistungen.

Nr. 8 (S. 30): Die Wertschöpfung des Unternehmens wird zu Einkommen. Die Einkommensarten, auf die sich die Wertschöpfung verteilt, sind: Gewinn, Lohn/Gehalt, Zinsen und Steuern. Insgesamt kommt es also auf die Ermittlung des Nettoeffektes einer produktionswirtschaftlichen Maßnahme an. Hierfür sind regelmäßig mehrere Wirkungsstränge zu beachten.

Nr. 9 (S. 30): Einerseits die konsequente Kundenorientierung aller Prozesse im Unternehmen, die in einer geeigneten Integralqualität (Entwurfs-, Fertigungs- und Servicequalität) der betrieblichen Leistungen mündet. Andererseits eine Rationalisierung des Betriebsprozesses durch vorbeugende Fehlerverhütung statt nachsorgender Fehlerbewältigung.

Nr. 10 (S. 30): Die Gestaltung unternehmensübergreifender Wertschöpfungsketten zielt einerseits auf die Erhöhung des vom Endkunden in die Kette eingebrachten Wertes (Umsatz im Zielmarkt) durch konsequente Ausrichtung aller Aktivitäten auf den Endkunden und dessen Qualitätsforderung. Andererseits sollen alle nichtwertschöpfenden Aktivitäten eliminiert werden, d.h. es wird eine übergreifende Rationalisierung der Wertschöpfungskette angestrebt. Weiterhin wird im operativen Bereich eine Beschleunigung der Güter-, Informations- und Zahlungsströme angestrebt, um so die Rentabilität und die Flexibilität zu erhöhen. Innovationsfähigkeit und hohe Innovationsgeschwindigkeit sind weitere Ziele des Wertkettenmanagements.

Nr. 11 (S. 44): Innovation ist mehr als nur eine technische Neuerung/Erfindung. In betriebswirtschaftlicher Sicht sprechen wir von einer Innovation, wenn neue Konzepte im betrieblichen Leistungsprozess angewandt werden bzw. mehr noch, wenn neue Produkt- oder Leistungskonzepte im Markt erfolgreich verkauft werden. Eine Innovation muss keineswegs immer technischer Natur sein; vielmehr kann sie darin bestehen, latente Bedürfnisse der Menschen zu erkennen und ein entsprechendes Angebot zu schaffen. Hierdurch wird möglicherweise sogar ein völlig neuer Markt geschaffen, der zusätzlichen Umsatz erbringt, ohne den bisherigen Umsatz eines Unternehmens zu »kannibalisieren«. Innovation ist in dieser Sicht vorrangig eine unternehmerische Aufgabe.

Nr. 12 (S. 44): Im heutigen dynamischen Umfeld des Unternehmens, verändern sich die Bedürfnisse und Anforderungen der Kunden sehr schnell. Die technische Entwicklung erlaubt zudem immer bessere Lösungen und neue Angebote.

Ein Unternehmen, das sich mit einem erfolgreichen Produkt und einer starken Marktstellung zufrieden gibt und keine Innovationsanstrengungen unternimmt, wird schnell von innovativen Konkurrenten verdrängt, die sich mit verbesserten oder völlig neuen Leistungsprozessen/Angeboten im Markt durchsetzen. Da der Innovationsprozess selbst Zeit in Anspruch nimmt, ist eine Abwehr solcher Konkurrenten dann recht schwierig, wenn nicht gar unmöglich. Es bedarf daher aus unternehmerischer Sicht gerade im Zenit des Erfolgs einer kreativen Destruktion, mit der sich ein Unternehmen von der

Quelle des bisherigen Erfolges abwendet und den Ressourceneinsatz auf neue innovative Konzepte verlagert.

Nr. 13 (S. 44): Die Produktentwicklungsleistung kann prinzipiell anhand der totalen Produktqualität (Entwurfs-, Fertigungs- und Servicequalität), an der Entwicklungszeit (time-to-market) sowie an der Entwicklungsproduktivität (Ressourcenverbrauch) gemessen werden. Häufig werden weitere Kennzahlen ermittelt, die sich aus den obigen Kriterien ableiten:
- Durchschnittsalter der Produkte, mit denen der Umsatz einer Periode erzielt wird,
- Zahl der erfolgreich beendeten Projekte,
- Anteil der frühzeitig beendeten Projekte,
- Zeitabstand zum nachfolgenden Wettbewerber.

Nr. 14 (S. 45): Je später eine Innovation auf dem Markt eingeführt werden kann, desto kürzer wird die Zeit sein, in der das Unternehmen hiermit eine Alleinstellung erreicht. In den Markt eintretende Wettbewerber und/oder auslaufende Patentlaufzeiten können dann schnell zu einer Erosion der Gewinnmarken führen. Ist der Wettbewerber gar schneller auf dem Markt und ist die Produktion durch ausgeprägte Erfahrungskurveneffekte gekennzeichnet, besteht sogar die Gefahr, dass auf Grund der Preispolitik des Wettbewerbers von Beginn an keine Kosten deckenden Preise erzielt und die Investitionen in die Entwicklung nie amortisiert werden können. Unabhängig davon gilt: Je länger ein Unternehmen für den Innovationsprozess benötigt, desto später fließt das in die Entwicklung investierte Kapital zurück. Die höhere Kapitalbindung belastet die Rentabilität des Unternehmens.

Nr. 15 (S. 45): Konzeptphase, Produktplanung, Konstruktion, Prozessplanung und Produktionsstart.
Die Phasengliederung stellt sicher, dass die Ergebnisse der vorhergehenden Phase erarbeitet worden sind, wenn eine neue Phase beginnt. Daher kann das Ende einer Phase als Meilenstein fungieren, an dem das bisher Erreichte beurteilt und über das »Ob« und »Wie« des Fortgangs des Projektes neu entschieden wird. Hierdurch können erkennbar erfolglose Projekte früh eingestellt und notwendige Korrekturen in der Ausrichtung rechtzeitig vorgenommen werden.
Die Phasengliederung zwingt so auch zu großer Sorgfalt in den frühen Phasen, was Irrtümer und Fehler begrenzt und eine Dezentralisierung und Beschleunigung der Entwicklung vereinfacht.

Nr. 16 (S. 45): SE parallelisiert die Produktplanung und die Produktionsplanung. Hierdurch kann eine integrative Lösung erarbeitet werden, die die Herstellbarkeit (design for manufacturability), die Gesamtkosten der Herstellung (design to cost) sowie spätere Serviceanforderungen bereits in der Produktplanung berücksichtigt. Frühzeitiger Informationsaustausch im SE-Team macht spätere Änderungsrunden weit gehend überflüssig und führt – wie bereits die Parallelisierung der Phasen – zu einer Verkürzung der Projektlaufzeit (time-to-market).

Nr. 17 (S. 45): In der Produktplanung werden die einzusetzenden Technologien und die Strukturierung des Gesamtproduktes in Module weit gehend festgelegt. Hierdurch kann bspw. der Innovationsbedarf erkannt werden, wenn neue Technologien erst entwickelt werden müssen. Dies ist für die Zeit- und Kostenplanung bedeutsam. Durch die Modularisierung werden die Voraussetzungen für eine Zerlegung der Entwicklungsaufgabe geschaffen. Dies reduziert die Komplexität, erlaubt die Parallelisierung der Modulentwicklung und ermöglicht die Einbeziehung von Lieferanten und Entwicklungsdienstleistern in das Projekt (mithin das Outsourcing von Teilen der Entwicklungsaufgabe). Die Make-or-Buy-Entscheidung und die Lieferanten(vor-)auswahl sind ebenfalls in dieser Phase zu treffen, da nur so über die Allokation der Entwicklungsaufgaben entschieden werden kann. Auf dieser Basis kann dann eine fundierte Termin- und Kostenplanung erfolgen und das Lastenheft erstellt werden.

Nr. 18 (S. 45): Ein Lastenheft beschreibt die Anforderungen an ein Produkt oder eine Leistung aus der Sicht des Kunden. Die geforderten Merkmale sind dabei nur grob und allgemein beschrieben. Es wird beschrieben, »was« gefordert wird.
Das Pflichtenheft beinhaltet das Lastenheft und legt weitere technische Merkmale fest, die das »Wie« der Realisierung betreffen. Erst das Pflichtenheft schafft eine hinreichend konkrete Anforderungsbeschreibung für die Konstruktion. Diese Festlegungen sind besonders wichtig, wenn Zulieferbetriebe oder Entwicklungsdienstleister mit der Detailentwicklung beauftragt werden sollen.

Nr. 19 (S. 51): QFD will sicherstellen, dass der Bezug zu den Anforderungen des Kunden in allen Phasen des Entwicklungsprozesses hergestellt wird. Man spricht auch davon, dass die »Stimme des Kunden« stets hörbar bleiben soll. FMEA will erreichen, dass Fehlerquellen bereits in den frühen Phasen des Entwicklungsprozesses erkannt werden und notwendige Änderungen frühzeitig und kostengünstig vorgenommen werden können. Wertgestaltung will das Kosten/Nutzenverhältnis des Entwurfs auf die Kundenanforderungen hin optimieren.
Allen Ansätzen ist gemeinsam, dass sie eine Zusammenarbeit im Team vorsehen und durch Systematisierung, Visualisierung und Dokumentation der Zusammenhänge die Kommunikation zwischen den Beteiligten aus unterschiedlichen Funktionsbereichen fördern.

Nr. 20 (S. 51): Die Risikopräferenzzahl wird als Produkt aus drei Kennzahlen ermittelt, die jeweils die Eintrittswahrscheinlichkeit eines Fehlers, die Wahrscheinlichkeit des rechtzeitigen Entdeckens und die Schwere des Fehlers bewerten. Da jede dieser Kennzahlen einen Wert zwischen 1 und 10 annehmen kann, hat die Risikopräferenzzahl den Wertebereich 1 bis 1000. In ihr kommt die Fehlerbedeutung integrativ zum Ausdruck. Sie ist darum geeignet, die Fehlerneigung eines Entwurfs zum Ausdruck zu bringen, Schwerpunktbereiche für Verbesserungsmaßnahmen zu identifizieren und den durch solche Maßnahmen erzielten Fortschritt zu quantifizieren.

Nr. 21 (S. 51): Die Funktionsbetrachtung abstrahiert von dem zu verbessernden Ausgangsentwurf und macht damit den Geist frei für kreative alternative Lösungen. Weiterhin ist die Funktion die Betrachtungsebene der Kosten-/Nutzen-Analyse. Die Bewertung einer Funktionalität durch den Kunden (= Zahlungsbereitschaft) wird den für die Realisierung dieser Funktionalität entstehenden Aufwendungen positionsweise gegenübergestellt. Vom Kunden unzureichend honorierte Funktionen können so erkannt und eliminiert oder kostengünstiger realisiert werden.

Nr. 22 (S. 61): Der generelle Begriff der Standardisierung bezeichnet alle Anstrengungen zur Vereinheitlichung von Objekten jeglicher Art. Bei der Typung geht es um die Vereinheitlichung von Produkten.

Normung betrifft ein systematisches und formales Vorgehen der Standardisierung. Hierbei sind insbesondere Normungsgremien und Organisationen auf betrieblicher, nationaler und internationaler Ebene angesprochen (DIN, ISO, etc.).

Nr. 23 (S. 61): Standardisierung führt zu einer Reduzierung der Objektvielfalt und erlaubt es daher, in vielen Bereichen effizienter zu arbeiten: Geringere Bestände, weniger Aufwand in der Entwicklung, effizientere Ersatzteilversorgung, günstigere Produktion und günstiger Einkauf durch höhere Volumina, etc.

Nr. 24 (S. 61): Die Modularisierung zergliedert ein komplexes Gesamtprodukt in weniger komplexe Teileinheiten. Hierdurch wird eine unabhängige, dezentrale und parallele Entwicklung und Produktion dieser Module möglich. Zudem können wenige Modulvarianten zu einer sehr großen Zahl von Endproduktvarianten kombiniert werden, wodurch eine kostengünstige Serienproduktion von Standardmodulen mit einer großen Variantenvielfalt im Endproduktbereich vereinbar wird.

Nr. 25 (S. 61): Baukastensysteme erlauben die Produktion individueller Produkte aus standardisierten Baugruppen und Bauteilen. Durch die Massenproduktion der Komponenten wird eine Leistungseffizienz und eine Zeitverkürzung erzielt, die bei Einzelfertigung des gesamten Produktes nicht möglich wäre. Die Möglichkeiten zur Individualisierung des Endproduktes haben indessen Grenzen, die im Baukastensystem – allein durch die begrenzte Anzahl anonym vorgefertigter Bausteine – angelegt sind. Standardisierung und Individualisierungsmöglichkeiten stehen bei einem Baukastensystem deshalb in einer gewissen Konkurrenzbeziehung.

Nr. 26 (S. 68): Leistungstiefe bezeichnet in vertikaler Sicht den Umfang der Eigenfertigung. Bei extremer Leistungstiefe würden nur mehr oder weniger ursprüngliche Rohstoffe fremdbezogen und sämtliche Verarbeitungsschritte bis zum fertigen Endprodukt in einem Unternehmen zusammengefasst. Nur die Aufnahme einer eigenen Rohstoffgewinnung könnte die Leistungstiefe dann noch steigern. Leistungsbreite bezeichnet den Umfang unterschiedlicher Leistungsarten in einem Unternehmen, die parallel erbracht werden, ohne dass eine Leistungsart Vorleistung zur Erbringung einer anderen Leistung ist.
Zur Messung von Leistungstiefe und Leistungsbreite sind geeignete Kennzahlen zu verwenden, die hier nicht näher erörtert werden.

Nr. 27 (S. 68): Vertikale Integration bezeichnet die Zusammenfassung aufeinander folgender Glieder einer Wertschöpfungskette unter einer Kontrolle bzw. Planungshoheit. Kauft etwa ein Hersteller seinen Lieferanten auf, so liegt Rückwärtsintegration vor; Vorwärtsintegration würde vorliegen, wenn ein Hersteller seinen Distributor aufkauft. Auch bei einer gemeinsamen Planung der Wertschöpfungskette über Unternehmensgrenzen hinweg liegt in gewisser Weise eine (logische) vertikale Integration vor. Im Gegensatz zur vertikalen Integration wird die Zusammenfassung zweier Unternehmen auf der gleichen Stufe der Wertschöpfungskette auch als horizontale Integration bezeichnet. Die ist etwa der Fall, wenn ein Unternehmen seinen direkten Konkurrenten übernimmt.

Nr. 28 (S. 68): Eine hohe Fertigungstiefe birgt folgende Gefahren:
1. Das Risiko einer Unterauslastung vorhandener Kapazitäten.

2. Ein hohes Innovationstempo im Bereich der eingesetzten Technologien und kurze Marktzyklen im Absatzbereich können die installierten Anlagen zudem schnell obsolet werden lassen, bevor diese amortisiert werden konnten.

3. Begrenzte Ressourcen und begrenzte Managementkapazitäten erlauben es in der Regel nicht, auf zahlreichen technischen Gebieten dauerhaft eine Spitzenstellung zu erreichen und wettbewerbsfähig zu bleiben.

Nr. 29 (S. 68): Die strategische Make-or-Buy-Entscheidung bezieht sich auf den Aufbau oder Abbau eigener Leistungskapazitäten. Die Entscheidung gegen eigene Kapazitäten bedeutet in vielen Fällen den Verlust von Know-how, d.h., dass die betroffene Fertigungstechnologie nicht bzw. nicht mehr selbst beherrscht wird. Eine Entscheidung für den Aufbau eigener Kapazitäten bedingt eine entsprechende Investition und Kapitalbindung sowie eine technologische Festlegung, was wiederum mit dem Risiko der Auslastung und Amortisation dieser Anlagen verbunden ist. Die Entscheidung muss sich insbesondere auf die folgenden Aspekte stützen:
- Wie ist die Verfügbarkeit der benötigten Leistungen auf den Beschaffungsmärkten zu beurteilen?
- Wie zentral ist die Leistung für die eigene Wettbewerbsfähigkeit?
- Wie beurteilt sich das Risiko einer Abhängigkeit vom Beschaffungsmarkt?
- Wie ist das Investitionsrisiko vor dem Hintergrund der technologischen Dynamik und der Dynamik der Märkte zu beurteilen?
- Wie steht der Ressourcenbedarf zur Aufrechterhaltung einer Eigenfertigung in Beziehung zu den Möglichkeiten zur Bereitstellung dieser Ressourcen (Personal, Kapital)?

Nr. 30 (S. 75): Eine Typologie von Leistungsprozessen soll homogene Szenarien erarbeiten, für die möglichst einheitliche Verhältnisse in der Produktion gelten. Die Ergebnisse betriebswirtschaftlicher Analyse sowie entwickelte Konzepte und Software sind dann auf zahlreiche Betriebe gleichen Typs übertragbar.

Nr. 31 (S. 75): 4 Kriterien, die der Typologie von Leistungsprozessen zu Grunde gelegt werden können: Häufigkeit der Prozesswiederholung, Form der Fertigungssteuerung (Auftragsfertigung?), Kundenbezug der Fertigung, Chargenproduktion, etc.

Nr. 32 (S. 75): Projekte sind insbesondere durch Einmaligkeit und Komplexität gekennzeichnet. Die Planung und Steuerung von Projekten erfordert deshalb eine differenzierte Analyse von Teilaktivitäten sowie der sachlichen und zeitlichen Beziehungen zwischen diesen Teilaktivitäten. Die Inanspruchnahme und Verfügbarkeit begrenzter Ressourcen ist ein weiterer wichtiger Analysebereich.
Bei der Steuerung von Projekten sind der sachliche und terminliche Projektfortschritt, die Ressourcenverfügbarkeit sowie die Entstehung der Kosten im Zeitablauf sorgfältig und projektbezogen zu planen und zu überwachen.

Nr. 33 (S. 75): Eine Charge ist eine homogene Produktmenge, die en bloc aus einem Produktionsvorgang hervorgeht. Die Produktmengen einer Charge müssen häufig auch nach Weiterverarbeitung als dieser Charge zugehörig gekennzeichnet sein, da Qualitätsprüfungen sich jeweils auf eine Charge beziehen und nur Mengen aus derselben Charge als wirklich gleich angesehen werden können. Zudem wird so die spätere Rückverfolgbarkeit von Qualitätsfehlern bis zur Produktionscharge hin gewährleistet. Ein eventuell erforderlicher Produktrückruf kann sich dann auf die Mengen dieser Charge beschränken .

Nr. 34 (S. 75): Massenfertigung bezeichnet die massenweise Herstellung gleichartiger Güter mit meist speziellen Anlagen. Die Massenfertigung erlaubt den Einsatz spezifischer weit gehend automatisierter Fertigungsanlagen. Die hierfür entstehenden hohen absoluten Fixkosten machen je Einheit nur einen geringen Betrag aus (Gesetz der Massenproduktion). Moderne, flexible Fertigungstechnik ermöglicht die massenhafte Hervorbringung auch individualisierter Produkte.

Nr. 35 (S. 75): Das Konzept des Mass Customization stützt sich auf moderne, digital gesteuerte und flexible Fertigungsanlagen. Diese erlauben eine Individualisierung von Merkmalen, wie es in einem klassischen Baukastensystem nicht möglich ist. Das Konzept beinhaltet über den reinen fertigungstechnischen Aspekt hinaus zudem eine längerfristig angelegte Kundenbeziehung, die sich auf die einmal erfassten Kundenmaße bzw- -präferenzen stützt.

Nr. 36 (S. 92): Bei der Werkstattfertigung werden die Betriebsmittel nach dem Verrichtungsprinzip – d. h. technologiebezogen – zu organisatorischen Einheiten zusammengefasst. Die Bearbeitungsobjekte durchlaufen die Werkstätten nach Maßgabe der Arbeitsplanung. Hierdurch entstehen spezifische logistische Aufgaben und Probleme: Der innerbetriebliche Transport, die Losgrößenplanung, die Planung der Bearbeitungsreihenfolge an einer Maschine, etc. Insbesondere bei einer großen Zahl an Aufträgen wird diese Aufgabe sehr komplex, und die Durchlaufzeiten eines Auftrags durch die Fertigung werden sehr lang. Die Planung der Durchlaufzeit und die davon abhängigen Start- und Endtermine für einen Auftrag lassen sich dementsprechend nur schlecht planen.

Nr. 37 (S. 92): Beides sind Formen der Fließfertigung, sie sind also durch Anordnung der Betriebsmittel nach Maßgabe der Verrichtungsfolge gekennzeichnet.
Die Fließbandfertigung arbeitet mit einer so genannten Innenverkettung, d. h. die Bearbeitungsstationen sind durch eine feste Transportvorrichtung (Fließband, Schiebeband, Rollengang) verbunden. Der Weitertransport von einer Station zur nächsten erfolgt in einer festgelegten Zykluszeit (Takt).
Bei der Reihenfertigung fehlt das Merkmal der Innenverkettung, stattdessen sprechen wir von Außenverkettung. Eine Taktung ist gleichfalls nicht gegeben. Der Transport erfolgt über betriebliche Wege außerhalb der Fertigungsanlagen mit geeigneten betrieblichen Transportmitteln (z. B. Gabelstapler, fahrerloses Transportsystem, Handwagen, etc.). Gleichwohl sind die Betriebsmittel in der benötigten Verrichtungsfolge angeordnet. Es liegt somit ein gerichteter Materialfluss vor. Die Reihenfertigung ist eine lose Form der Fließfertigung.

Nr. 38 (S. 92): Eine Transferstraße ist im Gegensatz zum Fließband durch eine hohen Automatisierungsgrad und entsprechende Flexibilität gekennzeichnet; gleichwohl gelten auch hier die Prinzipien der Taktung und der Innenverkettung. Transferstrassen finden sich bspw. in der Automobilindustrie bei der massenhaften Fertigung variantenreicher Serienprodukte.

Nr. 39 (S. 92): Ein BAZ besitzt nur einen sehr begrenzten Werkstückspeicher und kann deshalb nicht über längere Zeit autonom arbeiten. Wird ein BAZ um einen Werkstückspeicher erweitert, sprechen wir von einer FFZ, sie hat einen längeren Autonomiezeitraum. Ein FFS schließlich verknüpft mehrere BAZ mit einem automatischen Transportsystem und stellt somit ein automatisiertes mehrstufiges Fertigungssystem dar. Das Adjektiv »flexibel« weist darauf hin, dass das Transportsystem auf Grund digitaler Steuerung sehr unterschiedliche Fertigungsabläufe zu unterstützen vermag.

Nr. 40 (S. 92): Eine Fertigungsinsel ist eine organisatorische Fertigungseinheit, in der maschinelle Technologien und personelle Kompetenzen so zusammengefasst werden, dass ein definiertes Teilespektrum komplett hergestellt werden kann, ohne die Fertigungsinsel zu verlassen.
Die Problematik der organisatorischen Abgrenzung ist in einem Henne-/Ei-Problem zu sehen. Wenn zuerst das herzustellende Teilespektrum festgelegt wird, resultieren hieraus die benötigten Technologien und Kompetenzen. Werden umgekehrt erst bestimmte Kompetenzen und Technologien zu einer Einheit zusammengefasst, wird hiermit gleichzeitig das Teilespektrum festgelegt. Da sehr unterschiedliche Abgrenzungen von Teilespektrum und Fertigungsinsel möglich sind, liegt hierin ein Optimierungsproblem.

Nr. 41 (S. 92): Wesentliche Vorteile der Fertigungsinsel liegen in ihrer Überschaubarkeit, die eine Koordination der Abläufe erleichtert (Fertigung auf Sicht). Kurze Transportwege und Durchlaufzeiten mit entsprechend geringeren Umlaufbeständen, die Spezialisierung auf ein begrenztes Teilespektrum sowie die autonome interne Steuerung machen die Fertigungsinsel im Vergleich zur Werkstatt flexibler. Die Arbeitsgruppe der Fertigungsinsel besitzt Kompetenz (autonome interne Steuerung) und Verantwortung für Leistung der Fertigungsinsel: Durchlaufzeiten, Maschinenverfügbarkeit und -auslastung, Termintreue, Kosten. Dies wird auch dadurch erreicht, dass indirekte Aufgaben der Fertigung (Arbeitsvorbereitung, Terminplanung, Maschinenwartung, Werkzeugverwaltung, etc.) in die Insel integriert werden.
Die Fertigungsinsel regelt die Verantwortlichkeiten somit wesentlich klarer, als dies in der Werkstattfertigung möglich ist, wo jeder nur für einen Teilschritt der Produktion verantwortlich ist.

Nr. 42 (S. 92): Fertigungssegmente sind auf eine spezifische Produkt-/Marktkombination gerichtet und umfassen alle Aktivitäten, die zur Erbringung einer definierten marktfähigen Leistung erforderlich sind. Hierdurch wird eine Einheit gebildet, die sich an den Anforderungen der Kunden im Zielmarkt orientieren können. Das Fertigungssegment ist also eine im Wettbewerb fokussierte Leistungseinheit.

Nr. 43 (S. 94): Autonome Arbeitsgruppen haben weit gehende Handlungsspielräume bezüglich der Gestaltung ihres Arbeitsablaufs, gleichzeitig aber auch als Gruppe eine klar definierte Verantwortung für das Arbeitsergebnis. Dies kommt dem Wunsch qualifizierter Mitarbeiter nach angemessenen Gestaltungsmöglichkeiten entgegen und schafft die Basis für eine leistungsbezogene (Prämien-)Entlohnung. Gleichzeitig können betriebliche Dispositionen damit dezentral von den betroffenen und dafür qualifizierten Mitarbeitern getroffen und verantwortet werden, was im Ergebnis zu besseren Entscheidungen führt, denen keine Durchsetzungswiderstände mehr entgegenstehen.

Nr. 44 (S. 101): Der Einkauf hat einerseits die Aufgabe, den Wettbewerb auf den Beschaffungsmärkten zu nutzen und anzuregen, andererseits aber die Beziehung zu wichtigen Lieferanten kaufmännisch zu gestalten und die Zusammenarbeit mit diesen Lieferanten auf zahlreichen Ebenen zu vertiefen. Darüber hinaus definiert der Einkauf den Beschaffungsprozess innerhalb des Unternehmens und die logistische Zusammenarbeit mit den Lieferanten.

Nr. 45 (S. 101): Eine zentrale Beschaffung kann die Beschaffungsvolumina zahlreicher Bedarfsträger zusammenfassen und so mit einem größeren Gewicht auf den Beschaffungsmärkten auftreten. Weiterhin kann sie die Standardisierung der Beschaffungsgüter und der Beschaffungsprozesse besser gewährleisten, als dies bei dezentraler Beschaffung möglich ist.
Personelle Kapazitäten und informationstechnische Infrastruktur können zudem wirtschaftlicher vorgehalten und genutzt werden.

Nr. 46 (S. 101): Eine zentrale Koordination der Beschaffungsaktivitäten in einem Unternehmensverbund setzt nicht notwenig eine zentrale organisatorische Einheit in der Unternehmenshierarchie voraus. Die so genannte logische Zentralisation kann mittels zentraler Datenbanken und regelmäßig tagender Abstimmungsgremien eine Zusammenfassung und Koordination der Beschaffung gleichermaßen erzielen. Gleichartige Bedarfe können durch einen Leitkauf oder Rahmenabkommensführer für die gesamte Gruppe beschafft werden.

Nr. 47 (S. 102): Die Festlegung der Bedarfsspezifikation im Entwicklungsprozess kann vom Einkauf so beeinflusst werden, dass eine hinreichende Zahl leistungsfähiger Lieferanten für den späteren Bezug infrage kommt. Hierdurch kann sichergestellt werden, dass keine einseitige Abhängigkeit vom Lieferanten entsteht. Soweit die Lieferantenauswahl bereits im Entwicklungsprozess erfolgt – etwa, wenn eine gemeinsame Entwicklung mit dem Lieferanten angestrebt wird (Co-Makership) – kann der Einkauf die kaufmännischen Rahmenbedingungen und die Art der Beziehung zum Lieferanten frühzeitig definieren, um so einem späteren opportunistischen Verhalten des Lieferanten entgegenzuwirken.

Nr. 48 (S. 111): Eine vorausschauende Bedarfsplanung ermöglicht die räumliche und zeitliche Zusammenfassung von Bedarfen, die an verschiedenen Stellen des Unternehmens und über den Planungszeitraum hinweg anfallen. Die hierdurch geschaffenen Volumina und ein eventuell erkennbares Bedarfswachstum erhöhen das Gewicht, mit dem der Einkauf auf den Beschaffungsmärkten auftritt, und erlauben es, bessere Konditionen zu erzielen.

Nr. 49 (S. 111): Durch Standardisierung von Bedarfsspezifikationen sowie zeitlicher und räumlicher Bedarfszusammenfassung.

Nr. 50 (S. 111): Grundlage jeder Bedarfsanalyse ist eine Klassifikation der Beschaffungsmaterialien in homogene Gruppen, die sich möglichst mit den Beschaffungsmärkten decken. Nur so lassen sich beschaffungsanalytisch ähnliche Bedarfe erkennen und zusammenfassen. Weiterhin knüpfen Maßnahmen zur weiteren Standardisierung des Materialspektrums an solche Klassifikationsschemata an.

Nr. 51 (S. 111): Konzerne und sonstige Unternehmensverbünde unterliegen häufig einem nicht unerheblichen strukturellen Wandel, der dazu führt, dass (etwa durch Firmenübernahme) neu zum Verbund hinzugekommene Firmen noch längere Zeit mit anderen Klassifikationsschemata arbeiten. Bei einer hohen Fluktuation der Bedarfsgüter besteht zudem das Problem, dass die Zuordnung neuer Materialien zu passenden Kategorien häufig nicht leicht und aufwändig ist. Dieser Aufwand wird unter dem Druck des Tagesgeschäftes dann nicht selten gescheut. Nicht oder falsch klassifizierte Materialpositionen entwerten aber die gesamte Systematik und setzen die sonst erreichbaren wirtschaftlichen Vorteile aufs Spiel.

Nr. 52 (S. 111): Die ABC-Analyse arbeitet die wirtschaftlich gewichtigen Materialpositionen heraus und zeigt damit auf, wo die Bemühungen auf eine Verbesserung der Beschaffungskonditionen bzw. eine intensivierte Zusammenarbeit mit den Lieferanten zu richten sind und wo es auf eine rationelle Abwicklung des administrativen Beschaffungsvorgangs ankommt.

Nr. 53 (S. 111): Ein Rahmenvertrag im Einkauf bezieht sich auf eine Mehrzahl zukünftiger Bedarfe im Unternehmen. Meist werden hierbei die Bedarfe unterschiedlicher Stellen im Unternehmen bzw. die Bedarfsfälle eines längeren Zukunftszeitraums (etwa ein Jahr) gemeinsam verhandelt. Gegenstand des Rahmenvertrages sind die Art der Bedarfsgüter sowie insbesondere die kaufmännischen Lieferkonditionen: Preise, Zahlungsfristen, Lieferbedingungen, Gewährleistung, etc.
Genaue Bedarfsmengen, Anlieferorte und Lieferzeitpunkte werden erst später im Zuge einer so genannten Abrufbestellung zu diesem Vertrag konkretisiert. Der Abruf erfolgt dann regelmäßig dezentral durch den jeweiligen Bedarfsträger, ohne erneute Einschaltung des Einkaufs.

Nr. 54 (S. 111): Interne Beschaffungskataloge können helfen, den Bedarf geringwertiger Güter auf eine begrenzte Anzahl Positionen hin zu standardisieren und so das Volumen für die verbleibenden Positionen zu erhöhen. Dies kann weiterhin die Grundlage sein für eine effiziente Beschaffung dieser Güter bei nur einem Lieferanten oder Händler bzw. über Online-Kataloge. Die Einschränkung auf nur eine oder wenige Lieferquellen ermöglicht weiterhin eine Standardisierung und Rationalisierung des Beschaffungsvorgangs selbst. Auf Grund der Vielzahl unterschiedlicher Bedarfsgüter ist das Rationalisierungspotenzial erheblich.

Nr. 55 (S. 113): Die vertiefte Zusammenarbeit mit Lieferanten ist eine sehr kommunikations- und damit personalintensive Aufgabe. Um die Rationalisierungspotenziale an der Schnittstelle zum Beschaffungsmarkt auszuschöpfen, muss deshalb zunächst die Anzahl dieser Beziehungen reduziert werden.

Nr. 56 (S. 114): Sie kann sich auf eine logistische Integration beschränken, bei der Rationalisierungsreserven im laufenden Liefergeschäft gehoben werden, oder, viel weitergehender, auf einen gemeinsamen strategischen Markterfolg gerichtet sein, was i. d. R. zu gemeinsamen Entwicklungsprojekten führt.

Nr. 57 (S. 114): Dies ist sicherlich in gewissem Umfang der Fall. Ein geschickter Einkauf beschränkt die Zusammenarbeit darum auf einen Teil des eigenen Geschäftsvolumens oder auf einen überschaubaren zeitlichen Horizont und sorgt dafür, dass der Zugang zu alternativen Lieferquellen erhalten bleibt.

Nr. 58 (S. 114): In der Tat hat der Einkauf die Aufgabe, ein Gleichgewicht zwischen Wettbewerb und Zusammenarbeit auf den Beschaffungsmärkten herzustellen. Hierfür ist eine aktive Gestaltung des Wettbewerbs auf den Beschaffungsmärkten, etwa durch den Aufbau und die Qualifizierung neuer Lieferquellen in standortgünstigen Regionen, ebenso notwendig wie die Vertiefung der Zusammenarbeit und des gemeinsamen wirtschaftlichen Interesses mit wichtigen Zulieferern.

Nr. 59 (S. 119): Das SCM ist darauf gerichtet, überbetriebliche Leistungs-Strukturen und -Abläufe transparent zu machen und zu optimieren; die PPS ist lediglich auf einen einzelnen Betrieb und damit auf nur ein Glied der Wertschöpfungskette ausgerichtet.

Nr. 60 (S. 119): MRP II beinhaltet, über die Materialbedarfsplanung (MRP I) hinaus, auch die Kapazitäts- und Terminplanung, mithin die Planung aller Fertigungsressourcen.

Nr. 61 (S. 121): Enterprise Resource Planning (ERP) steht für die integrative Planung und Steuerung aller Unternehmensaktivitäten. ERP integriert neben der PPS insbesondere auch das gesamte Rechnungswesen, die Finanzplanung, die Personalwirtschaft, etc. Während die MRP-Konzepte in der Frühzeit der Datenverarbeitung entstanden sind und dementsprechend auf Stapelverarbeitung ausgerichtet waren, unterstellt man bei ERP von vornherein ein datenbankgestütztes Online-Transaktionssystem, das dezentrale Dateneingaben sofort verarbeitet (real time) und das allen Teilnehmern und allen folgenden Transaktionen nach Abschluss einer Transaktion über die zentrale Datenbasis die aktualisierten Daten verfügbar macht.

Nr. 62 (S. 123): Die Durchführung von Fertigungsoperationen und die Lagerung im Materialfluss erfolgt durch aufbauorganisatorische Einheiten. Im Rahmen der Planung der Produktion und des Materialflusses sind zu diesen Einheiten Bezüge herzustellen. Beispiele für derartige Organisationseinheiten sind Werke, Dispositionsbereiche und Lagerorte.

Nr. 63 (S. 124): Stammdaten beschreiben Objekte und Strukturen des Betriebes und sind über einen längeren Zeitraum hinweg gültig. Beispiele: Materialstamm, Lieferantenstamm, Kundenstamm.
Bewegungsdaten beschreiben Ereignisse (Geschäftsvorfälle) und sind nach Abschluss einer Geschäftstransaktion i. d. R. nur noch von historischem Interesse. Beispiele: Ein- und Auslagerung, Fertigungsauftrag, Bestellung.

Nr. 64 (S. 124): Material/Lieferant: Preisvergleich, Leistungsvergleich, Lieferantenauswahl, Optimierung der Zulieferstruktur;
Produkt/Kunde: Kundenanalyse, Trenderforschung, Kundensegmentierung, Marketing

Nr. 65 (S. 136): Materialarten unterscheiden sich häufig hinsichtlich der benötigten Datenfelder. Je nach Materialart kann der Stammsatz deshalb unterschiedlich strukturiert sein. Diese Datenfelder dienen beispielsweise der Programmablaufsteuerung.

Nr. 66 (S. 136): Durch Selektion oder Sortierung nach Unterteil-Nummern.

Nr. 67 (S. 136): Gleichteilestücklisten fassen die Gleichteile eines Variantenspektrums unter einer Identifikationsnummer zusammen. Ein Variante setzt sich dann aus der Gleichteilenummer und den Identnummern der konfigurierenden Bauteile zusammen: problematisch, wenn neue Varianten nicht mehr alle Komponenten der Gleichteilegruppe enthalten.

Plus-/Minus-Stücklisten: Ausgehend von der Stückliste eines Basisproduktes, werden für jede Variante wegfallende und hinzukommende Komponenten in einer speziellen Stückliste angegeben.

Maximalstückliste mit Konfigurator: Ausgehend von einer Maximalstückliste, die alle alternativ wählbaren Komponenten sowie entsprechende Wahlrestriktionen abbildet, wird für jeden Kundenauftrag mittels eines Konfigurators die Kundenauftragsstückliste abgeleitet, die jedoch nur temporär gespeichert werden muss.

Nr. 68 (S. 146): Der Sicherheitsbestand dient dem Ausgleich unsicherer Erwartungen. Unsicher ist die Höhe des pro Periode erwarteten Bedarfs sowie die Länge der Wiederbeschaffungszeit bzw. Fertigungsdurchlaufzeit. Weiterhin kann die Qualität und damit die Verwendbarkeit vorhandener Bestände bzw. erwarteter Lieferungen mit Unsicherheiten behaftet sein.

Nr. 69 (S. 146): Die Meldemenge ist definiert als diejenige Menge, bei deren Erreichen eine Nachbestellung auszulösen ist, um Fehlmengen zu vermeiden. Die Meldemenge setzt sich zusammen aus dem Sicherheitsbestand und der Menge, die zur Überbrückung der Wiederbeschaffungszeit benötigt wird (Bedarf pro Periode multipliziert mit der Wiederbeschaffungszeit).

Nr. 70 (S. 146): Bevorratung von Produkten oder Komponenten ist erforderlich, wenn:
- die vom Kunden bzw. vom Markt geforderte Lieferzeit kürzer ist als die Fertigungsdurchlaufzeit bzw. die Wiederbeschaffungszeit,
- wirtschaftliche Gründe (Rüstzeit, losfixe Kosten) eine Entkopplung von Produktion und Bedarf erforderlich machen,
- technische Restriktionen (Mindestmengen) eine über den kurzfristigen Bedarf hinausgehende Produktionsmenge erfordern.

Nr. 71 (S. 149): Der Primärbedarf wird aus der Absatzplanung abgeleitet. Es handelt sich hierbei um den (Markt-)Bedarf an Produkten und Komponenten, er kann aus Kundenaufträgen oder aus Verkaufsprognosen abgeleitet werden. Die Ebene der Primärbedarfsplanung (Endprodukt oder Baugruppe) hängt auch von der Bevorratungsebene ab. Sekundärbedarf ist der durch deterministische Bedarfsrechnung aus dem Primärbedarf abgeleitete Bedarf an Fertigungsmaterialien.

Nr. 72 (S. 150): Der Primärbedarf kann entweder aus vorliegenden Kundenaufträgen abgeleitet werden oder aus Prognosen, die sich einerseits auf Vergangenheitsdaten und andererseits auf die erkennbaren Marktveränderungen in der Zukunft stützen.

Nr. 73 (S. 150): Die Planungsperiode bestimmt das Zeitraster, mit dem der Bedarf gemessen wird (Tag, Woche, Monat). Der Planungshorizont legt fest, wie weit die Prognose in die Zukunft reicht (etwa für das kommende Jahr).

Nr. 74 (S. 150): Durchlaufzeit: Rüst- und Fertigungszeiten in den einzelnen Arbeitsgängen sowie Liege- und Transportzeiten im Übergang zwischen den Arbeitsgängen.

Wiederbeschaffungszeit: Bestellabwicklung, Lieferzeit, Bearbeitung im Wareneingang, Einlagerung

Nr. 75 (S. 150): Der Prognosehorizont kann nicht kürzer sein als die Fertigungsdurchlaufzeit, da sonst nicht die nötige Zeit verfügbar wäre, um auf die Prognose zu reagieren. Bei einer Fertigungsdurchlaufzeit von drei Monaten müsste die Bedarfsprognose z. B. mindestens drei Monate in die Zukunft reichen.

Nr. 76 (S. 150): Eine Einzelhandelskette kann die Bedarfe einer Periode bspw. zunächst auf der Ebene einzelner Artikel und Geschäfte planen. Ein Aggregation ist dann geografisch über die Geschäfte in einer Stadt, einer Region, eines Landes etc. möglich und/oder über Artikelgruppen, Warenkategorien etc.

Nr. 77 (S. 154): Maßgeblich ist hierfür die Entscheidung über die Bevorratungsebene. Wenn etwa zur Lieferzeitverkürzung auf Endprodukt- oder Modulebene bevorratet wird, dann sind die aus entsprechenden Dispositionen abgeleiteten Sekundärbedarfe nicht mehr unsicher. Eine stochastische Planung solcher Komponenten würde einer höheren Unsicherheit unterliegen und insgesamt höhere Bestände verursachen.

Nr. 78 (S. 154): Buchbestand – Sicherheitsbestand – Vormerkbestand + Auftragsbestand

Nr. 79 (S. 154): Vorlaufzeiten unterliegen vielfältigen Störeinflüssen und können dementsprechend stark schwanken. Die terminliche Planung der Bedarfe wird durch die Verwendung fester Vorlaufzeiten ebenfalls mit dieser Unsicherheit behaftet. Zum Ausgleich solcher Unsicherheiten werden Bestell- und Fertigungsaufträge möglicherweise vorzeitig freigegeben. Hierdurch erhöht sich aber der Umlaufbestand in der Fertigung und die Vorlaufzeiten werden tendenziell noch länger und unsicherer.

Nr. 80 (S. 154): Die ermittelten Nettobedarfe können so klein sein, dass sie in diesen Mengen nicht wirtschaftlich gefertigt werden können, etwa wegen Rüstzeiten oder wegen so genannter Unteilbarkeiten (wenn etwa mindestens ein ganzer Container transportiert/bezahlt werden muss). Die Produktion muss dann durch Lagerhaltung vom Bedarfsverlauf entkoppelt werden.

Nr. 81 (S. 154): Losfixe Kosten, Lagerhaltungskosten und technische Restriktionen (etwa Unteilbarkeiten).

Nr. 82 (S. 159): Abgesehen von einem groben Kapazitätsabgleich bei der Primärbedarfsplanung werden erstmalig nach der Bedarfsrechnung im Rahmen der Kapazitäts- und Terminplanung Restriktionen berücksichtigt. Es ist zu beachten, dass selbst die (terminierte) Nettobedarfsrechnung noch gegen unendliche Kapazitäten erfolgt.

Nr. 83 (S. 159): Wartezeiten, Transportzeiten, Rüstzeiten und Bearbeitungszeiten; insbesondere bei der Werkstattfertigung machen den größten Teil unsichere und naturgemäß stark schwankende Wartezeiten aus.

Nr. 84 (S. 159): Auftragsverschiebung nach Maßgabe von Pufferzeiten, Verlagerung einzelner Arbeitsgänge auf freie Alternativschienen, kurzfristige Erhöhung der Kapazitäten durch Inbetriebnahme zusätzlicher Maschinen, Überstunden oder Zusatzschichten, kurzfristige Fremdvergabe (verlängerte Werkbank).

Nr. 85 (S. 169): Im Supermarkt wird nur das in die Regale eingeräumt, was verkauft wurde: der Abverkauf zieht die Nachlieferung (Pull-System). Da Supermärkte in teuren Innenstadtlagen regelmäßig wenig Raum haben, existiert häufig vor Ort kein eigenes Lager. Die Regalauffüllung erfolgt deshalb häufig direkt durch Nachlieferung vom Produzenten, idealerweise aus der laufenden Produktion.

Nr. 86 (S. 169): Das Kanban-System eignet sich besonders für die Herstellung von Standardprodukten mit großer Wiederholhäufigkeit von Teilen in allen Produktionsstufen, lässt sich aber auch noch bei der Variantenerstellung mit einem Baukastensystem einsetzen, da hier auch eine hohe Wiederholhäufgkeit bei den Bauteilen vorherrscht.
Eine ideale Auftragsstruktur für die Kanban-Steuerung ist ein kontinuierlicher, nur geringfügig schwankender Bedarfsverlauf, wie er z.B. in der Massenfertigung gegeben ist. Auch bei Serienfertigung von Varianten mit schwankenden Auftragsstückzahlen lässt sich Kanban – insbesondere bei Gleichteilen – sinnvoll einsetzen.

Nr. 87 (S. 169): $\dfrac{100 \cdot 3 \cdot 1{,}2}{30} = 12$

Nr. 88 (S. 169): In der Senke wird der Transportkanban entfernt und im Kanban-Briefkasten gesammelt. Dieser Briefkasten wird von Transport-Mitarbeitern regelmäßig geleert. Im Pufferlager wird der Transportkanban gegen den Produktionskanban, der bis dahin am Behälter befestigt ist, ausgetauscht und der Behälter mit dem Transportkanban zur Senke geliefert. Die Produktionskanbans werden ebenfalls gesammelt und regelmäßig zur Quelle weitergeleitet, die auf der Grundlage der Produktionskanbans produziert und zum Pufferlager liefert.
Beim Ein-Karten-Kanban-System bedient sich ein Mitarbeiter der Senke direkt im Pufferlager. Er stellt einen leeren Behälter ab und legt den Kanban in die Auftragsbox. Diese wird regelmäßig geleert und die Kanbans werden der Quelle zugeleitet, die, wie beim Zwei-Karten-System, nach den vorliegenden Kanbans produziert und die vollen Behälter, versehen mit dem Kanban, dem Pufferlager zuleitet.

Nr. 89 (S. 169): Das Zwei-Karten-System ist sinnvoll, wenn die Quelle sehr weit von der Senke entfernt liegt, da eine Just-In-Time-Lieferung dann nicht ohne Zwischenlager möglich ist. Die Transportmengen von der Quelle zum Zwischenlager werden etwa volle LKW sein, während vom Zwischenlager zur Senke auch einzelne Behälter wirtschaftlich transportiert werden können.

LITERATURVERZEICHNIS

Becker/Rosemann: Becker, Jörg/Rosemann, Michael; Logistik und CIM – Die effiziente Material- und Informationsflußgestaltung im Industrieunternehmen, Berlin et al. 1993.

Clark/Fujimoto: Clark, Kim/Fujimoto, Takahiro; Automobilentwicklung mit System – Strategien, Organisation und Management in Europa, Japan und USA, Frankfurt/New York 1992.

DGQ-Schrift: Deutsche Gesellschaft für Qualität e.V. (Hrsg.); Begriffe im Bereich der Qualitätssicherung, 4. Aufl., Berlin 1987.

Goldratt/Cox: Goldratt, Eliyahu M./Cox, Jeff; Das Ziel – Höchstleistung in der Fertigung, 2. Aufl., McGraw-Hill 1995.

Grothe/Weber: Grothe, Martin/Weber, Jürgen; Operations Management, in: Handwörterbuch der Produktionswirtschaft, Hrsg.: Werner Kern u.a., 2. Aufl., Stuttgart 1996.

Hahn/Laßmann: Hahn, Dietger/Laßmann, Gert; Produktionswirtschaft – Controlling industrieller Produktion, 3. Aufl., Heidelberg 1999.

Keough: Keough, Mark; Buying your way to the top; in: The McKinsey Quarterly 1993, Nr. 3.

Koppelmann: Koppelmann, Udo; Beschaffungsmarketing, Berlin et al. 1993.

Laßmann: Laßmann, Gert; Betriebsplankostenrechnung, in: Handwörterbuch des Rechnungswesens, 3. Aufl., Stuttgart 1993.

Luczak/Eversheim: Luczak, Holger/Eversheim, Walter (Hrsg.); Produktionsplanung und -steuerung, 2. Aufl., Berlin et al. 1999.

Reinertsen: Reinertsen, Donald G.; Die neuen Werkzeuge der Produktentwicklung München/Wien 1998.

Russel/Taylor: Russel, Roberta/Taylor, Bernhard; Operations Management, 2nd Edition, Prentice-Hall 1998.

Shingo: Shingo, Shigeo; Das Erfolgsgeheimnis der Toyota-Produktion, Landsberg/Lech 1992.

Spur: Spur, Günter: Fabrikbetrieb, München/Wien 1994.

Suzaki: Suzaki, Kiyoshi; Modernes Management im Produktionsbetrieb – Strategien, Techniken, Fallbeispiele, München/Wien 1989.

Thaler: Thaler, Klaus; Supply Chain Management – Prozessoptimierung in der logistischen Kette, Köln 1999.

Warnecke 93: Warnecke, Hans-Jürgen; Revolution in der Unternehmenskultur – Das Fraktale Unternehmen, 2. Aufl., Heidelberg 1993.

Warnecke 95: Warnecke, Hans-Jürgen; Aufbruch zum Fraktalen Unternehmen – Praxisbeispiele für neues Denken und Handeln, Heidelberg 1995.

Wiendahl: Wiendahl,Hans-Peter; Anwendung der Belastungsorientierten Fertigungssteuerung, München/Wien 1992.

Wildemann: Wildemann,Horst: Supply Chain Management – Leitfaden für unternehmensübergreifendes Wertschöpfungsmanagement, TCW Transfer-Centrum-Verlag, München 2000.

Womack/Jones/Ross: Womack, James P./Jones, Daniel T./Ross, Daniel; Die zweite Revolution in der Autoindustrie, 8. Aufl, Frankfurt 1994.